长白山学术文库
The Academic Library of
Changbai Mountain

第二辑

《古玺文编》校订

吴振武 著

吉林人民出版社

出 品 人：常　宏
选题策划：吴文阁
统　　筹：孟广霞
责任编辑：孟广霞
助理编辑：郑砚博
装帧设计：尤　蕾

图书在版编目（CIP）数据

《古玺文编》校订 / 吴振武著. -- 长春：吉林人民出版社，2023.12
（长白山学术文库. 第二辑）
ISBN 978-7-206-20755-6

Ⅰ. ①古… Ⅱ. ①吴… Ⅲ. ①古印文字－研究－中国
Ⅳ. ①K877.6

中国国家版本馆CIP数据核字（2023）第232212号

《古玺文编》校订

GUXI WENBIAN JIAODING

著　　者：吴振武
出版发行：吉林人民出版社
（长春市人民大街7548号 邮政编码：130022）
咨询电话：0431-85378007
印　　刷：吉林省吉广国际广告股份有限公司
开　　本：710mm × 1000mm　1/16
印　　张：25.25
字　　数：300千字
标准书号：ISBN 978-7-206-20755-6
版　　次：2023年12月第1版
印　　次：2023年12月第1次印刷
定　　价：105.80元

出版说明

习近平总书记在全国哲学社会科学工作座谈会上明确指出："一个没有发达的自然科学的国家不可能走在世界前列，一个没有繁荣的哲学社会科学的国家也不可能走在世界前列。"同时强调，"哲学社会科学具有不可替代的重要地位，哲学社会科学工作者具有不可替代的重要作用。"两个"不可替代"充分阐明了建立高水平学术队伍、出版高水平学术著作的重大意义，为新时期学术出版工作指明了前进方向。

吉林历史文化源远流长，学术研究亦早发轫。中华人民共和国成立以来，在党和政府的亲切关怀和指引下，吉林哲学社会科学研究队伍不断发展壮大，涌现出一大批具有理论高度、学理深度、学术厚度的专家学者，有些专家学者不但驰名全国，而且饮誉世界。这支生机勃勃的研究队伍，坚持以辩证唯物主义和历史唯物主义为指导，在哲学社会科学的各个领域孜孜矻矻，上下求索，推出了一大批填补历史空白、具有当代价值，亦能产生历史反响的学术著作。研究队伍为吉林文化大省、理论大省、学术大省建设做出了积极贡献，研究成果是吉林一笔宝贵的精神财富，是吉林人文化自信的一种重要凭倚。

多年来，吉林人民出版社一直以出版学术著作和理论著作为工作的主基调，出版了一大批具有创新性的学术著作，受到学术界的一致好评，尤其是主题出版更是可圈可点，受到社会的广泛赞誉。新时期，新使命，新担当，本社决定投入人力、物力和财力，编辑出版大型丛书《长白山学术文库》（以下简称《文库》）。《文库》分辑推出，每辑收入哲学社会科学和人文学科等学术著作10—15部。通过《文库》出版，荟萃吉林学术经典，延续吉林文脉，弘扬创新精神，增强文化自信，为建设吉林文化高地和学术高地贡献力量，为以中国式现代化实现中华民族伟大复兴做出吉林出版的贡献。为保证《文库》的特色和质量，收入著作坚持如下原则：

——收入吉林籍专家学者的学术著作。

——收入具有正高级专业技术职称专家学者的学术著作。

——收入作者独立完成的学术著作。

——收入已由国内正式出版机构出版过的学术著作。

——收入各个学科有代表性的学术著作，优先收入国家哲学社会科学研究项目、教育部哲学社会科学研究项目以及入选《国家哲学社会科学成果文库》的学术著作。

——收入的学术著作一仍其旧，原则上不做修改。

——适当考虑收入学术著作的学科分布。

——收入的学术著作符合国家的出版规定和要求。

编辑出版一部大型学术丛书，是本社面临的一个全新课题。本社将秉持对历史负责、对人民负责的精神，认真听取各方面意见，不断优化编辑思路，努力编辑出版一部思想精深、学术精湛、做工精美的学术文库。

编　者

吴振武

1984年毕业于吉林大学考古专业，师从于省吾先生，历史学博士。1993年被国务院学位委员会批准为考古学博士生导师。曾任吉林大学古籍研究所所长、研究生院院长、副校长，国务院学位委员会学科评议组成员。现任吉林大学校务委员会副主任、考古学院古籍研究所匡亚明特聘教授、“古文字与中华文明传承发展工程”首席专家。出版《殷墟甲骨刻辞类纂》（合著）、《吉林大学藏甲骨集》（主编）、《〈古玺文编〉校订》等专著，独立发表学术论文百余篇。

1983年作者和导师于省吾先生在一起
（左起：作者、黄锡全、于省吾）

目　录

内容提要

《古璽文編》由羅福頤先生主編，故宮博物院《古璽文編》編輯組編纂，文物出版社一九八一年十月出版。《古璽文編》是一部專收古璽文字的字典。全書共出字頭二千七百七十三個，其中正編一千四百三十二個，合文三十一個，附録一千三百一十個。本文是在充分吸收學術界已有成果基礎上對《古璽文編》所作的校訂，共九百三十七條。其中校訂正編三百九十六條，校訂合文八條，校訂附録五百三十三條。文中除引述學術界已有研究成果和糾正原書編纂上的各種錯誤外，還有相當一部份是新釋字。

前言

本前言就以下三個方面作一些說明。

一　關于本文寫作

一.一　本文是在導師于省吾先生指導下完成的。遺憾的是正當本文定稿工作即將完成之際，于先生不幸與世長辭（一九八四年七月十七日）。回憶先生多年諄諄教誨和為本文完成所付出的心血，痛何可言。

一.二　本文原是拙作《古璽研究》中的第一部份。《古璽研究》共由三部份組成：

〔一〕《〈古璽文編〉校訂》

〔二〕《〈古璽彙編〉釋文訂補及

分類修訂》（第四稿，第三稿曾提交國際中國古文字學研討會〔一九八三年香港中文大學主辦〕，刊《古文字學論集》初編）

〔三〕《古璽分域編》

此外還附有與《古璽研究》有關的附録六篇：

〔一〕《古文字中形聲字類別的研究——論「注音形聲字」》（第五稿，第三稿為筆者碩士論文，刊《研究生論文集刊〔吉林大學〕》社會科學版一九八二年一期）

〔二〕《古漢字中的借筆字》

〔三〕《戰國貨幣銘文中的「刀」》（第五稿，第四稿曾提交中國古文字研究會一九八一年年會〔太原〕，刊《古文字研究》第十輯）

〔四〕《釋平山戰國中山王墓器物銘文中的「鈲」和「私庫」》（第三稿，第二稿刊《史學集刊》一九八二年三期）

〔五〕《戰國「亩（廩）」字考察》（第三稿，第二稿刊《考古與文物》一九八四年四期）

〔六〕《釋「受」並論盱眙南簋銅壺和重金方壺的國別》（中國古文字研究會一九八四年年會〔西安〕論文）

現因時間和印刷條件限制，祇能拿出《古璽研究》第一部份《〈古璽文編〉校訂》作為這次申請博士學位論文。

一.三 由于《古璽研究》及其附録的撰寫前後長達數年之久，因此筆者自己的某些看法前後也有不同。故凡《古璽研究》已發表部份及筆者其他已發表論文中有和本文看法不一致處，皆以本文為準。

一.四 本文原是在充分吸收學術界已有成果基礎上寫成的。在定稿時，學術界又有一些新的研究成果發表。其中有些看法和本文相同或相近，有些雖然結論和本文相同，但證據和論證角度和本文有所不同。對此，筆者將在以後用「附記」方式補述。

二 關于《古璽文編》和本文內容

二.一 《古璽文編》由已故著名學者羅福頤先生主編，故宮博物院《古璽文編》編輯組編纂，文物出版社一九八一年十月出版。該書是在一九三〇年出版的羅福頤先生《古璽文字徵》基礎上重新編纂而成的一部專收古璽文字的字典。全書取材廣博，共出字頭二千七百七十三個，其中正編一千四百三十二個，合文三十一個，附錄一千三百一十個，可以說是一部集古璽文字之大成的著作。因此，它的出版是古文字學界的一件大事，我們首先應當感謝為編纂、出版該書付出辛勤勞動的各位先生。

二.二 傳世和出土古璽是研究中國古代文字發展、職官制度、地理沿革、姓氏狀況等問題的一份重要資料。僅就戰國文字研究而言，古璽是除竹簡外的最大宗戰國文字資料。其單字之多，是其他材料文字無法與之相比的。羅福頤先生一生致力于古代璽印研究，著述極豐，為古璽研究作出了重大貢獻。不幸的是羅先生也已于一九八一年去世。

二.三 《古璽文編》在編纂上已充分體現了編者悉心研究的成果，同時也在一定程度上反映了目前古文字學界已有的研究成果。但是，編纂一部大型工具書並非易事，決不能奢望一蹴而就。應該看到，和一切成功的工具書一樣，《古璽文編》還存在着各種不同性質的問題，還有很多地方需要改進。作為一部古文字形體工具書，《古璽文編》的問題主要表現在這樣幾個方面：

[一] 在璽文釋讀上，對學術界已有的研究成果吸收得不夠。

[二] 在處理字形相似而又不盡相同的璽文時，有時失之過寬，該分不分；有時又失之過嚴，當合不合。

[三] 對某些璽文的偏旁分合有明顯的錯誤。

[四] 字首所錄小篆在摹寫上時有誤失。

[五] 隸定字形不够準確規範。

[六] 全書在編纂體例上還欠統一。

當然，戰國文字的辨識還祇是在近十年纔有了長足的進步，有些研究成果是在該書定稿以後才發表的。所以在某些問題上，我們是不能苛求編者的。

二·四 本文是在充分吸收學術界已有成果基礎上對《古璽文編》所作的校訂，共寫出校記九百三十七條。其中除引述學術界已有成果外，還有相當一部份是筆者個人見解。雖然本文是對《古璽文編》的校訂，但本文也難免會有錯誤，因此十分希望讀者批評指正。時代在前進，學術在進步，也許用不了多久，又可以寫出新的《古璽文編》校訂了。

三 關于本文撰寫體例

三·一 本文寫作采用校記形式，並按原書編排順序依次條述。凡前面談過的問題，後面一般不再重複，祇注明參本文第幾條。

三·二 括號內凡不標明某書的頁碼均指《古璽文編》頁碼。

三·三 凡引他人研究成果時均引出篇名，並在第一次徵引時注明出處。如以後再引，則祇引篇名，不再注明出處。

三·四 在徵引他人研究成果時，除有新的補充外，一般祇引結論，不再詳述證據。讀者欲知具體論證過程，可參閱原著。此外，早期研究者，象吳大澂、丁佛言等往往在同一本著作中對同一個字或同一個偏旁采用兩种釋法。在這種情況下，本文祇采用其正確的釋法，一般不再談其錯誤的釋法。

三.五 凡通過偏旁分析可以隸定的字而原書尚未隸定的，盡管其不見于字書，本文也同樣依原書體例加以闡述並隸定。

三.六 在本文所釋璽文中，有些雖不見于《說文》，但見于其他後世字書。我們認為，見于後世其他字書的字，有的和璽文確有淵源關係，有的則可能毫無關係，僅僅是一種巧合。究竟是否存在淵源關係是一個比較複雜的問題，對此我們也往往祇能作一些推測。因此，本文對這一部份字，祇是簡單地指出見于後世甚麼字書。至于它們之間是否存在淵源關係，一般不再深究。這一點讀者應予注意。

三.七 在探討古文字形體發展中某些帶有規律性問題時，筆者曾撰有《古文字中形聲字類別的研究——論「注音形聲字」》和《古漢字中的借筆字》二文。因此，在本文中凡涉及與此有關的問題時不再詳述，讀者可參閱上述拙作。

三.八 古璽文字在年代上絕大多數屬于戰國時期。我們在研究時的一個重要原則就是盡量利用時代相同或相近（不管是先于它還是後于它）的材料來進行比較。同時也既注意到它的源流關係，又注意到它的區域性特色。

三.九 編者在編纂《古璽文編》的同時，還編有與之配套的《古璽彙編》一書（文物出版社一九八一年十二月出版）。兩書在璽文釋讀上基本一致，但也偶爾出現此對彼誤或此誤彼對的情況。本文在一般情況下祇談《古璽文編》，不談《古璽彙編》。必要時則兩書兼談。

三.一〇 本文撰寫時已盡量采納學術界已有的研究成果，但仍有遺漏的可能，希望讀者能隨時予以指出。

三·二　本文引書一般采用簡稱，文末附有《引書簡稱表》。

本文撰寫過程中曾得到姚孝遂、陳世輝、林澐、李學勤、裘錫圭、張亞初、劉宗漢、單曉天等先生幫助和鼓勵，特此鳴謝。

一九八四年十月于
吉林大學研究生院

《古璽文編》校訂

吳振武

古璽文編第一

【〇〇一】二頁，下，璽文四八六四號作ㄐ，下云：「璽文日正下可私㠯下字如此。」璽文四八六〇號作丅，下云：「吉語璽日正下可私㠯下字如此。」

今按：所謂「正下可私」璽在古璽中習見，原作「可㠯正丅（下）」（《彙》四八五二—四八五九、四八六二、四八六三）、「可㠯正ㄐ」（《彙》四八六四、四八六五、「可㠯正丅」（《彙》四八六〇、四八六一）。其中㠯字（或反書作㠯）《古璽彙編》和本書皆釋為「厶（私）」（看二三二頁厶）。其實，釋㠯為「厶（私）」和將這些古璽讀成「▨正下可私」都是錯誤的。㠯應釋為以。先秦古文字厶（「公私」之私的本字）作口，以作㠯，兩者從不相混。如古璽所見「厶（私）尔（璽）」（《彙》四五〇四—四六二二）、「亡（無）厶（私）」（《彙》四五二五—四五二八、四七六三—四七九二、四八八一—四八八三）、「厶（私）公」（《彙》四八二七—四八三九）等厶字皆作口或ㄗ，從未見有作㠯形的。而㠯字應釋以則是毫無問題的。長沙楚帛書「可以攻城」、「可以聚眾」、「不可以亯祀」等以字即作㠯（巴納《楚帛書．譯注》）。《古璽彙編》和本書編者將「可以正下」等成語璽讀成「正下可私」亦大誤。《古璽彙編》

四九一八號環形「可以正下尔(璽)」(璽文左旋讀)璽完全可以證明這類成語璽應先讀「可以」，後讀「正下」或「正丁」、「正𠂇」。但遺憾的是《古璽彙編》編者因不識此璽中的「璽」字(原作𠦃)，故仍將此璽誤讀成「正下口可私」。四八六四號璽文丁和四八六〇號璽文𠂇釋「下」也都是錯誤的。古文字中下字習見，從未見有作丁或𠂇形的，本條下所錄其他下字即可證。丁(反書)字李零、李學勤兩先生釋為曲(看李零《戰國鳥書箴銘帶鈎考釋》，《古文字研究》第八輯)，甚是。李零先生指出戰國鳥書箴銘帶鈎中的「宜匕(已去鳥飾，下同)則匕，宜植(直)則直」之匕因和下文「直」相對，故可肯定是曲字~~李學勤~~(鈎銘見《嘯堂集古錄》~~先生指出趙~~六九頁)。李學勤先生指出趙三孔布中的「上𠃌陽」和「下𠃌陽」(《發展史》一四〇、一四一頁)應釋為「上曲陽」、「下曲陽」(戰國人往往在用作地名的文字上加注邑旁，參布文「一六〇」條)。上曲陽和下曲陽皆戰國趙邑。據《漢書·地理志》，上曲陽為常山郡屬縣，地在今河北省曲陽縣西；下曲陽為鉅鹿郡屬縣，地在今河北省晉縣西。此外，戰國布幣中的「昜(陽)匕」(《東亞》三·一〇、一二)和古璽「陽匕」(《彙》二三一七)以及十七年矢括中的「𠃌昜=」(「昜(陽)匕」合文，《三代》二十·五十七·四)皆應釋為「陽曲」。舊釋「陽化」、「陽匕(比)」、「比陽」都是錯誤的。陽曲為漢太原郡屬縣，地在今山西省太原市東北，戰國時屬趙。戰國姓名私璽中又有「𠃌匕敢」(《彙》三四〇四)，𠃌匕應即複姓「少曲」二字合文。漢印中有「少曲▨況印」、「少曲右距」（《漢徵》二·一、二十），可為其證。複姓「少曲」當是「以邑為氏」，雲夢秦簡《編年記》曾記秦昭王「卌二年，攻少曲」，整理小組注：「少曲，韓地，今河南濟源東北少水彎曲處。」四八六四號璽文丁（反書）原璽全文作「可以正丁」（《彙》四八六五同文），丁字釋為曲也是很合適的。總之，上述材料中的𠃊皆應釋為曲。至于曲字為甚麼作𠃊，我們是這樣理解的：戰國文字中𠃊、𠃌二旁通，如三晉兵器中的冶字既作〼（《三代》二十·四十·六），又作〼（《考古學報》一九七四年一期及《三代》二十·四十六·三）。𠃌即丩字，句字从此得聲。古文字中丩、句二旁亦通，如駒字金文既作〼，又作〼（《金》五三六頁），古璽既作〼（二四六頁），又作〼（一五九頁鄡字所从）。丩、句、曲音、義皆近，𠃊字很可能就是丩字，借為曲。或許𠃊是從𠃌分化出來的，為了和𠃌區別，在用作曲字時祇作𠃊，不作𠃌。丩、曲二字《說文》皆立為部首。四八六〇號璽文〼（反書）應釋為氏。氏字東周金文作〼或〼（《金》六三九頁），侯馬盟書作〼，趙布作〼（《起源》圖版貳壹·一），古璽作〼、〼（二九三頁），皆與此字同。故原璽全文應釋為「可以正氏」（《彙》四八六一同文），此字應入二九三頁氏字條下。

〔〇〇二〕四頁，皇，璽文作〼
今按：本條字首所錄小篆作〼▨誤，應改成〼。

「〇〇三」五頁，珂，璽文作坷

今按：此字釋珂誤，應釋為坷。▨原璽為單字璽。從原璽看，此字左▨側一豎是邊框，非文字筆畫，故應割去。古文字中的玉或玉旁一般都作王、玊、丟形，似未見有作王形的。實際上，此字是从土从可，無非是可旁上部橫畫延伸至土旁上而已。坷字見于《說文·土部》。

「〇〇四」五頁，王豐，璽文作王豐，《說文》所無

今按：此字可釋為豐。在傳世的三件門鋪（或稱豐器）中，豐字既作豐，又作豐（《金》二六五頁），可為其證。原璽全文作「王豐（豐）」，漢印中有「靳豐私印」（《漢徵》五·七），可見古人有名「豐」者。豐字《說文》立為部首。

「〇〇五」五頁，士，璽文四八二六號作士卩，下云：「璽文曰王之上士，士字如此。」

今按：此應釋為士、卩二字。古文字中士字疊出繁見，一般都作士，從未見有作士卩形的。本條下所錄其他士字即可證。卩應釋為卩，古璽命字所从之卩作卩（二六頁），正與此字同。原璽印面呈環形，璽文左旋讀，全文應釋為「王之上士卩」，卩當讀作「璽節」之節。《說文》認為卩即「璽節」之節的本字，謂：「卩，瑞信也。守邦國者用玉卩，守都鄙者用角卩，使山邦者用虎卩，土邦者用人卩，澤邦者用龍卩，門關者用符卩，貨賄用璽卩，道路用旌卩。象相合之形。」這雖不盡可信，但卩可讀作「璽節」之節則是可以肯定的。戰國成語璽中「王之上士」璽很多，一般都作方

形，後面不加「尸」字（《彙》四八一九——四八二五），惟獨這枚環形「王之上士」璽後面加一「尸」字，這情形和「可以正下」成語璽相類似。戰國成語璽中「可以正下」璽亦多見，一般也都作方形，後面不加「尔（璽）」字（《彙》四八五二——四八五九、四▨八六二、四八六三），衹有一枚環形「可以正下」璽後面加了一個「尔（璽）」字（《彙》四九一八，參本文「〇〇一」條）。故璽文士尸應分成士、尸二字，上部士釋士入本條下，下部尸釋尸，尸字《說文》立為部首。

「〇〇六」七頁，屯，璽文三一〇四號作[古文字形]

今按：此字釋屯誤，應釋為平。屯字西周金文作[古文字形]（《金》二六頁），中山王嚳方壺作[古文字形]（《中》五六頁純字所从），鄂君啟節作[古文字形]（《書法》一九八二年二期），屯留布作▨[古文字形]（《起源》圖版拾玖·一〇），古璽作[古文字形]（看本條下二六一七號璽文），皆與此字不類。古璽平字或作[古文字形]（一〇五頁），[古文字形]即[古文字形]之變。在戰國文字中，平字豎畫往往出頭，如兆窆圖平字作[古文字形]（《中》二〇頁），古璽或作[古文字形]（一〇五頁）。原璽全文作「平陽」，平陽當為地名。戰國時以「平陽」為地名的遠不止一處，韓、趙、魏、魯、秦皆有平陽。不過我們從原璽風格上可以確定它是三晉中的平陽。故此字應入一〇五頁平字條下。

「〇〇七」一二頁，苜，璽文作[古文字形]，下云：「說文所無，集韻：苜，姓也，百濟有苜氏。」

今按：此字釋苜誤，應釋為芒。古

文字中白及从白之字極多，從未見有白作□形的。即以古璽為例，古璽中白字作□（二〇五頁），柏（一二三頁）、郋（一五一頁）、帛（二〇五頁）等字所从的白旁作□或□，皆與此字□旁不同。□即亡，古璽亡字既作□，又作□（二九七頁），□是□的進一步演變。這跟古璽中正字既作□，又作□、□、□（三三頁），止字既作□，又作□（三八頁迟字所从）是同類現象。古璽中又有□字（《古徵》附録三五），舊不識。實際上這個字就是見于《說文·亡部》的𣞤字。這也是我們釋□為亡的一個有力證據。原璽全文作「芒鄦」，漢印中有「芒賸之印」（《漢徵》一·十四），可見古有芒氏。故此字應入九頁芒字條下。

「〇〇八」一五頁，莫，璽文作□，《說文》所無。

今按：此字應釋為莫。莫字本从日，甲骨文作□（《甲》二四頁），金文作□（《金》三三頁），古璽一般也都从日作□（一四頁）。此字从目（罒），應是譌變。漢印中莫字或从目作□、□（《漢徵》一·二十一及《漢補》一·七），馬王堆漢墓帛書《五行》「莫敢不雖（唯）」、「莫敢不▨淺」等莫字亦从目作□，當來源于此。眾字本來也是从日的，甲骨文作□（《甲》三五三頁）。但金文既作□，又作□（《金》二一四頁），亦變从日為从目，到古璽則作□（二一四頁）。莫字由从日譌變為从目和眾字由从日譌變為从目是一致的，祇是時間略有先後而已。原璽全文作「賙莫臣」，古璽中又有「王莫臣」（《彙》〇五五四）、「司馬獏臣」（《彙》三▨｜一七），從古人同名的角度亦可證[illegible]應釋為莫。故此字應入一四頁莫字條下。

古璽文編第二

「〇〇九」一八頁，公，璽文一九五二號作[illegible]

今按：此字形體不全，上部被割去。原璽全文作「郤（徐）連▨[illegible]」，[illegible]字顯然不能釋為公。編者同時將[illegible]字收于本書附錄（五一七頁第五欄），亦係自相矛盾。[illegible]字从日从丌，丁佛言《說文古籀補補》疑應釋為期，可從。古璽期字或作[illegible]（一七二頁），旗字或作[illegible]（一六九頁），所从丌旁均與此字六旁同。[illegible]即日旁變體，古璽昌字所从之日既作⊖，又作[illegible]（一六六頁），昉字所从之日既作日，又作[illegible]（一六七頁），昜字所从之日既作日▨（二四二頁），又作[illegible]（「安昜[陽]水鉨」，《中國歷史博物館館刊》一九七九年一期），皆其確證。期字金文多从日（《金》三七九、三八〇頁），《說文》古文作[illegible]，正與此字同。古从其得聲之字亦往往从丌作。古璽中又有[illegible]字（五一七頁第五欄），當同釋為期。故[illegible]應復原成[illegible]後入一七二頁期字條下。

「〇一〇」二〇頁，半，璽文三四三一號作[illegible]，下云：「从八从斗，𨚲布半字作[illegible]，與璽文同。」

今按：此字似應釋為分。原璽全文作「[illegible]番過」，[illegible]為姓氏。我們從原璽風格上可以確定此璽為三晉璽，而三晉璽中的半氏之半均作[illegible]（《彙》一二七〇——一二七四），不作[illegible]，故此字釋半可疑。[illegible]可釋為分。古文字从刀从刃往往無別，河北易縣燕下都戰國墓所出趙金飾件上的「四分」合文既作[illegible]，又作[illegible]（《中國古代度量衡圖集》一七三頁），即其確證。漢印中有「分定居印」（《漢補》二·一），可知古有分氏。分字見于《說文·八部》。

［〇一一］二〇頁，牛，璽文三九二七號作半、四九一〇號▨作[illegible]

今按：三九二七號璽文半形體不全，上部被割去。原璽全文作「公孫尿半」（璽）」，很顯然，尿半字應釋為犀。犀字金文作[illegible]（《金》四五頁），古璽作[illegible]（二一頁），皆與此字極近。編者將尿半字割裂成尿、半兩字是錯誤的（上部尿入本書附錄，五七二頁第五欄）。犀字在原璽中為人名，古璽中又有「胡犀（姑陶，複姓）犀」（《彙》二七三六），可見古人有以「犀」為名的。故半應復原成尿半後入二一頁犀字條下。原四九一〇號璽文[illegible]釋牛亦誤。原璽是吉語璽，全文作「千[illegible]百半」，很顯然，半應釋為牛，而▨[illegible]則是[illegible]字殘體，應釋為羊。同類吉語璽中有「千牛（半）百羊（[illegible]）」（《彙》三四五六），可為其證。故[illegible]應復原成[illegible]（不復原亦可）後入八七頁羊字條下。

［〇一二］二二頁，[illegible]，璽文作[illegible]，《說文》所無

今按：此字从牛从𦣻省，應隸定為犢，釋為犢。古璽有[illegible]（四六三頁第五欄及四八六頁第二欄）、[illegible]（四〇九頁第一欄）、[illegible]（四一八頁第三欄）、[illegible]（四五四頁第一欄）、

□（四六四頁第二欄，原稍殘）等字，舊不識。曹錦炎同志在《釋𧶠——兼釋續、瀆、竇、鄭》（《史學集刊》一九八三年三期）一文中根據金文𧷸字作□、儥字作□以及漢印所見从𧷸之字，將它們分別釋為犢、續、瀆、竇、瓄，其說甚確。曹文還附帶談到古璽「句□」合文（五六三頁第六欄）中的□字疑即𧷸（犢）字省體，「句□」當讀作《左傳・桓公十二年》「句瀆之丘」之句瀆。我們認為曹同志所疑亦確。《汗簡》引《王存乂切韻》獨字作□，从犬𧷸（犢）聲。獨、犢古同屬定紐屋部，故獨字可以用犢聲代蜀聲。~~本條下所錄璽~~~~文□~~「句□」之□~~正與□~~ ~~字所从的□旁同，可見釋□~~和本條下所錄璽文□正與□字所从的□旁同，可見釋□、□為犢在形、音、義三方面均能落實（參本文「六八一」、「八八〇」條）。犢字在原璽中多用作人名，漢印中亦習見以「犢」為名者（看《漢徵》二・三）。犢字見于《說文・牛部》。

「〇一三」二二頁，羣，璽文三二六四號作□、一四八三號作□，《說文》所無

今按：此字隸定作羣誤，應隸定為隼。三二六四號璽文□从□，古文字中的尹或尹旁從未見有如此作的。古璽尹字作□或□（六五頁）、君（二五頁）、羣（八七頁）等字所从的尹旁作□、□、□、□，皆與此字上部□或□旁不類。晚周金文雖字所从之隹或作□（《錄遺》五六五，孫貫文先生釋），和三二六四號璽文~~□~~□所从的□

旁同。古璽藿（七頁）、癰（一九一頁）等字所从的隹旁既作□、□，又作□，作□者和一四八三號璽文□所从的□旁同。古璽中有[illegible]字，或作□，本書釋為雔，若可信，則此字亦當入二一頁雔字條下。

「〇一四」二二頁，口，璽文〇二七五號作□

今按：此字釋口誤，應釋為厶。戰國文字中口、甘之形在用作偏旁時雖偶有相混，但一般說來還是有區別的。特別是在單獨使用時，這種區別是非常嚴格的。原璽全文作「競忻□鉨」，很顯然，「□鉨」即「厶（私）璽」。古璽和戰國銘刻中厶（私）字作□者習見，古璽中稱「厶（私）璽」者亦極多（看《彙》四五八四——四六二三及拙作《釋平山戰國中山王墓器物銘文中的「鈲」和「私庫」》，附録四）。厶字《說文》立為部首。依本書體例，此字亦可入一七六頁私字條下。

「〇一五」二六頁，和，璽文四六二三號作[illegible]和

今按：此字釋和誤，《古璽彙編》釋為私，甚確。和字从口（口），私字从口（厶），兩者不能混為一談（參本文「〇一四」條）。《上海博物館藏印選》二八·四秦或漢初「北私庫印」私字作和，漢印中的「私印」之私多作和（《漢徵》七·九），皆與此字同。原璽全文作「私鉨（璽）」，古璽中「厶（私）[illegible]璽[illegible]」璽亦極多（看《彙》四五八四——四六二二）。故此字應入一七六頁私字條下。

〔〇一六〕二七頁，呈，璽文作[glyph] [glyph]
[glyph] [glyph]

今按：本條字頭隸定作呈誤，應隸定為呈。壬（如林切）字古文字作工、王、王，小篆作壬，[glyph] [glyph]王[glyph]（他鼎切）字古文字作[glyph]、[glyph]、[glyph]、[glyph]（[glyph]通），小篆作[glyph]，兩者在隸定上不能相混。

〔〇一七〕二七頁，右，璽文一六六九號作[glyph]、二七一三號作[glyph]、一五九六號作[glyph]

今按：一六六九號璽文[glyph]和二七一三號璽文[glyph]釋右誤，應釋為[九/口]（一六六九號璽文[glyph]《古璽彙編》已釋[九/口]）。一六六九號璽和二七一三號璽均為燕璽。燕文字中右字極多，一般都作[glyph]（看《彙》〇〇二一、〇〇五八——〇〇六一、〇三六七燕璽及《河北省出土文物選集》九八燕「右𠭁」鐵斧範），和此字不類。燕明刀背文中常鑄有「右一」至「右九」字樣。在「右九」銘文中，右字作[glyph]，九字作[glyph]（《考古與文物》一九八三年六期），兩者迥然有别。可見此二字所从的[glyph]或[glyph]是九而不是又。燕璽中[九/口]字作[glyph]或[glyph]（《彙》四一〇九、三八六〇），更能證明此字應釋為[九/口]。一六六九號璽和二七一三號璽中的[九/口]字均為人名，前引燕璽中的[九/口]字也都用作人名，可見古人有以「[九/口]」為名的。故此二字應入三〇頁[九/口]字條下。[glyph]一五九六號璽文[glyph]形體不全，上部被割去。原璽全文作「鄶（魯）東[glyph]」，《古璽彙編》釋為「鄶車右」。古璽中又有「□老東[glyph]」（《彙》三二八三，璽文自右向左横列），《古璽彙編》釋為「□

老車右」。其實，從「口老車㕣」璽的排列看，車㕣字絕不會是■車、右■兩個字，更何況古文字中的右字從未見有作㕣形的，又旁也從未見有作弋形的。編者將車㕣字割裂成車、㕣兩字是錯誤的（上部車入三三六頁車字條下，璽文三二八三號誤為〇一二五號）。車㕣字从車从㕣，可隸定為輅。古璽勭字作勭（三三八頁），所从力旁與此字㕣旁上部同。古文字从口不从口每無別，車㕣字當和勭字同。故㕣應復原成車㕣後入三三八頁勭字條下。

〔〇一八〕二九頁，吉，璽文四四九五號作𠮷、三〇九七號作吉、五〇五〇號作古、五〇五二號作古。

今按：四四九五號璽文𠮷釋吉可疑。本條下所錄四八六七、五〇五四、五〇五五、五〇五六、五〇五七號璽文吉字作吉或吉，和此字明顯不同。故此字應暫入附錄，字待考。三〇九七、五〇五〇、五〇五二號璽文吉、古、古釋吉亦誤，應釋為古。古璽胡字所从之古作吉或古（九二、九三頁），正與此三字同。三〇九七號璽文吉《古璽彙編》亦釋為古。古字《說文》立為部首。

〔〇一九〕二九頁，周，璽文一一九四■號作啇、三〇二二號作啇。

今按：此字釋周誤，應釋為賙。本條下所錄其他周字作周或周，所从的口旁與此字下部目迥然不同。从目即貝，戰國文字中貝旁省作目形者習見。如古璽得字或作𢔶（四二頁），買字或作買（一三九頁）等等，例不勝舉。

一一九四號璽文□所从的□可視為周省，古璽綢（三〇九頁）、蒯（三七一頁第二欄）、鵰（五一四頁第四欄）等字所从的周皆省口作□、□形，可為其證。三〇二二號璽文□所从的□如不是[redacted]□形之變的話，就是胄字之省。[redacted]舒蚉壺中的賙字既作□，又作□（《中》五九頁），朱德熙、裘錫圭兩先生在《平山中山王墓銅器銘文的初步研究》（《文物》一九七[redacted]九年一期）一文中根據同銘胄字作□指出：「□字上方所从的□也應該代表『胄』字。因為『胄』和『周』古音相近，所以把□字所从的□換成□以取其聲。」舒蚉壺□字所从的□和此字所从的□是十分接近的。□和□在原璽中皆用作姓氏，古璽中又有□氏，字亦作□（《彙》二九八六—三〇二一）。□、□和□、□顯然是同一個字。故此字應和一四一頁□字條下□、□同列一欄併釋為賙。賙字見于《玉篇》、《廣韻》、《集韻》等書。又《古璽彙編》三〇二五號「□莫（莫）臣」璽中的□字也應釋為賙，本書未錄。

〔〇二〇〕三〇頁，咼，璽文作□

今按：此字釋咼誤，應[redacted]隸定為堂，釋為上。古璽骨（九〇頁）、瘠（一九七頁）等字所从的冃旁作□或□，和此字上部□明顯不同。侯馬盟書過字作□（舊釋過誤），古璽過字作□（三六頁），所从咼旁亦與此字不同。古璽有□字，或作□（四九五頁第四—五欄）、□、□無疑是一字之變。□、□、□皆从上从尚，應隸定為堂。[redacted]堂即上字異體，中山王嚳方壺中的「上下」之上既作上（《中》五頁），又作尚（《中》五六頁），可為其證。尚、上古音同，上字作尚當是在上上又加注音符「尚」。古文字中與此類似的注音現象是很常見的，詳拙作《古文字中形聲字類別的研究——論「注音形聲字」》（本文附錄一）。故此字應▨和四九五頁第四——五欄尚、尚同▨頁列一欄，併入二上頁▨字條下。

[〇二一] 三一頁，𦙄，璽文作𦙄，《說文》所無

今按：此字隸定作𦙄似不確。古璽呈字作呈、呈、呈、呈（二七頁及一四八頁郢字所从），皆與此字所从的𡈼旁不同。古璽中从𡈼的▨還有郢（一四八頁郢字條下璽文一四二四號）、痓（二〇二頁痓）、匡（二九八頁匡）三字，字皆不識。故此字應暫入附錄，字待考。

[〇二二] 三一頁，止，璽文〇三二七號作止

今按：此字釋止誤，應釋為之。原璽全文作「君止亩（廩）」，止字顯然應釋為之而不能釋為止。在所有古文字資料中，▨止、之二字在單獨使用時是有嚴格區別的，絕不相混。故此字應入一三一頁之字條下。

[〇二三] 三二頁，步，璽文〇九〇六、二四七二號作𣥠 𣥠

今按：此字釋步誤，應釋▨為辻（徙）。古文字中步及从步之字習見，皆从二止作，從未見有从之从止作𣥠形的。步字甲骨文作𣥠（《甲》六〇頁），金文作𣥠（《金》七〇頁），

古陶作歨（《孴錄》二·二），古璽作𣥠（本條下所錄一六四三號璽文），从步的涉字甲骨文作涉（《甲》四四六、四四七頁），金文作涉（《金》五七九頁），石鼓文作涉[illegible]（《石刻》一一·一六），長沙楚帛書作𣥠，古璽作涉（二七七頁），皆可證。特別是楚帛書中从步的涉字和𣥠字同出，更證明了𣥠字不能釋為步。我們認為古陶中的歨（《孴錄》二·二，舊亦誤釋為步）、楚帛書中的𣥠和古璽中的𣥠都應釋為延（徙）。古璽延（徙）字作𨑒（三六頁），𣥠即𨑒之省。古文字中辵旁往往省作止，如古璽迲（去）字既作[illegible]，又作[illegible]（一一〇頁），𨑢（從）字既作[illegible]，又作[illegible]（二一三頁）。侯馬盟書所見从辵之字也大都可以省成从止。延（徙）字《說文》謂「从辵止聲」，古璽作𨑒、𣥠當是易止聲為之聲。止、之[illegible]古音同，用作聲符時可通。《說文》謂从止聲的齒字古璽既从止聲作[illegible]，又从之聲作[illegible]（四四頁），即其例。故此字應入三六頁延（徙）字條下。

「〇二四」三二頁，歲，璽文〇二四八號作胾，下云：「長沙楚帛書歲字作胾與此同，鄂君啟節作胾亦與此形近。」

今按：此字从肉不从月，釋歲誤，應釋為胾。關於戰國文字中月和肉的區別，李裕民、郝本性兩先生曾作過很好的論述。他們就楚文字材料得出這樣的結論：在楚文字中，月字是三筆寫成的，外側呈弧形作[illegible]，而肉字側是分四筆寫成的，外側呈一銳角作[illegible]（李說見《古字新考》，郝說見《壽縣楚器銘文新探》。兩文均為中國古文字研究會一九八一年年會論文）。雖然李、郝兩先生說的是楚文字中月和肉的不同特徵，但這些特徵在其他地區文字，如侯馬盟書這類手寫體中也同樣是很明顯的。所以他們的結論是完全可以信從的。這裡我們再補充一點：在燕和三晉璽印或其他文字材料中，月、肉二字還有一種加飾筆的區別方法，那就是月字除了作月形外，還往往在左下方加一飾筆作月，而肉字除了作月形外，則往往在右上方加一飾筆作月。〇二四八號璽文𢦚所从的月顯然是肉旁而不是月旁，故應釋為胾，入九三頁胾字條下。原璽全文作「胾昉信鉥」，胾為姓氏。古璽中又有「𢦚齊信鉥」（《彙》三六九八），𢦚字也應釋為胾，本書未錄。需要說明的是：本條下所錄〇二〇五號璽文戠是从月的，釋歲不誤。注語中所說的長沙楚帛書和鄂君啟節中的戠或戠也都是从月的，應釋為歲。這裡再附帶就楚文字中的戠字作一些考辨。楚文字中的戠也作戠或戠，此字舊有釋歲、釋載、釋胾諸說。筆者過去也曾認為應釋為胾，讀作載。現在看來仍應以釋歲為是。第一，此字从月不从肉，故無釋胾之可能。第二，載字楚坪夜君鼎作𨏖（《金》七二六頁），中山王嚳方壺作𨊻（《中》五二頁），均从才▨得聲，和《說文》所說同。而此字所从的𢦏卻不能釋為𢦏。故將此字隸定為𢧵，▨釋為「年載」之載的本字或讀作載也同樣是有問題的。過去雖然有不少學者將此字釋為歲，但大都是從文義上考慮的，在字形上一直苦于無▨確切之硬證。直到一九八一年河南淅川下▨寺一號春秋楚墓編鐘銘文公佈（《考古》一九八▨一年二期），才為我們弄清歲字源流創造了條件。在這套楚鐘銘文中，「隹王正月」之月作月，而「百歲之外，以之大行」之歲則作歲，這就明確無疑地證明了歲字是从月的。《說文》謂歲字从步，西周毛公鼎歲字作歲，春秋甫人盨歲字作歲（《金》七一頁），正从步作。春秋時期楚國歲字作歲當是在步旁的基础上又增義符月，戰國楚文字中的歲即來源于此。我們認為，既然像毛公鼎那樣的歲字可以變成歲，那末像甫人盨那樣的歲字也就可以變成歲，這應該是不難理解的。戰國楚簡和長沙楚帛書中歲字所从的𢦏是由𢦏變來的，我們把它看作是止和戈的結合體。陳純釜銘文中的歲字作歲（《金》七一頁），所从的止、戈結合體亦作𢦏。鄂君啟節和酓肯鼎、酓忓鼎等楚器中的歲字所从之𢦏也是止和戈的結合體，祇不過是以止（止）旁的末筆兼代了戈（戈）旁的橫畫，類似的借筆連寫現象在古文字中是很常見的（詳拙作《古漢字中的借筆字》，本文附錄二）。至于上引〇二〇五號楚璽中的歲字所从之𢦏也仍然可看成是止、戈結合體。古文字中止作↓形者習見，齊陶歲字或作歲（陳介祺《陶瓦拓片》），是其佳證。戰國吉語璽中「千歲」之歲或作歲（《彙》四四二五—四四二九），所从的𢦏▨當是𢦏形的進一步訛變。〇二〇五號璽文歲原璽全文作「戠歲之鉩」，葉其峰先生在《戰國官璽的國別及有關問題》（《故宮博物院院刊》一九八一年三期）一文中已指出此璽中的「戠歲」即見于《周禮・天官》中的「職歲」，同時他還根據璽中「歲」▨字的寫法將此璽確定為楚國璽。[illegible]這也是把楚文字中的𢦏、𢦏、𢦏釋為歲的一個有力證據。講清了楚文字中歲字的演變源流，也就可以知道本條下所錄〇二四八號璽文𢦏和〇二〇五號璽文𢦏是絕不能混為一談的。

〔〇二五〕三二頁，番，璽文作番，《說文》所無

今按：此字从死不从步，故應附于死部後。本書附于步部後，誤。

〔〇二六〕三三頁，正，璽文四七九〇號作図

今按：四七九〇號璽文図原璽全文作「図（正）行亡（無）厶（私）」，本書誤將正字置歪。

〔〇二七〕三六頁，適，璽文四〇七九等號作[illegible] [illegible] [illegible]

今按：本條字首所錄小篆誤作[illegible]，應改為[illegible]。小篆[illegible][illegible]（商）和啻（商）是兩個完全不同的字。又本條下所錄四〇七九等號璽文[illegible]中除四〇八八號外，都在三六二頁複姓「馬適」合文條下重出。這些字在原璽中均作[illegible]，右下有合文符號「=」，故編在「馬適」合文條下是正確的。而從原璽看，四〇八八號璽文[illegible]亦應復原成[illegible]後入三六二頁「馬適」合文條下。

〔〇二八〕三六頁，逆，璽文作[illegible]

今按：此字从干不从屰，釋逆誤，應釋為迀。「倒大為屰」，屰字甲骨文作[illegible]、[illegible][illegible]、[illegible]（《甲》九一頁），金文作[illegible]、[illegible]（《金》一〇二頁），皆與此字所从的干旁不同。西周金文逆字[illegible]作[illegible]或[illegible][illegible]

（《金》七八頁），戰國中山王譽方壺作𨑥（《中》四四頁），行氣玉銘作𨑥（《三代》二十・四十九・一），亦皆與此字有明顯的不同。𢆉即干，楚酓忓鼎忓字所从之干作𢆉（《金》五六七頁），古璽訏（五四頁）、豻（二四三頁）、軒（三三六頁）等字所从的干旁作𢆉或𢆉，皆其證。新近公佈的春秋連迂升迂字作𨑥（《考古》一九八二年二期），正與此字極近。迂字見于《說文・辵部》。

〔〇二九〕三六頁，辿，璽文作辿

今按：本條字首先錄《說文》或體辿，後錄小篆辿不妥。依本書體例，應先錄小篆，後錄或體。

〔〇三〇〕三七頁，達，璽文三五三〇號作𨕖，下云：「與師寰毀、保子達毀達字同。」

今按：三五三〇號璽文𨕖和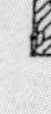一三四〇等號璽文𨕖雖然都可釋為達，但兩者是有區別的。後者所从的辵無疑是辵旁，而前者所从的𨑥顯然和辵旁有別，不能釋為辵。我們認為𨑥應釋為走。走字金文作𧺆（《金》六四頁），从夭从止，此作𨑥，當是由于書寫者將夭（大）旁左側一筆延長後兼代止（止）旁中間豎畫造成的。類似的借筆連寫現象在古文字中也是較常見的，詳拙作《古文字中的借筆字》。𨕖字出于燕璽，燕璽中又有𨒪（五〇一頁第五欄）、𨒪（五〇一頁第六欄）二字，當釋為起和趙。特別值得注意的是燕璽𨒪字又作𨒪（五〇一頁第六欄），這正是我們釋𨑥為走的一個有力證據。走旁作𨑥、𨑥、𨑥等形皆

見于燕璽，應是燕文字的特有寫法。古文字走、辵二旁通，如遣字金文或作□（《金》八〇頁），起字《說文》古文作□。故□字仍可釋為達。不過本條下注語不應寫在□字下，而因寫在□字下，因為師寰簋、保子達簋中的達字皆从辵，不从走。又注語中的「達」字為「達」字之誤。

「〇三一」三七頁，迷，璽文二一八四、一九四五號作□□

今按：此字釋迷可疑。古文字中米字習見，甲骨文作□（《甲》三一三頁），金文作□、□（《金》四〇三頁▨粱字所从）、古璽作□或□（看一一八頁稟字所从及卷七米部），皆與此字所从的□或□不類。侯馬盟書迷字作□，本條下所錄其他迷字作□，亦與此字不類。

故此字應暫入附錄，字待考。

「〇三二」三七頁，逑，璽文作□□

今按：此字釋逑可疑。西▨周金文求字作□或□（《金》四六七頁），戰國中山王譽諸器□字所从之求作□（《中》五六頁），古璽□（一五一頁）、□（二七六頁）、□（二九二頁）等字所从的求旁作□或□，皆與此字求旁有明顯的不同。故此字應暫入附錄，字待考。

「〇三三」三九頁，迈，璽文作□，《說文》所無

今按：此字隸定作迈似不確，應釋為延（征）。古璽▨正字或作□、□形（三三頁），與此字▨所从的□旁極近。值得注意的是，古璽中五字上面的橫畫從不彎▨曲（三四六頁），而正字上面的橫

畫則往往向右彎曲成「，和此字所从的☒旁同。原璽全文作「延（征）生蹻」，延（征）為姓氏。《漢書·司馬相如傳》：「厮征伯僑而役羨門兮」，注：「仙人姓征名伯僑。」延字見于《說文·辵部》，或體作征。

「〇三四」四一頁，迱，璽文作□，《說文》所無。

今按：此字隸定作迱誤，丁佛言《說文▨古籀補補》釋為遹，可信。宅字魏宅陽方足布作□或□（《辭典》一二八等號），中山王䰗鼎作□（《中》二五頁），江陵楚簡作□（《字形表》七·一五），皆與此字□旁不同。□即尔，古璽字所从之尔作□、□、□者習見（三二〇——三二二頁），可為其證。《說文》謂爾从尔聲，《說文》中所見从爾之字古文字多从尔作。

故此字應入三八頁遹字條下。

「〇三五」四一頁，往，璽文作□□，下云：「鄂君啟節作□與璽文相近，以為往字。坐字重見。」

今按：此字及鄂君啟節中的□字裘錫圭先生在《戰國文字中的「市」》（《考古學報》一九八〇年三期）一文中均已考定為市（隸定作坤），其說至確。故此字應入一一八頁市字條下。

「〇三六」四五頁，足，璽文作□□，但字頭卻寫作足，顯係自相矛盾。小篆足字作□，疋字作▨□，差別雖然不大，但《說文》畢竟是把它們分成兩字的。一般認為商代▨文字中足、疋有別，足作□（《甲》八六頁），疋作▨□或□

（《金》八三一、八八六頁），但從西周起，足、疋二字往往不分，都作足。古璽䟫（九三頁）、楚（一三〇頁）等字所从的足旁作𤴔，亦與足旁不易區分。所以我們不清楚編者究竟是將𤴔釋為足，還是釋為足。如釋為足，應[illegible]將字首小篆足改成足；如釋為疋，應將字頭足改成疋。在無法區分的情況下，我們主張足、疋二字同[illegible]之[illegible]為字條，璽文重出。

〔〇三七〕四五頁，品，璽文作品

今按：此字釋品誤，應釋為參。古文字口、日有別。《說文》謂品字从三口（日），甲骨文品字作品或㗊（《甲》八六頁），金文品字作品或㗊（《金》九六頁），侯馬盟書區字所从之品作品，古璽癌（二〇一頁）、區（二九七頁）等字所从之品作品或㗊，皆與《說文》所說同。此字从口不从日，絕不能釋為品。品即參之省。參字蛀匕（舊亦稱魚鼎匕）作品（《金》三七四頁），古璽[illegible]或作品（一七一頁），如省去下部三筆即作品。戰國「參[illegible]川釿」布參字作厽（《東亞》二·一二四），上樂廚鼎「參分」合文中的參字作厽（《三代》二·五十三·四），梁上官鼎（亦稱宜信鼎）「參分」合文中的參字作厽，「參分」之參作品（《三代》二·五十三·三），皆其確證。原璽全文作「品梠坤宮」，品梠應為「參梠」二字合文，右下方=是合文符號。參即三之大寫。戰國文字中三字往往寫作參，如地名「三川」之三和齋的分數「三分」之三均作參（厽），例見前。梠即梠，古文字从吕从台每無別，如古璽中怡字作[illegible]（二六五頁忽），總（絡）

字作⿰糸甾（三一二頁総），始字既作⿰巾台，又作㠯（二九〇頁）。「三枱」應讀作「三臺」，《史記·魏世家》所記▨魏地「文臺」，古璽作「文枱（枱）」（《彙》〇〇七九），倒正相同（參葉其峰《戰國官璽的國別及有關問題》）。三臺即戰國燕、趙邊界上的三臺城。顧祖禹《讀史方輿紀要》卷十二「直隸容城縣」條下謂：「三臺城在縣西南，《城冢記》：『燕、趙分易水為界，築三臺，並置城於此。』」其地在今河北省容城縣西南一帶。此璽風格和燕璽不類，必為趙璽無疑。璽中「⿰土屮宮」之⿰土屮疑應釋為士，中山方壺「賢士良佐」、「士大夫」之士作⿰十土（《中》二三頁），似與此同。故品應復原成⿱品木後入本書合文部份。又《古璽彙編》三六三八號「羊品己」璽中的品也應釋為參，

本書未錄。

「〇三八」四五頁，号，璽文作⿱吅大、⿱品大，《說文》所無

今按：此字从品不从吅，隸定作号誤，應隸定為⿱品寸，參本文「〇三七」條。⿱品寸字不見于後世字書，可附在本書卷七晶部後。

古璽文編第三

「〇三九」四七頁，冏，璽文二六四九、一七一〇號作⿵冂口

今按：此字釋冏不確，應釋為丙。《說文》謂冏字从內，內字中山王譻方壺作⿵冂入（《中》一四頁），鄂君啟節作⿵冂大，侯馬盟書作⿵冂大、⿵冂大，古璽作⿵冂大或⿵冂大（一一四頁），皆與此字⿵冂丨旁不類。古璽更字作⿵冂支（七五頁），所从丙旁正與此

字冂旁同。古文字从口不从口往往無别。江陵天星觀楚簡中的「丙戌」之丙作⿱丙口（《考古學報》一九八二年一期），古璽邴字所从之丙作⿴冂口（一四九頁），均从口作。故此字應入三四八頁丙字條下。

「〇四〇」四八頁，句，璽文一〇六八號作⿰句夫

今按：一〇六八號璽文⿰句夫原璽全文作「肖（趙）賹⿰句夫」，朱德熙先生曾在《壽縣出土楚器銘文研究》（《歷史研究》一九五四年一期）一文中將▨此璽中的⿰句夫釋為「夫句」，讀作「太后」。他認為「賹」是太后之號，這是趙國賹太后的印璽，其說可信。此璽中的⿰句夫和賹字相▨較，祇佔一字地位，可知其為「夫（太）句（后）」二字合文。故⿰句夫應復原成⿰句夫後入本書合文部份。

「〇四一」四九頁，世，璽文四九一九等號作甶，下云：「璽文曰千秋萬世昌」世字如此。」

今按：此字舊釋為世不過是一種猜測，並無可靠的證據。▨世字金文作㔺戓𠀍（《金》一〇七頁），古璽作丗（一二七頁枼字所从），皆與此字明顯不同。其實▨，祇要仔細考察一下原璽即可發現，把此字寫作甶是不能成立的▨。古璽中和四九一九等號璽同文而又同形的吉語璽多見，僅《古璽彙編》就收錄四枚（《彙》四九一九—四九二二）。這種五面吉語璽▨比較特殊，其特點是除中間一字外，上下兩字和左右兩字均倒正相對，沒有例外。我們按這一規律來看《古璽彙編》所收四璽即可知道，此字應以作甲為正，作甶為倒。《十鐘山房印

舉》一·四一同文璽中千字作十(倒),和千字相對的此字作□(正),可參看。□應釋為百。平山戰國中山王墓銅器銘文中百字作全、全、□形者習見(《中》二六頁),□當是□的進一步簡化。古陶中有「□(或作□)羊」(《鐵陶》四一·一、《季》五·三),□也應釋為百,戰國「全(百)牛」、「千▨牛全(百)羊」等吉語璽可證(看《彙》三二八〇、三四五六)。和四九一九等號璽相同的五面璽都應讀為「千百萬秋昌」。「千百萬」一詞在戰國吉語璽中常見,如「千百萬」(《彙》四七三五)、「有千百萬」(《彙》四八一四—四八一八)等璽即是。此外,戰國吉語璽中還見有「千百牛」(《彙》四七四二—四七四六,百作全、全、全)、「宜有百萬」(《彙》四八〇六—四八一一,百作全)等璽。這都說明「千百萬」、「千百」、「百萬」等是戰國人常用來表示數量極多的固定詞組。從原璽看,舊釋「千秋萬世昌」的釋讀順序是上右左下中,這樣的釋讀順序應該說是混亂的。我們改釋為「千百萬秋昌」後的釋讀順序是上下左右中,這在▨釋讀順序上也比舊釋合理得多。故□應復原成□後入八四頁百字條下。

「〇四二」四九頁,語,璽文五二八二號作□

今按:此字釋語誤,應釋為詎。古璽五字作□或□(三四六頁),本條下所錄其他語字所从的五旁作□或□,皆與此字五旁不類。□應釋為巨,古璽柜字所从之巨作□(一二二頁),是其證(參本文「二四五」條）。詎為《說文·言部》新附字，亦見于《玉篇》、《廣韻》、《集韻》等書。

［○四三］五一頁，信，璽文○一九一、○三二三號作䛒䛒

今按：此字从弓不从千，釋信誤，應隸定為弜言。戰國文字中千（或仌、弓二旁雖然有時比較接近，但大體上還是不難判斷的。○一九一、○三二三號璽皆為燕璽，燕璽弜言字作䛒、䛒形（《彙》三二四八、四一一一），正與此字同。釋䛒為信在辭例或文義中亦得不到證明。故此字應入三○二頁弜言字條下。

［○四四］五二頁，諫，璽文作諫

今按：此字从柬不从東，釋諫誤，應釋為諫。柬字金文作柬（《金》一一一頁諫、一一五頁讕、六○二頁闌字所从），古璽作柬（一四頁蘭字所从），皆與此字柬旁不同。諫字見于《字彙》，《字彙》謂：「諫，多動切，東上聲，多言也，與諫別。」

［○四五］五四頁，諦，璽文二一五五號作諦

今按：此字釋諦可疑，應隸定為謡。古璽啇字作啇（二三頁），鍗字作鍗或鍗（參本文［三五四］條），所从啇旁皆與此字帝旁不同。本條下所錄三二七六號璽文謡作謡，亦與此字不同。帝可釋為帚，金文帚字作帚（《金》四三七頁），婦字所从之帚作帚（《金》六二一頁），皆與此近。謡字不見于後世字書。

［○四六］五四頁，訓，璽文作訓訓

訢，《說文》所無

今按：此字應釋為訢。‖、‖即斤，居簋斧字所从之斤既作𠂆，又作⺀（《金》七二一頁），楚「市（旆）匕（幣）堂（當）斤（釿）」布斤字作‖（《辭典》二五一，同類布幣最末一字一般作□，看《發展史》一三二頁），三晉平肩橋形方足「□（半）釿」布釿字所从之斤作⫽（《發展史》一三五頁），平山戰國中山王墓銅器銘文中□所字所从之斤作//（《中》三六頁），侯馬盟書「之所」合文中所字所从之□斤□或作//，皆其確證。古璽訢字或作□、□形（《彙》二五六五），亦與此字極近。本條下所錄三一三○、三一三一、三一三二號璽文□原璽全文作「競訢」，訢有喜、樂等義，可知□三璽亦屬戰國成語璽一類。故此字應入五三頁訢字條下。

「○四七」五五頁，譙，璽文二二五○等號作□、□、一八○○等號作□、一六六八號作□，《說文》所無

今按：此字釋譙誤，應釋為譙。韓三年脩余令戈中有人名「韓□」（《三代》二十·二十五·一），□字裘錫圭先生在《戰國貨幣考（十二篇）》（《北京大學學報》哲學社會科學版一九七八年二期）一文中釋為譙，甚確。二二五○等號璽文□和□字同，也應釋為譙。古璽中隹旁作𠂤、自者習見（看七頁藿及九一頁雔字所从），可知□、□（詳後）即焦字。焦字作□當是在□上又加注音符「小」。《說文》譙字古文作□，从言肖聲，肖又从小聲，可證焦、小古音近。古文字中類似的注音字

是很常見的，詳拙作《古文字中形聲字類别的研究——論「注音形聲字」》。既然□可釋為譙，那末一八〇〇等號璽文□所从的□很可能就是□之變，而一六六八號璽文□所从的□也有可能是□□之變，兩字皆應釋為譙。古璽中又有□字，或作□（从示）、□形（一五四頁鄭），舊釋鄭亦誤，應釋為鄵（即焦氏之焦的異體）。這也是釋□、□為焦的一個證據。譙字見于《說文·言部》。

「〇四八」五五頁，諻，璽文作□，《說文》所無

今按：此字朱德熙、裘錫圭兩先生在《戰國文字研究（六種）》（《考古學報》一九七二年一期）一文中釋為諻，可從。諻字見于後世字書。

「〇四九」五六頁，讓，璽文作□，《說文》所無

今按：此字應釋為讓。北文先生在《秦始皇「書同文字」的歷史作用》（《文物》一九七三年十一期）一文中曾指出戰國「□城」布中的□字舊釋啇是錯誤的，應釋為襄，其說甚是。襄城，戰國魏邑。《史記·魏世家》：「昭王元年，秦拔我襄城。」襄城布即鑄于此。其地就在今河南省襄城縣。襄城布中的□字又作□、□等形（《辭典》四四〇等號），皆與此字所从的□旁同。讓字見于《說文·言部》。

「〇五〇」五七頁，詳，璽文作□，《說文》所無

今按：此字應隸定為讖，釋為讓。北文先生在《秦始皇「書同文字」

的歷史作用》一文中已釋出𢀜即三晉𣪘字，其說至確（參本文「〇四九」條）。讓从襄得聲，襄又从𣪘得聲，故讒字可釋為讓。古文字所見形聲字中類似的聲符繁簡不一現象是很常見的，例不煩舉。讓字見于《說文·言部》。

「〇五一」五七頁，善，璽文作善譱

今按：因本條下同時收有从誩的譱（善）字，故依本書體例，字首除錄篆文善外，還應錄古文譱。

「〇五二」六一頁，共，璽文三三九〇、三三九一號作⿱廾土

今按：三三九〇、三三九一號璽文⿱廾土形體不全，左側被割去。二璽原為「⿰⿱立月⿱廾土」單字璽，很顯然，⿰⿱立月⿱廾土應釋為从共从龍的龔字。⿱立月即龍之省，龍（龍）字金文作龍（《金》一二五頁龔字所从），古璽省作⿱立月（二七九頁），可為其證。龔字从土作⿰⿱立月⿱廾土，和古璽共字从土作⿱廾土（《彙》五一四七—五一五二）、供字从土作⿰亻⿱廾土（二〇八頁）同例。編者將⿰⿱立月⿱廾土字割裂成⿱廾土、⿱立月二字是錯誤的（⿱立月入附錄，五三六頁第三欄）。金文龔、龏一字，《說文》謂：「龏，愨也。」可知「龏」字璽屬單字格言璽一類。龏字見于《說文·共部》。

「〇五三」六二頁，興，璽文〇七四九號作⿱廿廾

今按：此字釋興誤，應釋為共。《說文》謂：「興，起也。从舁从同，同力也。」興字金文作興或興（《金》一二八頁），侯馬盟書作興或興，古璽作興或興（看本條下所錄其他興字），皆與此字明顯

不同。▨卄即共，長沙楚帛書恭字所从之共作□，古璽共字或作□（六一頁），均其證。▨古文字从口不从口往往無别。共字从口作□，和金文與字从口作□（《金》一二八頁），古璽弃（棄）字从口作□（四九〇頁第一欄）同例。原璽從風格上可以確定為燕璽，燕陶文中也有□字（《季》二九·五），當與此同釋。故此字應入六一頁共字條下。又《古璽彙編》一一三三號燕「高□」璽中的□字也應釋為共，本書未録。

［〇五四］六二頁，要，璽文作□

今按：此字釋要可疑。就目前我們所能掌握的出土戰國文字資料來看，此字應釋為婁。朱德熙、裘錫圭兩先生曾在《戰國文字研究（六種）》一文中，根據三體石經、《汗簡》、《古文四聲韻》婁字古文作□、□、□等形，考定仰天湖楚簡和信陽楚簡中的□、□、□等為縷字。近年來新發現的隨縣曾侯乙墓二十八宿青龍白虎漆箱蓋上的宿名「婁女」合文作□（《文物》一九七九年七期），中山王譽諸器中「方譔（數）百里」、「刺（列）城譔（數）十」等譔字作□（《中》七七、一一六頁），皆可證明朱、裘兩先生所釋不誤。古璽中有□（一五七頁□）、□（三八五頁第一欄）、□（二三▨四頁□）、□（《彙》五六二八）、□（三三五頁□）等字，金文中又有□（《金》九四四頁）、□（《金》九七五頁）等字，如將它們釋為□、□、□、□、□就祇能説「《説文》所無」，而改釋為□、廔、鏤、縷、寠則均見于《説文》，而且都是常用字。這正説明

□字應該釋為婁。婁字小篆作□，《說文》謂：「空也。从毋中女，空之意也。一曰□：婁，務也。□，古文。」從古文字看，許慎完全是根據已訛變了的小篆形體立說的，不可信。于豪亮先生在《中山三器銘文考釋》（《考古學報》一九七九年二期）一文中認為中山王□□諸器中的□字是从言□聲，□又从角得聲，角與數古音同在侯部，故□得讀為數，其說甚是。角古有「彔」音，唐蘭先生在《中國文字學》中指出：「『角』字有『祿』音，來源是很古的，『宮商角□徵羽』的『角』，《倉頡篇》寫作『龣』，原本《玉篇》音古學反，陸法言《切韻》卻是盧谷反，這字遠在周初的銅器裏已經發現了。」容庚先生在《金文編》鑰字條下謂：「《說文》所無。《玉篇》：『東方音也，樂器之聲，今作角□』，《魏書·江式傳》：『宮商龣徵羽』。」（《金》九七頁）婁、彔雙聲，婁在侯部，彔在侯部入聲屋部，角可讀為彔，自然也能作婁的聲符。由此可見，婁字本是从角得聲的。詛楚文數字□作□（《石刻》三·三一），漢婁壽碑額婁字作□（《石刻》一二·一五），兩字所从的□或□皆由□、□演變而來。至于《說文》古文和馬王堆漢墓帛書中的要字為甚麼和婁字同形，由于目前尚未在先秦古文字資料中發現真正可以確釋為「要」的字，所以祇能存疑待考。□字在原璽中用作姓氏，□典籍和漢印中婁氏亦習見（看《漢徵》十二·十五）。婁字見于《說文·女部》。又本條字首祇錄《說文》古文□□，小篆[illegible]隸。

「〇五五」六三頁，⿰革官，璽文作⿰革㠯，《說文》所無

今按：朱德熙、裘錫圭兩先生曾在《戰國銅器銘文中的食官》（《文物》一九七三年十二期）一文中，根據戰國「安官」吉語璽官字既作⿱宀㠯又作㠯，指出戰國時官字可以簡化為「㠯」，並據此將古璽中的⿰革㠯（本條）、⿰食㠯（一一三頁館）、⿰木㠯（一二八頁棺）、⿰糸㠯（或作⿰糸㠯，三一〇頁綰）、⿰車㠯（三三八頁輨）五字分別釋為⿰革官、館、棺、綰、輨。這五個字均見于《說文》，而且都是常用字，足見兩先生說可信。古璽中又有⿰水㠯字（二七五頁涫），應該就是見于《說文·水部》的涫字。故此字應釋為⿰革官。⿰革官字見于《說文·革部》。

「〇五六」六三頁，釜，璽文作⿱父㠯、⿱父㠯，下云：「陳猷釜、子禾子釜釜字與此同。」

今按：本條字首祇錄小篆⿰鬲甫，未錄《說文》或體⿱父金。依本書體例，似應兩者並錄，先錄小篆，後錄或體。本條下所錄璽文均和《說文》或體近。

「〇五七」六四頁，埰，璽文作⿱采土，《說文》所無

今按：埰字在原璽中皆用作姓氏，應即典籍和漢印中習見的采氏之采的異體（看《漢徵》六·十及《漢補》六·三）。戰國人除在用作地名、姓氏的文字上加注邑旁外（參本文「一三五」條），也常常在用作地名、姓氏的文字上加注土旁。如河南溫縣北平皋東周郱（邢）丘遺址所出陶文中的「郱公」之郱既作郱，又作⿱郱土（《文物》一九八二年七期），漢印陵氏之陵（《漢徵》十四·八）古璽作⿱陵土（《彙》▨二三三〇），井

（郱）氏之井（《漢徵》五·十）古璽作㘥（《彙》一八八七——一八八九、三三五二），昔氏之昔（《漢徵》七·一）古璽作⿰土昔（《彙》二五六八、二五七三），古璽茲氏▨▨之茲（《彙》三三五三「⿱艹才「茲，加注才聲」說」）十七年鄭令戈作⿱茲土（《文物》一九七二年十期），古璽陳氏之陳既作陳（《彙》一四五○——一四五五、一四七○），又作塦（《彙》一四五六——一四六九、一四七一——一四八一），陽氏之陽既作陽（《彙》三三○五——二三一一、二三一三），又作⿱陽土（《湖南考古輯刊》第一集），邢（郱）氏之邢既作邢（《彙》一九○一），又作⿱邢土（《彙》一一九○——一九○○、一九○二），奭氏之奭既作奭（《彙》二六八○、三六五六及二六七八「⿱奭口「奭，增口」悒」），又作⿱奭土（《彙》二五七五），攽（啟）氏之攽既作攽（《彙》二五八一、二五八二），又作⿱攽土（《彙》二五七六——二五八○），幵氏之幵既作幵（《彙》九二四、一九二五），又作⿰土幵（《彙》二五六七），又複姓「下池」合文中的池字既作池（《彙》四○五七），又作⿱池土（《彙》四○五八），▨複姓「虗丘」之丘既作丘（《賓》「虗丘雩」），又作⿱丘土（《彙》三二○五六、三四三三）。此外，漢印邢（郱）氏之邢亦既作邢（《漢徵》六·二十二），又作⿱邢土（《漢補》六·六），啟氏之啟既作啟（《漢徵》三·二十）、攽（《漢徵》三·二十二），又作⿱啟土（《漢徵》十三·十二及《漢補》十三·五），郎氏之郎或作⿱郎土（《漢徵》六·二十▨）。故⿱采土氏之⿱采土可以釋為采。采字見于《說文·木部》。

「〇五八」六四頁，飤，璽文作□，下云：「弔飤卣飤字作□，與此形近。」

今按：此字釋飤誤，應釋為□(饐)。弔飤卣中的□字是从食从𢦏聲，和此字从食从弋完全不同。李家浩同志曾在《戰國邙布考》(《古文字研究》第三輯)一文中舉出很多例子證明戰國時弋旁往往作弋旁用，故此字所从之弋亦可釋為弋。古璽□字所从之弋均作□(一三八頁)，例與此同。□字見于《玉篇》，即饐字古文。饐字見于《說文．食部》。

「〇五九」六四頁，又，璽文三一三五號作彐

今按：此字形體不全，右側被割去。原璽為「彐目」單字璽，彐目應釋為得。古璽得字或作目彐(四二頁)，彐目即目彐之變。編者將彐目字割裂成彐、目二字是錯誤的(目入八一頁目字條下)。故彐應復原成彐目後入四二頁得字條下。

「〇六〇」六六頁，事，璽文一八二五號作目乍、四一七七號作□

今按：一八一五號璽文目乍釋事誤，應釋為得。古文字中事、得二字從不相混，古璽得字作目彐形者亦習(四二頁)。故此字應入四二頁得字條下。四一七七號璽文□原璽全文作「□」，很顯然，□字右上方的十是右邊敬字攴(攴)旁的一部份，不應和□捏合在一起。《古璽彙編》四七〇一號璽與此璽同文，可參看。□亦不能釋為事。古璽中事字極多，從未見有作□形的，本條下所錄其他事字即可證，故□應復原成□後入四二七頁第五欄□字條下，字待考。

「〇六一」六九頁，肄，璽文作隸𨽻

今按：《說文》肄字篆文本作隸，本條字首依段玉裁《說文解字注》改作隸。我們認為段改雖有一定道理，但從古文字看，不改亦未嘗不[illegible]能成立。本條下所錄五一二〇號璽文作隸，漢印作隸（《漢徵》三·十六），皆與《說文》篆文隸同。而段改既不見于古文字，左旁也未盡準確。故字首篆文仍應以作隸為是，不必從段改。

「〇六二」六九頁，臤，璽文三五二七等號作[illegible][illegible][illegible]、二一二五等號作[illegible][illegible]

今按：本條下所錄璽文釋臤均不確。臤字西周金文作[illegible]或[illegible]（《金》一五九頁及三四一頁賢字所从），戰國中山王譽方壺作[illegible]（《中》五四頁堅字所从），古璽作[illegible]、[illegible]、[illegible]（一三七頁賢及二三六頁[illegible]賢、厚「厥」、縣「縣」等字所从），皆與本條下所錄璽文[illegible]、[illegible]不同。特別是《古璽彙編》二九二三、二九二四號璽中[illegible]、[illegible]二字同出，更可證明[illegible]絕不能釋為臤。我們認為三五二七等號璽文[illegible]應釋為付臣，其右側[illegible]中間的乙畫被人、臣二旁合用。古文[illegible]字中類似的兩個偏旁合用一筆的現象是很常見的，如古璽佣字或作[illegible]、[illegible]（二〇八頁及三六一頁「空佣」合文）、宮字或作[illegible]（三三九頁）、固字或作[illegible]（一三六頁）、匡字或作[illegible]（二九八頁[illegible]匡）、臣字或作[illegible]（五六〇頁第四欄）等等即是，詳拙作《古漢字中的借筆字》。中山王譽方壺「隻（籍）斂中則庶民付臣（附）」、「佳悳（德）付臣（附）民」等付臣字作[illegible]（《中》五五頁），[illegible]、

⿰亻𠂤一字無疑。⿰亻𠂤字不見于後世字書，當是「依附」之附的異體。高明先生在《古文字類編》中將中山王嚳方壺中的⿰亻𠂤字編在附字條下，可從。附字見于《說文·𠂤部》。需要說明的是，筆者過去曾誤認為古璽中的僂（二一二頁僂）和中山王嚳方壺中的⿰亻𠂤字同，也應釋為⿰亻𠂤（附）。其實從兩字所从偏旁的位置看，恐非一字。僂當是一個从大从臤的字，很可能就是「賢人」之賢的異體，和中山王嚳方壺「賢壯（士）」、「賢人」之賢从子作□（《中》五四頁）同意。二一二五號璽文□似應釋為弫。古璽中弓旁~~作弓、弓、弓形者習見（看本書卷十二弓部，和此字所从的弓~~ ~~弓~~常作弓、弓、弓、弓形（看本書卷十二弓部），和此字所从的弓（弓、弓）旁極近。弫字見于《玉篇》、《集韻》等書。又古璽中還見有从弫的□（七〇頁）、□（一九四頁）、□（三一六頁）三字，本書分別釋或隸定為緊、⿸疒臤、蜸。從隸定上說，這樣隸定是不準確的，但從讀音上考慮的話，由于弫和緊、⿸疒臤、蜸等字古音相近，所以這三個从弫的字也有可能是緊、⿸疒臤、蜸（古文字从䖵从虫往往無別）的異體。其中緊字見于《說文·臤部》，⿸疒臤字見于《廣韻》、《集韻》，蜸字見于《玉篇》、《集韻》。不過這僅僅是一種推測而已，還有待于進一步研究落實。

［〇六三］七一頁，臣，璽文三三二六號作□。

今按：此字釋臣不確，應~~□~~釋為⿰亻臣，參本文「〇六二」條。⿰亻臣即宦字異體，《集韻》：「宦或作⿰亻宦，亦省作[亻臣]。」漢印中亦有[亻臣]字，皆用作姓氏（《漢徵》八．九），當是宦氏之宦的異體（宦氏見《漢徵》七．十五）。□字在原璽中為人名，西周銅器中有「仲宦父」鼎（《金》四一七頁），可見古人有以「宦」為名的。宦字見于《說文．宀部》。

「〇六四」七一頁，臧，璽文三九九〇、〇九五一號作□□

今按：此字釋臧可疑，應隸定為[爿止]。古文字中臧字習見，從未見有从止作的。[爿止]字不見于後世字書。

「〇六五」七二頁，[豆殳]，璽文作□

今按：本條字首小篆誤作□，應改成□。

「〇六六」七三頁，襄，璽文作□，下云：「璽文襄字省舟。」

今按：本條字首祇錄《說文》或體□，未錄小篆□。依本書體例，似應兩者並錄，先錄小篆，後錄或體。

「〇六七」七三頁，肇，璽文作□□，下云：「斐鼎肇字與此同。」

今按：此字應隸定為[户攴]（或段），釋為啟。遼寧新金縣新出魏二十一年啟封令戈中的「啟封」之啟作□（此戈正面魏刻作□，背面秦刻作□，《考古》一九八〇年五期），古璽「長啟封」之啟作□（《彙》〇八六一），皆與此字同。[户攴]字在原璽中均用作姓氏，漢印中既有[户攴]氏（《漢徵》三．二十二），又有啟氏（《漢徵》三．二十），羅振玉在《璽印姓氏徵》一書中認為[户攴]、啟同字，其說甚是。《通志．氏族略》「以名為氏」條下謂：「啟氏，姒姓，夏后啟之後也。後燕有啟崙。」西周金文肇字雖可省作「攺」（《金》一六四頁），但在戰國文字中，目前尚未見有可以確釋為肇的「攺」字，而啟字作「攺」則有明證，更何況古無肇氏。故此字應入七三頁啟字條下。

□

〔〇六八〕七四頁，敀，璽文作□□

今按：此字亦見于戰國齊陶文中，舊釋敀誤，朱德熙先生在《戰國陶文和璽印文字中的「者」字》（《古文字研究》第一輯）及《戰國文字中所見有關廏的資料》（《古文字學論集》初編三▨文中將此字改釋為𣪘，甚是。古文字中白及从白之字極多，從未見有白作□、□、□等形的，參本文〔〇〇七〕條。朱先生認為齊陶文和古璽中的𣪘字大都借為廏，其說可信。不過朱先生未舉□用作本字的例子，這裡我們▨為朱先生補充一個□作本字用的例子。《周金文存》卷六補遺曾著錄一件東周帶鈎，其上有璽印式銘文「匠（湖）□」二字，匠（湖）、□連文，可知□應和金文中的𣪘字一樣，用作簋。這也進一步證明了朱先生釋□為𣪘是正確的。𣪘也即𣪘字，金文用作簋。𣪘字見于《說文·殳部》，簋字見于《說文·竹部》。

〔〇六九〕七七頁，陛，璽文作□□

今按：陛字在原璽中皆用作姓氏，應即古璽和漢印中習見的攺（啟）氏之攺的異體（看《彙》二五八一、二五八二及《漢徵》三·2十二）。戰國人除在用作地名、姓氏的文字上加注邑旁外，也常常在用作地名、姓氏的文字上加注土旁，參本文「○五七」條。漢印中亦既有攺氏（《漢徵》三·二十二），又有坄氏（《漢徵》十三·十二及《漢補》十三·五），羅振玉在《璽印姓氏徵》中疑坄與攺（啟）同，是完全正確的。故此字可和七三頁肇字條下□、□同列一欄併入同頁啟字條下。

古璽文編第四

「○七○」八一頁，目，璽文四○○一號作□、三一三五號作目

今按：四○○一號璽文□釋目誤，應釋為直。[redacted]古文字目、直有別。金文德字所从之直作□、□、□、□、□等形（《金》八六、八七頁）；鄂君啟節德字所从之直作□，均與此字同。直字見于《說文·乚部》。三一三五號璽文目應復原成□後入四二頁得字條下，參本文「○五九」條。

「○七一」八二頁，貯，璽文作□，下云：「唐蘭釋貯。」

今按：原璽全文作「石□」，□為人名。我們從戰國時人常以□（購）為名（看《彙》○四四五、○六○七、一二○七、一二七六、一六○六、二四三一、二六六五）這一點看，□當是□之省，也應釋為購。在戰國文字中，貝旁省作目是很常見的，如古璽得（四二頁）、買（一三九頁）、賙（《彙》一一九四、三○二二）等字所从的貝旁即可省作目。故此字應入一四一頁□（購）字條下。

「○七二」八四頁，翠，璽文三○四○等號作□、二八三九號作□

今按：本條下所錄璽文釋翠皆誤。

翏字金文作翏（《金》一九七頁），古陶作翏（《孴錄》十三·二繆字所从），古璽作翏（二四八頁繆字所从），漢印作翏或翏（《漢徵》四·五及四·十五膠字所从），均與⿱羽介、⿱羽介明顯不同。三〇四〇等號璽文⿱羽介从羽从介，可隸定為⿱羽介。古璽疥字所从之介作介（一九二頁），正與此字介旁同。⿱羽介字不見于後世字書。二八三九號璽文⿱羽丩从羽从丩，應釋為翑。金文駒字既作駒，又作駒（《金》五三六頁），可為其證。翑字見于《說文·羽部》。

[〇七三] 八五頁，雝，璽文三一一八號作⿱亼吕、〇八六三號作⿸广吕

今按：[illegible]三一一八號璽文⿱亼吕釋雝誤，應釋為隹。雝字从吕不从日，本條下所錄其他璽文雝作⿸广吕、⿸广吕、⿰⿸广吕阝（增邑）即可證。戰國文字从口不从口往往無别，古璽蘿（七頁）、雝（三三九頁）等字所从的隹旁均加口作⿱亼吕，和此字同。〇八六三號璽文⿸广吕亦應釋為隹，但此字形體不全，右側被割去。原璽全文作「長⿰⿸广吕車」，古璽中又有「高輶」（《彙》一一二六），⿰⿸广吕車和輶顯然是同一個字。編者將輶釋為輶[illegible]（三三九頁），而將⿰⿸广吕車割裂成⿸广吕、車二字[illegible]（車入三三六頁車字條下），亦係自相矛盾。故此⿸广吕字應復原成⿰⿸广吕車後入三三八頁輶字條下。

[〇七四] 八六頁，雚，璽文二二九一號作⿱吅⿱亼吕

今按：此字从萑不从雈，釋雚可疑，應隸定為雚。《說文》謂：「雚，小爵也。从雈吅聲。《詩》曰雚

鳴于埕。」蘿字甲骨文作□（《甲》一八〇頁），金文作□（《金》二〇四頁），古璽作□或□（看本條所錄其他蘿字），均从萑作，和《說文》所說同。此字所从之□即見于《說文·艸部》的萑字，■甲骨文作□（《甲》二〇頁）。故此字可分析為从萑从吅。蘿字不見于後世字書。

〔〇七五〕八六頁，曹，璽文作□，《說文》所無

今按：此字隸定作曹不確。曹旁甲骨文作□（《甲》三二八頁寢字所从），小篆作□（《說文》瞢、夢等字所从），皆與此字□旁明顯不同。□或可隸定為臛，字待考。

〔〇七六〕八七頁，羊，璽文二二七七號作□

今按：此字形體不全，上部被割去。原璽全文作「蓄𢆶羊」，古璽中又有「厩𢆶羊」（《彙》二八五六）、「余（或釋者余，複姓）𢆶羊」（《彙》三二三八），很顯然，𢆶羊和𢆶羊是同一個字，都應釋為𦍩（參本文〔〇一〇〕、〔八三七〕條）。編者將𢆶羊字割裂成羊、𢆶二字是錯誤的（上部𢆶入附錄，五六四頁第一欄）。故此羊字應復原成𢆶羊後和五四九頁第一欄𢆶羊同列一欄併釋為𦍩。𦍩字見于《說文·羊部》。

〔〇七七〕八七頁，羔，璽文三〇九一號作□、五三二二號作□

今按：此字釋羔誤，應釋為茍（苟）或羌。古璽敬字所从之茍（羌）或作□（二三一頁），正與此字中間□（□）形同。在東周文字中，茍（羌）字左右兩側往往贅增飾筆，如鄭公

鈚鐘敬字作□（《金》五一八頁），古璽敬字或作□（从苟或羌省，三八九頁第三欄）。□字左右兩點亦當是飾筆，無意義。三○九一號璽文□原璽全文作「苟中」，西周金文及戰國璽印中以「苟」為「敬」習見（看《金》五一八頁及本書二三二頁），故知「苟中」應讀作「敬中」或「敬忠」，原璽□當屬戰國格言璽一類。五三二二號璽文□原璽為美單字璽「苟」單字璽，苟亦當讀作敬。古璽中「敬」單字璽極多，看《古璽彙編》五○○一——五○四九號。于省吾先生曾在《釋羌、苟、敬、美》（《吉林大學社會科學學報》一九六三年一期）一文中指出，苟（茍）字是由羌字孳乳而來的，苟、敬二字本都从羌得聲。我們從中山侯鉞敬字作□（《中》六四頁）及古璽敬字作□（二三一頁）來看，戰國時苟（茍）、羌二字有時確實沒有甚麼區別。古璽中□有「□（敬）王」格言璽（《彙》○四一三），□字本書編者釋為羌（□但編者在《古璽彙編》中將此璽誤讀為「王羌」並歸入姓名私璽類）。故依本書體例，此字既可入二二九頁敬字條下，亦可入八八頁羌字條下。

「○七八」八七頁，美，璽文五三一九號作□、五三二○號作□，下云：「與美爵美字形近。」

今按：此字釋美誤，應釋為苟（茍）或羌。美字金文美爵作□（《金》二○七頁），《說文》謂「从羊从大」。璽文五三一九號作□，下非大字甚明。古璽苟（羌）字或作□（參本文「○七七」條），□即□之變。五三二○號璽文□下部雖似

「大」，但實際上是羌形的進一步演變，亦不能釋為美。兩璽原皆為「苟」單字璽，知當讀▨作敬。金文和古璽以苟（苟）為敬習見，而戰國時苟（苟）、羌二字又往往不分。故依本書體例，此字既可入二二九頁敬字條下，亦可入ぃぃ頁羌字條下。

「〇七九」九〇頁，骨，璽文三四三二號作胥

今按：此字形體不全，右側被割去。原璽全文作「蘇臣」，古璽中又有「蘇瘠」（《彙》三二四五，首字原稍殘），蘇、蘇皆為姓氏，必為一字無疑。編者將蘇字割裂成胥、朩二字是錯誤的（右側朩入附錄，四〇三頁第三欄）。故此胥字應復原成蘇後和四三五頁第一欄蘇同列一欄，字待考。

「〇八〇」九二頁，腫，璽文作腫

今按：此字从童不从重，釋腫似不確，應釋為膧。膧字見于《集韻》、《韻會》等書。

「〇八一」九三頁，胾，璽文作戠，下云：「與酓肯盤胾字形近。」

今按：此字釋胾不誤，但注語謂「與酓肯盤胾字形近」則誤。酓肯盤（應正名為酓朏盤）、酓忓盤等楚器中的戠或戠字从月不从肉，舊釋胾是錯誤的，應釋為歲，參本文「〇二四」條。此字所从的月即肉旁，和歲字所从的夕（月）旁是有區別的。故注語應刪去。

「〇八二」九三頁，肎，璽文三九六三號作肎，下云：「與梁鼎肯字同。」璽文四〇四五等號作肯肯肯，下云：

「侖肯鼎肯字亦从止从肉。」

今按：三九六三號璽文□釋肎（肯）誤，應釋為宜。梁鼎（注詳中「梁」為「梁」之誤）中的「□詡（信）」之□舊釋肎（肯）亦誤，近來各家已改釋為宜。宜信即指見于馬王堆漢墓帛書《戰國縱橫家書·見田僕於梁南章》中的魏貴族宜信君的封邑（參裘錫圭《〈武功縣出土平安君鼎〉讀後記》，《考古與文物》一九八二年二期，黃盛璋《試論三晉兵器的國別和年代及其相關問題》，《考古學報》一九七四年一期）。中山王譽鼎「以征不宜（義）之邦」之宜作□，𨝮蛮壺「子之大▨辟（僻）不宜（義）」之宜作□（《中》三三頁），作□者正與此字同。古璽宜字作□者亦習見（一八四頁）。漢印中宜字作□、□、□▩形者（《漢徵》七·十六）即由此演變而來。本條下所錄一四七三號璽文肎（肯）作□，和《說文》肎（肯）字古文□同。□和□亦明顯不同。原璽全文作「西方宜」，西方是複姓，宜是人名。漢印所見人名中有「卜宜」、「秦宜」等（《漢徵》七·十六），可見古人有以「宜」為名的。故此字應入一八四頁宜字條下。四〇四五號璽文□釋肎（肯）亦可疑。侖肯鼎（應正名為侖胋鼎）中的□字舊釋肯、齒、肓等都是錯誤的。李裕民、郝本性兩先生曾根據楚文字中月和肉的不同寫法指出□字是从月的，从而肯定了過去錢小雲、胡光煒的釋胋說（□字所从之□亦非止旁，而是出旁，詳李裕民《古字新考》、郝本性《壽縣楚器銘文新探》）。故注語謂「侖肯鼎肯字亦从止从肉」是不能成立的。前人已經指出，肎字作肯當在初唐以後，更何況此字所从的□或□、□也不能釋為止。古文字中止和从止之字疊出累見，從未見有作□、□、□等形的。故此字應暫入附錄，字待考。

〔〇八三〕九六頁，⿱尚月，璽文作□，《說文》所無

今按：此字从肉尚聲，應釋為⿰月當。當本从尚得聲，古文字中以尚為當者習見，如魏布「梁正幣百當寽」、「梁半幣二百當寽」之當即作尚（《發展史》一二三、一二四頁）。故⿱尚月字可釋為⿰月當。⿰月當字見于《廣韻》、《集韻》等書。

〔〇八四〕九六頁，□，璽文作□、□，《說文》所無

今按：裘錫圭先生在《戰國璽印文字考釋三篇》（中國古文字研究會一九八一年年會論文）一文中已考定古文字□（絲）、□（絲）有別，並據此將古璽中的□（本條）、□（二六五頁總）、□（或作□，□，三一四頁□）、□（或作□，三一四頁繼）四字分別釋為臠、戀、□（□字異體）、□（戀字異體），其說甚確。故此字應釋為臠。臠字見于《說文·肉部》。

〔〇八五〕九六頁，胸，璽文作□、□，《說文》所無

今按：此字隸定作胸恐不確。□字在原璽中皆用作姓氏，而且右下方又都有合文符號＝，似應是某一複姓合文。我們懷疑□是匋、胡二字合文，其中間的□既是匋（□，一一五頁）字所从的缶，又是胡（□，九二頁）字所从的古。雖然缶、古二字本非同形，但因形近，

所以▨也就不好相借。本條下所錄二
七三七號璽文□= ▨所从的□
既接近缶，又接近古，可參看。古
文字中與此類似的借部首合文也並
不罕見，如甲骨文「牝牡」合文作
□（《甲》六一九頁），金文「孝
孫」合文作□（《金》六六七頁），
侯馬盟書「邯那（鄲）」合文作□=，
北箕布「丠（北）邢（箕）」合文作□
（《東亞》四．三二）等等即是，
詳拙作《古漢字中的借筆字》。不
過典籍和漢印中皆不見「匋胡」複
姓。漢印有複姓「姑陶」（《漢徵》
十二．十二），□= 也許應讀作
「姑陶」。總之，將□=看成單
字是不對的，但究竟應該如何釋讀，
還有待于進一步研究落實。故此字
可暫入附錄。這裡附帶談一下，本
書四五頁龢字條下□=（姓氏）、二
九一頁娟字條下□=（人名，本書
誤為□=）以及二九五頁戲字條下
□=（人名）都有可能是合文，但究
竟應該怎麼讀，還有待于進一步研
究。

〔○八六〕九七頁，肙，璽文一七四四
號作□、三二五九號作□，《說文》
所無

今按：一七四四號璽文□从□不
从厂，隸定作肙不確。本條下所錄
○一○八號璽文肙作□，與此字不
同。□疑當釋為肥，▨參本文〔五
三三〕條。三二五九號璽文□形
體不全，右側被割去。原璽全文作
「梠□」，古璽中又有「事（史）
□」（《彙》一八三三），很顯然，人名
□和□是同一個字。編者將□字
所从的□旁和梠字捏合到一起釋
為「捈」（二八九頁）是錯誤的。
故此▨□字應復原成□後和

四三五頁第三欄□同列一欄，字待考。

古璽文編第五

「○八七」九九頁，荼，璽文作□。今按：本條字頭隸定作荼誤，應隸為筡。荼（□）和筡（□□）皆見于《說文》，是兩個不同的字。

「○八八」九九頁，簠，璽文作⿷匚古，下云：「从匚从古，與大簠簠字同。」今按：此字舊釋簠誤。唐蘭先生《周王𤼈鐘考》（《國立北平故宮博物院年刊》，一九三六年）、《略論西周微史家族窖藏銅器的重要意義》（《文物》一九七八年三期）、黃盛璋先生《釋旅彝》（《中華文史論叢》一九七九年二期）、高明先生《盬、簠考辨》（《文物》一九八二年六期）等文皆已指出，銅器中的⿷匚古（字亦作⿷匚故、⿷匚𨐋、鈷、⿷匚害、⿷匚𢦔、⿷匚𩈄、⿷匚黄）即典籍中的「瑚璉」之瑚，是方器，而《說文》訓為「黍稷圜器也」的簠在銅器中則作甫、匍、笛、鋪，是一種類似豆的圓形器。⿷匚古、瑚从古得聲，□、匍、簠从甫得聲，兩者在銅器中判然有別。⿷匚古字不見于《說文》，高明先生在上引文中根據伯公父瑚自名為「盬」認為⿷匚古、盬等字就是《說文》訓為「器也」的盬字，其說可從。故此字□應改釋為盬。盬字見于《說文·皿部》。

「○八九」一○○頁，节，璽文作□，《說文》所無。今按：此字應釋為節。《說文》謂節字从竹即聲，又謂即字从皀卩聲。此字从竹卩聲，自應和从竹即聲的節字同。「璽節」之節古璽和《說文》均作卩，亦為其證（參本文「〇〇五」條）。原璽全文作「節㨁」，漢印中有「節同」（《漢徵》五·二），節皆為姓氏。《通志·氏族略》「以官為氏」條下謂：「節氏，《姓纂》：《周禮》掌節上士，子孫以官為氏。」節字見于《說文·竹部》。

「〇九〇」一〇〇頁，箂，璽文作□，《說文》所無

今按：此字應隸定為篆，釋為籚或櫨，參本文「四一二」、「〇九九」條。籚字見于《說文·竹部》，櫨字見于《說文·木部》。

「〇九一」一〇一頁，筡，璽文作□，《說文》所無

今按：此字應釋為筡。古璽「左余（餘）子」之余作□，和此字所从的□旁同，參本文「七一五」條。古璽余旁豎畫亦往往彎曲，如賖[redacted]字所从之余作□（九七頁），綠字所从之余或作□（三一二頁）。原璽全文作「長筡」，古璽中以「筡」為名者習見，看《古璽彙編》一〇八〇、一四九一、一七六二、一八七二、一九七五、二一一六、二一五八、二二六七、二六六六、二九八八等號。故此字應入九九頁筡字條下。

「〇九二」一〇二頁，奠，璽文作□，下云：「奠孳乳為鄭，鄭字重見。」

今按：注語謂「鄭字重見」，但一四五頁鄭字條下並未錄奠。

「〇九三」一〇二頁，左，璽文二二七號作□

今按：此字釋左誤，應釋為「司工」

二字合文。古文字中左字所从之𠂇均向左作[illegible]，右字所从之又均向右作[illegible]，鮮有例外。以古璽為例，本條下所録其他三十八個左字除〇二五四號从[illegible]外，皆从[illegible]作。而〇二五四號璽文[illegible]從原璽全文看，其所从的[illegible]旁仍應視為[illegible]，因為此璽所有文字都是反書的，如璽中「左宮」之宮反書作[illegible]（《彙》〇二五七「[illegible]」〔左〕[illegible]「宮」」璽可證）。所以，即使從此字所从「[illegible]」旁的方向來看，此字也不能釋為左，更何況古文字中左字所从之[illegible]和右字所从之[illegible]從未見有作「[illegible]」形的。[illegible]古璽「司工」合文一般作[illegible]或[illegible]（三五九頁），[illegible]即[illegible]之省體。古璽「司馬」合文既作[illegible]、[illegible]，又省口作[illegible]（三五七頁），與此同例。原璽全文作「邿司工」，邿是地名。近年河南鄭州所出「邿」字印戳陶文[illegible]（《中原文物》一九八一年一期）上的邿和此璽中的邿當是一地，其地應該就在今河南鄭州一帶，戰國時屬韓。近年來，考古工作者又在離鄭州不遠的滎陽發現「格氏」、「格氏左司工」兩種印戳陶文（《中原文物》一九八一年一期）。我們認為，「格氏」和「格氏左司工」兩種印戳陶文可相配，「邿」字印戳陶文和此「邿司工」璽亦正可相配。這也是我們釋[illegible]為「司工」合文的一個有力旁證。《古璽彙編》把此「邿司工」璽歸入姓名私璽類也是錯誤的。故此字應入三五九頁「司工」合文條下。

「〇九四」一〇三頁，工，璽文〇〇八三號作[illegible]。

今按：此字釋工誤，應釋為[illegible]。古文字中工字極多，一般都作工，從未見有作巫形的。本條下所錄其他工字作工即可證。黹字金文作㡀、㡀形（看《古文字研究》第三輯㪯簋及《金》四四〇頁黹及黻字所从），巫即㡀、㡀之省變。甲骨文黹字作㡀、㡀形（《乙編》八一八七、八二八七），又有𠤎字（《前》二·二一·一），劉釗、金祥恆[redacted]亦釋為黹（劉說見《[redacted]戰國文字研究［七種］》，自印本；金說見《說文解字》，《古文字學論集》初編），如可信，則璽文巫和甲骨文𠤎倒是最為接近。原璽全文作「□戕司黹」，前兩字是地名。黹古訓縫紉、刺繡，司黹當是掌管縫紉、刺繡之官。《周禮·天官》有縫人：「縫人，掌王宮之縫線之事，以役女御，以縫王及后之衣服。喪縫棺飾焉，衣翣柳之材。掌凡內之縫事。」司黹很可能和縫人相當。黹字《說文》立為部首。

「〇九五」一〇六頁，喜，璽文〇三九五號作𡇑

今按：此字釋喜誤，應隸定為吉，釋為𡉚。金文喜字作𡇑、𡇑、𡇑、𡇑、𡇑等形（《金》二六二頁），本條下所錄另外四個璽文喜字作𡇑、𡇑、𡇑、𡇑等形，皆與此字明顯不同。𡇑字出于燕璽，燕「中軍𡉚（𨌫）車」璽𡉚字作𡉚（《彙》〇三六八）。《說文》：「𨌫，紡車也。一曰一輪車。从車𡉚聲，讀若狂。」），燕璽匡（匡）字所从之𡉚作𡉚（二九九頁），皆與此字𡉚旁同。古文字从口不从口往往無別，吉即𡉚字異體。《集韻》謂「𡉚（𡉚）古作呈」，呈即古璽𡇑字。古文字和小篆中的从𡉚之字後世楷書多變成从王，如狂、匡等字

即是。需要指出的是，《金文編》喜字條下收録的所謂「郾王喜矛」之喜乃善字之誤摹，這祇要看一看《三代吉金文存》二十・三十六・四所著録的原拓本即可知道。因此，同條下收録的所謂「郾王喜劍」之善亦不得釋為喜。燕兵器中題有「郾王善」者已十幾見（看《三代》卷二十及《文物》一九八二年八期），舊皆釋為「郾王喜」是大有問題的。因為在字形上根本無法證明善即喜字。燕兵器中所見燕王名和典籍中的燕王名大都對不上號，所以也不必用燕王喜去套「郾王善」。如果「郾王善」真是燕王喜的話，那一定是典籍在流傳過程中將善字譌成了「喜」字。就目前所見，生字作生或善皆出于燕文字材料，應該説是燕文字的特有寫法，其來源可從金文生字作生、生、生（《金》六六〇頁匿「匡」字所从）中窺見。故此字應入一三三頁生字條下。

「〇九六」一〇六頁，憙，璽文作喜

今按：此字从壴不从喜，釋憙誤，應釋為愷。憙字从心从喜喜亦聲，愷字从心壴聲，兩[redacted]者並非一字。原璽全文作「㞷愷」，愷為人名。三十二年平安君鼎銘文中亦有人名「愷」，字作 [redacted]（《文物》一九八〇年九期），舊釋憙亦誤。愷字見于《説文・心部》。

「〇九七」一〇七頁，虍，璽文作𡜊

今按：此字形體不全，下部被割去。原璽全文作「𡜊生虍」，𡜊字顯然應隸定為𢈔。《説文》謂：「酴，酒母也。从酉余聲，讀若廬。」在戰國文字中，从盧得聲之字往往从虍作（參本文「〇九九」條），故此庮字很可能就是酴字異體，在原璽中讀作典籍和漢印中習見的盧氏之盧（看《漢徵》五·八及《漢補》五·二）。編者將□字割裂成□、酉二字是錯誤的（下部酉入三五四頁酉字條下）。故此□字應復原成□後隸定為庮，或釋為酴。酴字見于《說文·酉部》。

「〇九八」一〇七頁，虛，璽文作□，《說文》所無

今按：本條字頭隸定作虛不確，應隸定為虛，參本文「〇一六」條。

「〇九九」一〇七頁，虛，璽文作□，《說文》所無

今按：此字朱德熙、裘錫圭兩先生已在《戰國文字研究（六種）》一文中釋為鑪，甚確。燕明刀背文所記冶鑄鑪次文字中常見「外□」二字（□或作□，《發展史》一六三頁），□字鄭家相在《中國古代貨幣發展史》一書中隸定為虛，釋為鑪之省文。□、□顯係一字。鑪、盧古本一字。盧字甲骨文既作□（《甲》八九〇頁），又作□（《甲》二二七頁）。作□者，于省吾先生謂「上象鑪之身，下象款足」；作□者，郭沫若先生謂「下象鑪形，上从虍聲也」（詳于省吾先生《甲骨文字釋林·釋畀、盧》）。可見盧（鑪）字本是一個在象形的□上又加注音符「虍」而形成的注音形聲字。因此，戰國時鑪字變為从金虍聲是可以理解的。古璽中又有□（一〇八頁虎）、□（一〇八頁虡）、□（一〇八頁虞）等字，依□字之例，應分別釋為櫨、爐、獹。其中櫨字見于《說文》，爐、獹二字見于《玉篇》等書。這

也說明釋[璽文]為鑪是正確的。𥁕（鑪）字在原璽中用作姓氏，當讀作典籍和漢印中習見的盧氏之盧（看《漢徵》五．八及《漢補》五．二）。典籍中鑪、盧二字亦通。鑪字見于《說文．金部》。

〔一〇〇〕一〇八頁，虜，璽文作[璽文]，《說文》所無

今按：此字應隸定為虜，釋為攎。[璽文]即𠙵，齊莒邦殘刀[璽文]（[璽文]）字作[璽文]（《發展史》八二頁），古璽𥁕（𥁕）字作[璽文]（四四〇頁第四欄），皆其證。攎从盧聲，而盧又从𠙵得聲，故虜可釋為攎。戰國印戳陶文中有「攎（[璽文]）魝」（《季》二五．九），攎為姓氏，應讀作典籍和漢印中習見的盧氏之盧（看《漢徵》五．八及《漢補》五．二）。戰國時从盧得聲之字亦往往从虜（攎）作，參本文「四一二」條。攎字見于《說文．手部》。

〔一〇一〕一〇八頁，⿱虍木，璽文作[璽文]，《說文》所無

今按：此字可釋為櫨，參本文「〇九九」條。櫨字見于《說文．木部》。

〔一〇二〕一〇八頁，⿱虍火，璽文作[璽文]，《說文》所無

今按：此字可釋為爐，參本文「〇九九」條。爐字見于《玉篇》。

〔一〇三〕一〇八頁，⿱虍犬，璽文[璽文]作[璽文]，《說文》所無

今按：此字可釋為獹，參本文「〇九九」條。獹字見于《玉篇》、《廣韻》、《集韻》等書。

〔一〇四〕一〇八頁，⿱虍甫，璽文作[璽文]，

《說文》所無

今按：此字應釋爲盧。古璽瀘（瀘）字所从之盧作□（二七六頁瀘），正與此字同，參本文「三〇五」條。原璽全文作「盧堂（上）」，盧爲姓氏，應讀作典籍和漢印中習見的盧氏之盧（看《漢徵》五．八及《漢補》五．二）。盧字見于《說文．皿部》。

「一〇五」一〇九頁，盦，璽文〇一九九、〇二〇〇、〇二〇一號作□、〇二〇二號作□

今按：此字釋盦誤，應隸定爲昷。璽文〇一九九、〇二〇〇、〇二〇一、〇二〇二號原璽全文分別作「□□之鉨」、「□□之鉨」、「□□之鉨」、「□□之鉨」，《古璽彙編》〇一九八號璽作「昜（陽）都邑口□□之鉨」、〇三二二號璽作「口口□□金鉨」。從原璽格式和文字風格上判斷，此六璽皆爲齊璽。很明顯，「□□」是個固定詞組，□、□、□、□乃一字之變。但編者除將〇一九九、〇二〇〇、〇二〇一、〇二〇二號璽中的□或□釋爲盦字外，又將〇一九八號璽中的□釋爲盟或盥之省（一〇九頁），將〇三二二號璽中的□收于附錄（五二九頁第六欄）。這一字而用三種方法處理，顯然是自相矛盾的。由于□字又作□□或□，故其絕無釋盦之可能，而釋□爲盟或盥之省也同樣是毫無根據的。我們認爲從□、□等形來看，此字可隸定爲昷。戰國時日作⊕形亦習見，參本文「五八四」條。昷字不見于後世字書，待考。此外，本條下所錄〇二九四號璽文□和五二七五號璽文□釋盦亦可疑，但因無異文辭例等確切材料證明，暫不討論。

「一〇六」一〇九頁，盄，璽文〇一九八號作□，下云：「或釋盝之省。」璽文〇四〇八號作□。

今按：〇一九八號璽文□釋盄、釋盝均誤，應和一〇九頁盦字條下〇一九九等號璽文□、□及五二九頁第六欄□同列一欄，併隸為盇，參本文「一〇五」條。〇四〇八號璽文□釋盄亦可疑。盄字小篆作□，从皿从囚。此字所从的□恐不能釋為囚，因為古文字中的人旁未見有作人形的。故此字應暫入附錄，字待考。

「一〇七」一一一頁，青，璽文二五八三等號作□，下云：「長沙楚帛書青字作□與璽文同。」璽文三三三七號作□。

今按：長沙楚帛書青字作□，注語摹作□不確。三三三七號璽文□形體不全，左側被割去。原璽全文作「精中」（自右向左橫列），很顯然，此璽應釋為「精中（忠）」，屬戰國成語璽一類。戰國成語璽中「精中（忠）」或作「青中」，量較多，看《古璽彙編》三一五五—三一五八、四六四三—四六五二、五三八五等號璽。此外，戰國成語璽中還有「精」（《彙》五三七四）、「青（精）」（《彙》五三一〇）、「中（忠）」（《彙》五二〇七、五二〇八、五三五一、五三五二）等單字璽，亦可參看。編者將精字所从的米旁和中字捏合到一起編入附錄（四一二頁第三欄）是錯誤的。故此□字應復原成精後入一八〇頁精字條下。

「一〇八」一一二頁，□，璽文作□，

《說文》所無

今按：此字隸定作⿰飠曾可疑。金文曾字作□、□形（《金》三八頁），與此字□旁明顯不同。丁佛言曾在《說文古籀補補》一書中將此字釋為餾，似可信。戰國屯留布中的留字既作□，又作□（《東亞》四·三五），作□者與此字□旁上部同。古璽中又有□（四八九頁第一欄）、□（四八九頁第三欄）二字，似可釋為⿰留刂（鎦）和⿰矢留（瘤）。不過這都祇是一種推測，還有待于進一步研究落實。故此字可暫入附錄。

[一〇九]一一二頁，餡，璽文作□

□，《說文》所無

今按：此字裘錫圭先生和李家浩同志在《曾侯乙墓鐘磬銘文釋文說明》（《音樂研究》一九八一年一期）一文中認為當釋為餡，即⿰月臽或啗字異體，其說可信。古璽中又有□字，也可能是餡（⿰月臽或啗）字異體，本書釋為歙（二二三頁）。⿰月臽字見于《說文·肉部》，啗字見于《說文·口部》。

[一一〇]一一三頁，⿰飠𠂤，璽文作□，下云：「說文所無，玉篇：同䭔，蜀人呼蒸餅為䭔。」

今按：此字朱德熙、裘錫圭兩先生在《戰國銅器銘文中的食官》一文中釋為館，甚是（參本文「〇五五」條）。館字見于《說文·食部》。

[一一一]一一四頁，全，璽文三二八〇號作□

今按：此字釋全誤，應釋為百。中山王䰯諸器中的「方數百里」之百既作□，又作□（《中》二六頁），作全者正與此字同。原璽全文作「百牛」，《古璽彙編》一二〇五、四六九五號璽與此同文，可□知其為戰國吉語璽□。同類吉語璽中還見有「千羊百□（全）牛」（《彙》四九一〇）、「千牛百（全）羊」（《彙》三四五六）、「千百（全）牛」（《彙》四七四二—四七四六）、「千牛」（《彙》四六七七）、「千羊」（《彙》四四六一—四四六五）等，可參看。故此字應入八四頁百字條下。

「一一二」一一五頁，矢，璽文〇九一一、一九六五、三七七四、一〇七一號作□

今按：此字釋矢誤。古文字中矢及从矢之字習見，從未見有矢作□形的。金文矢字作□或□（《金》二九三頁），古璽矢字作□（《彙》一一三七），族（一一一五頁）、疾（一九〇頁）等字所从的矢旁作□或□，皆與此字明顯不同。特別是一〇七一號璽文□原璽全文作「□（族）□」，□（矢）、□同出，更能證明□非矢字。古璽中又有兩個从□的字，一作□或□（三一八頁哀），一作□（三九九頁第六欄），如釋□為矢，那末這兩個从□的字同樣不能正確釋出。故此字應暫入附錄，字待考。

「一一三」一一八頁，亶，璽文〇二九〇、〇二二七、〇三二七、〇三一三號作□□□，璽文一五九七等號作□□，下云：「與陳猷釜亶字同。」璽文〇三一九號作□，下云：「與君伯毀亶字相近。」

今按：此字釋亶誤，應釋為亩（廩）。《說文》謂：「亩，穀所振入，宗廟粢盛，倉黃亩而取之，故謂之亩。从入，回象屋形中有户牖。……㐭，亩或从广从禾。」又：「稟，賜穀也。从亩从禾。」璽文〇二九〇、〇二二七、〇三二七、〇三一三、一五九七、〇三一九號原璽全文分別作「陳□三立（莊）事歲，右稟（□）釜」、「左稟（□）之鈢」、「君之稟（□）」、「平阿（阿）左稟（□）」、「齊敦（□）」、「右廩（□）」，稟、敦、廩皆名詞，衹能釋亩而不能釋稟。特別是〇三一九號璽文□从广从禾，正和《說文》亩字或體同。據我們所知，亩字作稟、敦、廩等形的都是齊系文字，三晉和燕則作亩，不加米、攴、广、禾等旁。可見稟、敦、廩等字都是在亩上加注義符米、攴、广、禾後形成的，它們和《說文》謂「从亩从禾」會意的稟字原本不同。過去吳大澂《說文古籀補》、丁佛言《說文古籀補補》、顧廷龍《古匋文孴録》將稟、敦、廩等字編在亩（廩）字條下是完全正確的。至于注語中所提到的陳猷釜中的□也應釋為亩（廩），而召伯簋（注語誤為「君伯毁」）中的□則可釋為稟，但它和〇三一九號璽文□根本不同，詳拙作《戰國「亩（廩）」字考察》（附録五）。亩（廩）字《說文》立為部首。

[一一四] 一二〇頁，乘，璽文四〇〇八、四〇〇九號作□，璽文四〇六九、四〇六八號作□　□

今按：璽文四〇〇八、四〇〇九號原璽全文分別作「□章」、「□章」，很顯然，□是複姓「乘馬」二字的合文（後者右下方尚有合文符號＝），編者將它們割裂是不妥當的。

古有「乘馬」複姓，《通志·氏族略》「以事為氏」條：「乘馬氏，《漢書·溝洫志》有諫議大夫乘馬延年，又張掖乘馬敦。」漢印中有「乘馬道人」（《漢徵》十·一）。故此□、□二字應復原成□、□，後入本書合文部份。璽文四〇六九、四〇六八號原璽全文分別作「□▨畫」、「□高」，□▨應是複姓「公乘」二字的合文，編者將它們割裂也同樣是不妥當的。平山守丘石刻中有人名「公乘得」，公乘合文作□（《中》一〇〇頁），正與此▨同。《通志·氏族略》「以爵為氏」條下謂：「公乘氏，古爵也，久居是爵者子孫氏焉。」漢印中「公乘」複姓習見（看《漢徵》五·十七及《漢補》五·六）。故此□、□二字應復原成□、□，後入本書合文部份。

古璽文編第六

［一一五］一二一頁，木，璽文〇二〇八號作□

今按：此字形體不全，上部被割去。原璽全文作「□之鉨」，□字顯然應釋為□（櫨）。鷹節「連（傳）虞（遽）」之虞所从的虍旁作□（《三代》十八·三十一·七），燕明刀背文「外□（鑪）」之□所从的虍旁作□（《考古與文物》一九八三年六期），古璽虘字所从之虍作□（《彙》三四四七），虑字所从之虍作□（一〇八頁），皆與此字□旁極近。□即櫨字異體，參本文「〇九九」條。編者將□字割裂成□、米二字是錯誤的（上部▨□入附錄，五六九頁第四欄）。櫨字在原璽中當讀作典籍和漢印中習見的盧氏之盧。

（看《漢徵》五・八及《漢補》五・二）。典籍中櫨、盧二字亦通。古有姓氏印，如古璽中有「王氏之琮（璽）」（《彙》〇五六八），漢印中有「呂氏之印」（《漢徵》十二・十六），可知此「櫨（盧）之鉩」亦為姓氏印。故此木字應復原成𣟗，後▨和一〇八頁𧆞字條下𣟗同列一欄，併釋為櫨。櫨字見于《說文・木部》。

【一一六】一二二頁，枋，璽文〇一一九〇號作杤

今按：此字从丙不从方，釋枋誤，應釋為柄（棅）。方字甲骨文作才或𠙶（《甲》三六〇、三六一頁），金文作才（《金》四八七頁），古璽作方（二二一頁），皆與此字亐旁不同。本條下所錄〇三二五號璽文枋作杤，亦與此字不同。亐即丙，甲骨文丙字所从之丙作丁（《甲》二七八頁），金文賓字所从之丙作丆或亐（《金》三四五頁），古璽丙字作丆或亐（古璽借為萬，參本文「三九〇」條），賓字所从之丙作丆（一三〇頁），均其確證。柄字見于《玉篇》，即棅字異體。棅字見于《玉篇》、《廣韻》等書。

【一一七】一二二頁，桐，璽文五三三五號作𣓌

今按：此字釋桐可疑。同字古文字習見，金文作𠔼（《金》四三三頁），漢印作冋，古璽作冋（二〇三頁），漢印作冋（《漢徵》七・二十），皆與此字冊旁不類。桐字金文作𣑱（《金》三一二頁），古璽作桐（《彙》三九八三），漢印作桐（《漢徵》六・四），亦與此字不同。故此字應暫入附錄，字待考。

「一一八」一二四頁，枝，璽文作[illegible]

今按：此字釋枝誤。原璽全文作「[illegible]湩都口鈢」，《古璽彙編》〇〇五四號璽作「[illegible]湩都左司馬」、五五五二號璽作「[illegible]湩都[illegible]（遽）星（馹）」，三璽皆為燕璽，[illegible]、[illegible]、[illegible]一字無疑。編者釋[illegible]為枝，而將〇〇五四號璽中的[illegible]編入附錄（四〇一頁第四欄）是自相矛盾的。支字小篆作[illegible]，《說文》謂「从手持半竹」，[illegible]、[illegible]、[illegible]顯然不能釋為支。故此字應和四〇一頁第四欄[illegible]同列一欄，字待考。

「一一九」一二四頁，柏，璽文〇三〇五號作[illegible]

今按：此字應■復原成[illegible]後釋為「參（三）枱（臺）」合文入本書合文部份，參本文「〇三七」條。文本條字頭隸定作柏不確，應隸定為枱。

「一二〇」一二五頁，梁，璽文一七〇一等號作[illegible]，下云：「或从邑，與大梁鼎梁字同。」三二二九號作[illegible]，下云：「與貨幣梁字形近。」

今按：注語中的「梁」皆為梁之誤。

「一二一」一二七頁，樣，璽文作[illegible]，《說文》所無

今按：此字隸定作樣不確。古璽火作[illegible]或[illegible]（看二五二——二五五頁火及从火諸字），與此字[illegible]旁下部不同。古璽羕字作[illegible]（四五五頁第二欄），所从羕旁亦與此字[illegible]旁不同。故此字應暫入附錄，字待考。

「一二二」一二七頁，柾，璽文作[illegible]，

《說文》所無

今按：此字隸定作柾不確，應釋為柅（梳）或楚。西周金文正字□一般作□、正形（《金》七一、七二頁），和足字作□（《金》三二四頁楚字所从）已有區别。古璽正字作正、□、□、□、□等形（三三、三四頁），足字則作□、□形（參本文「〇三六」條），兩者從不相混。此字所从的□旁絶無釋正之可能是可以肯定的。□字可以有兩種釋法。如僅從字形上看，它可□釋為柅，《集韻》等書謂柅即梳之異體，梳字見于《說文·木部》。如从形音考慮，它又可以釋為楚。過去黄賓虹先生在《賓虹草堂鉥印釋文》中已指出古璽中的□和楚□王酓朏鼎楚字作□同（看《金》三二五頁）。我們從□字在原璽中常用作姓氏（《彙》二四〇〇、二四〇一）及古璽中尚未見有作「楚」的楚氏來看，此字似以釋楚為長。故此字亦可入一三〇頁楚字條下。

「一二三」一二八頁，柤，璽文作□，下云：「說文所無，廣韻：柤，同樝。」

今按：此字朱德熙、裘錫圭兩先生在《戰國銅器銘文中的食官》一文中釋為棺，甚是（參本文「〇五五」條）。棺字見于《說文·木部》。

「一二四」一二八頁，槁，璽文作□□□□，《說文》所無

今按：此字在原璽中大多用作姓氏，朱德熙先生在《古文字考釋》（《古文字研究》第八輯）一文中釋為椁，讀作郭氏之郭。三晉官璽中又有「左椁（□）司馬」（《彙》〇〇四〇），朱先生認為此椁字假借為城郭之郭，其說甚是。椁字見于《說文·木部》。這裡附帶談一下，楚璽中有

一個从牛从𩫖的[字形]字（《彙》五六〇一，本書未錄），舊亦不識。我們從古璽中複姓「𩫖（淳）于」合文既作[字形]（《彙》四〇二三），又作[字形]（《彙》三一九四、三一九五、四〇二四）來看，此字應該就是見于《說文·牛部》的犉（㹲）字，从牛𩫖省聲。

「一二五」一三〇頁，楱，璽文作[字形]，《說文》所無

今按：此字从木从倝，應釋為榦。《說文》認為朝字从倝，金文朝字作[字形]或[字形]（《金》三六五頁），古璽作[字形]（一六九頁），所从倝旁均與此字[字形]旁同。漢印榦字作[字形]（《漢補》六·二），亦與此字極近。榦字見于《說文·木部》。

「一二六」一三一頁，之，璽文〇一六八號作[字形]、一〇六五號作[字形]、三一八四號作[字形]、四七一一號作[字形]

今按：〇一六八號璽文[字形]釋之誤，應釋為出。古文字中之字極多，一般都作[字形]、[字形]、[字形]形，下面橫畫平直而不彎曲，如本條下所錄其他之字即如此作。而出字則不同，頌壺出字作[字形]，拍敦蓋作[字形]，蚰匕作[字形]（《金》三三三頁），鄂君啟節作[字形]，長沙楚帛書作[字形]，下面一畫均呈明顯彎曲狀，和此字同。特別是《古璽彙編》〇二六七號「口口口之出鉩」璽中之、出二字同出，之作[字形]，出作[字形]（本書未錄），這就更進一步證明了此字是出字而非之字。原璽全文作「南門出鉩」，南門當指城之南門。《周禮·地官》云：「司門，掌授管鍵以啟閉國門，幾出入不物者，正其貨賄，凡財物犯禁者，舉之。」「南門出鉩」璽應是司門所用之璽，是貨物從南門運出的凭證。故此字應入一三四頁出字條下。一〇六五號璽文[字形]和三一八四號璽文

□原璽全文分割作「肖（趙）□」、「臣（熙）□」，很顯然，□□是「□（斆）之」二字合文，右下方尚有合文符號=，編者將它們割裂是不妥當的（左側□入二五七頁□字條下）。《古璽彙編》二六七六號「□□」璽中的□本書編入三六三頁「斆之」合文條下是正確的。故此□、□二字應復原成□、□後入三六三頁「斆之」合文條下。四七一一號璽文□末端一橫乃是邊框，非筆畫，故應割去。

「一二七」一三三頁，坣，璽文二八六八等號作□□，下云：「鄂君啟節坣字作□與璽文相似，往字重見。」

今按：此字應釋為市，入一一八頁市字條下，參本文「〇三五」條。

「一二八」一三八頁，齎，璽文作□

今按：此字舊釋齎可疑。齊字古文字習見，金文作□或□、□（《金》三八七頁），古璽作□或□（一七六頁），皆與此字所从的□旁不同。故此字應暫入附錄，字待考。又本條字頭隸定作齎亦誤，應隸定為齎。

「一二九」一三八頁，質，璽文作□、□，下云：「與侯馬盟書質字同。」

今按：此字釋質誤，應釋為斯。侯馬盟書中的□字又作□或□、□形，釋質亦誤。唐蘭先生曾在《侯馬出土晉國趙嘉之盟載書新釋》（《文物》一九七二年八期）一文中指出：「這一類誓詞，首先說某人『自誓于君所』，質字上从斦，是折字，折《說文》籀文作靳，金文《齊侯壺》：『靳于大司命』，讀如誓。誓省去二屮，即為斤。古鉩悊常作□，可證。那末貭是□字，不是質字。《廣韻》十五轄陟轄切下：「⿰貝斤貨也」。在這裡應讀為誓。這一類載書是自誓，不是共同的盟誓，和第二類載書截然不同。」其後，黃盛璋先生在《關于侯馬盟書的主要問題》（《中原文物》一九八一年二期）一文中又根據盟書□字異文作□及盟書內容進一步證明了□字是从折得聲的，在盟書中讀作誓（不過黃先生將□、□釋為哲是不正確的，□、□是□之變體，仍應釋為⿰貝斤）。我們認為唐先生釋□為⿰貝斤是非常正確的。故此字也應釋為⿰貝斤。⿰貝斤字見于《廣韻》。

［一三〇］一三九頁，賏，璽文作□

今按：此字釋賏誤，丁佛言在《說文古籀補補》中釋為⿱貝貝，可信。⿱貝貝字見于《玉篇》、《廣韻》、《集韻》等書。

［一三一］一四〇頁，⿰貝朱，璽文作□，《說文》所無

今按：此字裘錫圭先生在《戰國文字中的「市」》一文中釋為市。他認為市字加貝作⿰貝市與府字加貝作⿸府貝同例，其說可信。故此字應入一一八頁市字條下。

［一三二］一四一頁，□，璽文作□，《說文》所無

今按：此字應釋為賙。□、□可視為周旁之省，參本文［〇一九］條。賙字見于《玉篇》、《廣韻》、《集韻》等書。

［一三三］一四二頁，邦，璽文一七九七號作□、〇八六一號作□，下云：

「說文古文邦字與此形近。」今按：此字釋邦誤，應釋為封。遼寧省新金縣新出魏二十一年啟封令戈銘文中有地名啟封（《考古》一九八〇年五期），雲夢秦簡《編年記》亦有「（秦昭王）卅二年，攻啟封」之記。黃盛璋先生曾在《旅大市所出啟封戈銘的國別、地理及其相關問題》（《考古》一九八一年四期）一文中指出，戈銘和秦簡中的啟封即古書中的開封，古書係避漢景帝諱而改，其地在今河南省開封市南，戰國時屬魏。啟封令戈銘文中的「啟封」之封正面魏刻作⿱丰田，背面秦刻作封，黃先生在上引文中謂：「⿱丰田字从丰从田，即『封』字古文，甲骨文作⿱丰田，《說文》『邦』下古文作『⿱丰田』。最初祇有『丰』字，象手草形，甲、金文作丰，即丰字初文，傳世有康侯丰鼎，即衛康叔，文獻名『封』，證明『丰』即『封』字初文（引者按：謂「丰」即「封」字初文不確，文獻乃借「丰」為「封」）。後來加土、加田，意思一樣，仍是『封』字，『封』字又是從『⿱丰田』字滋乳。背銘啟封即正面之啟⿱丰田，證實『⿱丰田』確是『封』字，《說文》把⿱丰田列為『邦』字古文，是不對的，盡管王國維有『邦』『封』一字之說，但自從加有土、田（封）與邑（邦）形旁之後，就有所分別了。」從目前已發現的戰國文字資料來看，戰國時邦、封二字確實是有明顯區別的。如戰國中山王諸器中的「朕邦」、「尔邦」、「厥邦」、「鄰邦」、「大邦」、「建邦」、「邦家」等邦字作⿰丰邑或⿰丰邑（《中》二七頁），而「闢啟封疆」、「刅（創）闢封疆」等封字則作⿰⿱丰田寸（《中》四五頁）。又如齊即墨大刀背文中的

「安邦」之邦作□（《起源》圖版貳柒），「闢封」之封則作□（《起源》圖版貳陸）。戰國文字資料中邦字習見，但均从邑作，如侯馬盟書「晉邦之地」邦字作□或□，平安君鼎中的「平□安邦」之邦作□（《文物》一九八〇年九期及一九七二年六期），趙兵器中的「相邦」、「邦左、右庫」之邦作□（《三代》二十·四十六·二、三），魏兵器中的「邦司寇」之邦作□（《三代》二十·四十·五），古璽「弋易（陽）邦粟客」（《彙》〇二七六）、「新邦官鉨」（《彙》〇一四三）、「兇奴相邦」（《彙》〇〇九四）等邦字作□、□、□，從未見有从田或从田从土作□、□形的。〇八六一號璽□文□，原璽全文作「長攺（啟）封」，古璽中又有「后闢封（□）」（《彙》四〇九一），「啟封」和「闢封」皆為人名，其含義跟上引中山王諸器中的「闢啟封疆」、「刱（創）闢封疆」及齊刀背文中的「闢封」等語同。故此字應入三一九頁封字條下。

［一三四］一四三頁，都，璽文二一一六號作□

今按：此字从言不从者，釋都誤，□《古璽彙編》隸定為䛒，可從。本條下所錄其他三晉璽都字作□或□，與此字迥然不同。原璽全文作「䛒茶」，古璽中又有「䛒訢」（《彙》二一一七），䛒為姓氏。䛒字不見于後世字書，疑即古璽中常見的邙氏之邙的異體（看《彙》二一一四、二一一五、二二四七）。東周金文鄦（許）氏之鄦既作□，又作□□（《金》三五五頁），似與此同例。故此字應入一五五頁部字條下。

「一三五」一四五頁，酆，璽文作䣊

今按：此字釋酆誤，應隸定為鄷，釋為豊。豐字金文作豐或豊（《金》一七四頁豐字所从），古璽作豊（五頁豐字所从），漢印作豐、豐或豊（《漢徵》五·七及六·二十一酆字所从），皆與此字豊旁明顯不同。豊應釋為豊，中山王礜方壺體（體）字所从之豊作豊（《中》七六頁），「豊（禮）宜（義）」、「辭（辭）豊（禮）」等豊字作豊（增口，《中》七二頁），中山玉璜豊字作豊（《中》七二頁），古璽作豊（一〇六頁），豊即豊之變。鄷字在原璽中皆用作姓氏，應即古璽中所見豊氏之豊的異體（看《彙》一八八三），也就是典籍和漢印中常見的禮氏（看《漢徵》一·二及《漢補》一·一）。裘錫圭先生曾在《戰國璽印文字考釋三篇》一文中指出：「戰國人常常在用作地名、姓氏的文字上加注邑旁，造成專用字。」我們從古璽中魯氏之魯或作鄶（八三頁）、售（讎）氏之售或作鄬（八五、八六頁）、曹（曹）氏之曹或作鄷（一〇四頁）、梁氏之梁或作郷（一二五、一二六頁）、登氏之登或作鄧（一四八頁）、秝（秦）氏之秝或作䣄（一七九頁）、呂氏之呂或作郘（一八八頁）、犾（狄）氏之犾或作郄（二四九頁）以及侯馬盟書肖（趙）氏之肖或作郇等來看，裘先生說甚是。故此字可入一〇六頁豊字條下。

「一三六」一四六頁，邘，璽文作邘

今按：邘字在原璽中用作姓氏。從原璽全文看，此邘字應是古璽中習見的郢氏之郢的殘體（看《彙》二〇四三——二〇四九），不能▨釋為邦。故此字應復原成郢後入三七五頁第二欄郢字條下，字待考。

〔一三七〕一四八頁，郢，璽文四〇一四號作郢

今按：此字釋郢誤，應釋為郢。里字金文作里或里（《金》六九三頁），古璽作里（三二九頁及一二四頁裡字所从），皆與此字里旁不同。本條下所錄〇一八三號璽文郢字作郢，亦與此字明顯不同。里即坙，金文經字所从之坙作坙或坙（《金》六六九頁），古璽經字所从之坙作坙或坙（五五頁），均其證。故此字應入一五六頁郢字條下。

〔一三八〕一四八頁，郢，璽文二〇五三等號作郢郢郢、一四二四號作郢

今按：本條字頭隸定作郢不確，應隸定為郢，參本文「〇一六」條。一四二四號璽文郢釋郢亦可疑。▨本條下所錄其他璽文郢字作郢、郢、郢，與此字不類，參本文「〇三一」條。故此字應暫入附錄，字待考。

〔一三九〕一四九頁，郙，璽文作郙，下云：「璽文『病己』病字作𤶷，故知為郙字。」

今按：古璽▨所見人名中「病巳」數見，未見有名「病己」者，可知▨注語中的「病己」乃「病巳」之誤。

〔一四〇〕一四九頁，郤，璽文二二一〇號作郤

今按：此字釋郤誤，應隸定為郤，

釋為尔。古文字中余及从余之字習見，從未見有余作尒形的。鉩字金文作鉩（《金》三五七頁），古璽作鉩、鉩、鉩、鉩（《彙》一九四〇——一九五八），皆與此字明顯不同。尒應釋為尔，古璽鉩（璽）字所从之尔作尒者習見（三一九——三二二頁），可為其證。鉨字在原璽中用作姓氏，應即尔氏之尔的異體，參本文「一三五」條。故此字可入一七頁尔字條下。

「一四一」一五一頁，[罨阝]，璽文作[罨阝][罨阝][罨阝]，《說文》所無

今按：[罨阝]字在原璽中往往用作姓氏（《彙》一九〇五、一九〇六），應即古璽和漢印中習見的罨氏之罨的異體（看《彙》一九〇四及《漢徵》四·一），參本文「一三五」條。故此字可入八一頁罨字條下。

「一四二」一五一頁，卲，璽文作卲卲，《說文》所無

今按：卲字在原璽中皆用作姓氏，應即典籍和漢印中習見的白氏之白的異體（看《漢徵》七·二十三），參本文「一三五」條。故此字可入二〇五頁白字條下。

「一四三」一五二頁，郤，璽文一六五三號作郘、〇〇四六號作郘=、〇一一〇號作郘、〇一〇九號作郘，《說文》所無

今按：一六五三號璽文郘（郤）在原璽中用作姓氏，應即古璽和漢印中習見的左氏之左的異體（看《彙》一六四四——一六五一及《漢徵》五·四），參本文「一三五」條。故此字可入一〇二頁左字條下。〇〇四六號璽文郘=原璽全文作「陽州郘=右口司馬」，郘下有合文符號=，

葉其峰先生在《戰國官璽的國別及有關問題》一文中釋為「左邑」二字合文，其說▨可信。〇一一〇號璽文⿰左邑原璽全文作「⿰左邑=余（餘）子嗇夫」，⿰左邑下原有合文符號=，編者將它割去是錯誤的。〇一〇九號璽文⿰左邑原璽和〇一一〇號璽同文，▨惟⿰左邑下無合文符號=。葉其峰先生上引文和裘錫圭先生《嗇夫初探》（《雲夢秦簡研究》）都將此二▨璽中的⿰左邑=或⿰左邑釋為「左邑」二字合文，並指出▨這些三晉璽中的左邑是地名，即秦漢河東郡的左邑，戰國時屬魏，地在今山西省聞喜縣。三晉官璽中又有「⿴邑左=癹（發）弩」（《彙》〇一一三），⿴邑左=字葉先生在上引文中也同釋為「左邑」合文。故〇一一〇號璽文⿰左邑應復原成⿰左邑=後和〇〇四六號璽文⿴邑左=、〇一〇九號璽文⿰左邑同

入本書合文部份。

〔一四四〕一五二頁，鄅，璽文作⿰禺邑，下云：「說文所無，玉篇：鄅，地名。」

今按：鄅字在原璽中多用作姓氏（《彙》三一三四、三四〇八），應即漢印所見禺氏之禺的異體（看《漢徵》九．六），參本文〔一三五〕條。禺字見于《說文．由部》。

〔一四五〕一五二頁，⿰重邑，璽文作⿰重邑，《說文》所無

今按：⿰重邑字在原璽中皆用作姓氏，應即古璽和漢印中習見的重氏之重的異體（看《彙》三四九三及《漢徵》八．十二），參本文〔一三五〕條。故此字可入二一五頁重字條下。

〔一四六〕一五四頁，⿰土卩，璽文作⿰土卩，

《說文》所無

今按：此字从土不从士，隸定作坊誤，應隸定為坏。坏字在原璽中用作姓氏，應即古璽和漢印中習見的土氏之土的異體（看《彙》一六六六及《漢徵》十三·十、《漢補》十三·四），參本文「一三五」條。故此字可入三一六頁土字條下。

「一四七」一五四頁，郐，璽文作□，《說文》所無

今按：郐字所从之叏即古文鞭。郐字在原璽中用作姓氏，應即鞭氏之鞭的異體，參本文「一三五」條。故此字可入六三頁鞭字條下。

「一四八」一五四頁，鄦，璽文二〇八一號作□、二〇七九等號作□□、□、二〇八三等號作□□，《說文》所無

今按：二〇八一號璽文□和二〇七九等號璽文□、□、□隸定作鄦誤，應釋為鄦，參本文「〇四七」條。鄦字在原璽中皆用作姓氏，當即古璽和漢印中習見的焦氏之焦的異體（看《彙》三一五三及《漢徵》十·八、九），參本文「一三五」條。故此字可入二五二頁焦字條下。二〇八三等號璽文□隸定作鄦亦可疑。魚字金文作□或□、□（《金》五九〇頁），古璽作□（看本書卷十一魚部），漢印作□、□（《漢徵》十一·十七），皆與此字□旁不類。古璽中又有□字，或作□，本書隸定為□（一八亦不可信。《古璽彙編》四〇一五號「□（鮮于）□」璽中□（魚）、□同出，更能證明□、□皆非魚字。故此字應暫入附錄，字待考。這裏附帶談一下，《古璽

彙編》三二二七號「鄭鮮」璽中的鄭字該書隸定作鄭不誤，同璽鮮字作鮮可證，本書未錄。鄭氏之鄭即古璽和漢印中習見的魚氏之魚的異體（看《彙》二七二七及《漢徵》十一·十七、《漢補》十一·六）。

「一四九」一五四頁，鄟，璽文作鄟，《說文》所無

今按：此字隸定作鄟誤，應隸定為鄟，釋為專。鄟字出于三晉璽，三晉璽中事字習見，一般都作叀（六六——六八頁），上从𠀠，和此字叀旁上部𠀠不同。叀應釋為專，中山王嚳方壺譚字所从之專作叀（《中》七六頁），正與此極近。《古璽彙編》一七八二號「事（史）瘨」璽中的瘨字本書▨隸定為瘒（一九四頁）亦誤，應釋為瘨（字見《搜真玉鏡》）。同璽事字作叀，更能證明叀、叀有別，並非一字。鄟字在原璽中皆用作姓氏，應即典籍和漢印中所見的專氏之專的異體（看《漢徵》三·二十），參本文「一三五」條。故此字可入七三頁專字條下。鄟字也見于《春秋》、《廣韻》、《集韻》等書。《春秋·成公六年》中的鄟是一附庸小國名，其地在今山東省郯城縣東北三十餘里。

「一五〇」一五五頁，邒，璽文作邒，下云：「說文所無，玉篇：邒，鄉名。」

今按：邒字在原璽中用作姓氏，應即古璽和漢印中習見的丁氏之丁的異體（看《彙》一六八八——一六九〇及《漢徵》十四·十三、十四），參本文「一三五」條。故此字亦可入三四八頁丁字條下。

「一五一」一五五頁，⿰采阝，璽文作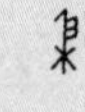，

《說文》所無

今按：⿰采阝字在原璽中為姓氏用字（複姓下字），應即古璽和漢印中常見的采（穗）氏之采的異體（看《彙》二四七三、二四七四及《漢徵》七．九），參本文「一三五」條。故此字可入一七七頁采（穗）字條下。

「一五二」一五五頁，⿰⿱采土阝，璽文作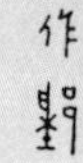，

《說文》所無

今按：⿰⿱采土阝字在原璽中皆用作姓氏，應即典籍和漢印中習見的采氏之采的異體（看《漢徵》六．十及《漢補》六．三）。戰國人常常在用作地名、姓氏的文字上加注邑旁或土旁（參本文「一三五」、「〇五七」條）。古璽采氏之采或作⿱采土（《彙》一九〇七——一九一一、一九一八），此作⿰⿱采土阝，當是既加土旁，又加邑旁。古璽中井（郱）氏之井既作坓（《彙》一八八七——一八八九、三三五二）、郱（《彙》一九〇一），又作⿰⿱井土阝（《彙》一八九〇——一九〇〇、一九〇二），戈氏之戈既作⿰戈阝（《彙》二二一八），又作⿰⿱戈土阝（《彙》二一二五），丌（其）氏之丌既作邔（《彙》二一一一、二一一二），又作⿰⿱丌土阝（《彙》二一一三），皆與此同例。故此字應和六四頁⿱采土字條下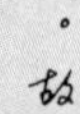同列一欄併釋為采。采字見于《說文．木部》。

「一五三」一五五頁，⿰齊阝，璽文作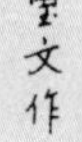，《說文》所無

今按：⿰齊阝字在原璽中多用作姓氏（《彙》一五九八——一六一〇），應即典籍和漢印中習見的齊氏之齊的異體（看《漢徵》七．八），參本文「一三五」條。故此字可入一七六頁齊字條下。

「一五四」一五六頁，鄘，璽文作□□，《說文》所無

今按：此字應隸定為鄘，釋為𨟻（攎）。□即盧，古陶蘆（蘆）字作□（《夢》「蘆〔閭〕丘遷」），古璽盧字作□（一〇九頁），皆可證。古璽攎字作□或□（參本文「一〇〇」條），亦與此字□旁極近。𨟻字在原璽中皆用作姓氏，應即古璽所見攎（盧）氏之攎的異體，參本文「一〇〇」、「一三五」條。故此字應和一〇八頁虜字條下□同列一欄，併釋為攎。攎字見于《說文·手部》。

「一五五」一五六頁，邵，璽文作□，《說文》所無

今按：此字从欠不从邑，隸定作邵誤，應隸定為歆，釋為攺。古文字中邑旁疊出絫見，從未見有作□形的。古璽歐字作□（二二三頁），所从欠旁正與此字□旁同。戰國文字从口不从口往往無別，古璽己字既作□（《彙》三三二二），又作□（《彙》〇七六六），紀字既作□（《彙》二六一〇），又作□（《彙》二六一一），故□字可釋為攺。攺字見于《玉篇》、《集韻》等書。段玉裁《說文解字注》認為《說文·欠部》中的□（□）字即□（攺）字之誤，似可從。

「一五六」一五六頁，邙，璽文二二〇二等號作□、□、二二三八號作□，《說文》所無

今按：二二〇二等號璽文□和二二三八號璽文□雖然都可隸定作邙，但兩者絕非一字。□字所从之□是以（㠯）字，小篆作□，而

□字所从之阝則是厶字（即「公私」之私的本字），小篆作□。以（㠯）、厶（□）二字在先秦古文字中涇渭分明，從不相混，編者將从以的□字和从厶的□字混為一談是錯誤的（參本文「○○一」條）。□字在原璽中皆用作姓氏，應隸定為邵，釋為以氏之▨以的異體，參本文「一三五」條。以（㠯）、台本一字，▨古璽中的以氏就是典籍和漢印中所見的台氏（看《漢徵》二·六）。以字見于《說文·巳部》。□字所从之阝（厶）即「公私」之私的本字。□字在原璽中亦用作姓氏，應即典籍中所見的私氏之私的異體。故依本書體例，此字既可入二三二頁厶字條下，亦可入一七六頁私字條下。又《古璽彙編》三五七〇號「□怨（訓）」璽中的□字也應隸定為邵，釋為以氏之以的異體，本書未錄。

「一五七」一五七頁，鄱，璽文作□，《說文》所無

今按：鄱字在原璽中用作姓氏，應即典籍和漢印中習見的蕃氏之蕃的異體（看《漢徵》一·十九），參本文「一三五」條。蕃字見于《說文·艸部》。

「一五八」一五七頁，鄄，璽文作□，《說文》所無

今按：此字應釋為□，參本文「○五四」條。原璽全文作「□安信鉨」，□氏即典籍和漢印中所見的叀氏（看《漢徵》十二·十五）。□字見于《說文·邑部》。

「一五九」一五七頁，邽，璽文作□，《說文》所無

今按：鄀字在原璽中用作姓氏，應即古璽和漢印中習見的杜氏之杜的異體（看《彙》一九一九——一九二二、二四一五及《漢徵》六·三），參本文「一三五」條。故此字可入一二一頁杜字條下。

「一六〇」一五七頁，䣮，璽文〇三一〇號作䣮或，《說文》所無

今按：此字在原璽中為地名用字，應即或字異體。戰國人往往在用作地名、姓氏的文字上加注邑旁。如[redacted]布幣中地名「梁（[redacted]梁）」作鄹（《起源》圖版拾玖·三），「鑄（注）」作鑄（《發展史》一〇三頁），「弋（代）」作邙（《發展史》九四頁）、「堯」作鄡（《東亞》四·二二），「長子」之長或作鄗（《東亞》四·三四），「北丌（箕）」合文作鄁（《東亞》四·三二）等即是。或字見于《說文·戈部》。

「一六一」一五七頁，宮，璽文作宮宮宮（多宮，下云：「或釋宮」

今按：此字當以釋宮為是。宮、宮等字在原璽中往往和「左」、「右」連為一辭作「左[redacted]宮[redacted]（宮）」或「右宮」，葉其峰先生在《戰國官璽的國別及有關問題》一文中根據戰國印戳陶文中[redacted]「左宮」、「古宮」之宮作宮（《季》二九、三〇頁），明確指出古璽中的[redacted]、宮、宮即宮字異體，其說甚是。需要進一步指出的是，戰國文字中口、▽二形往往互譌。如「參（三）川釿」布中的參字既作品，又作[redacted]㗊（《東亞》二·一二四），趙「建郭（信）君」兵器中的郭字既从吕，又从吕（《三代》二十·四十六·二、三），古璽[redacted]

[redacted]公字或作□（五六六頁第六欄），□字或作□（三六八頁第五欄），閭字或作□（二八五頁閭），巽字或作□（五〇八頁第四欄）、□（五〇八頁第五欄），□字或作□（四三九頁第一欄）等等即是。古璽宮字既作□（一八八頁），又作□，當與此同例。故此字應入一八八頁宮字條下。

「一六二」一五八頁，郶，璽文作□，

《說文》所無

今按：此字應隸定為鄿，釋為犢。古璽𧶠（犢）字既作□（四六三頁第五欄及四八六頁第二欄），又作□（二二頁罼），作□者與此字□旁同，參本文「〇一二」條。原璽全文作「鄿司馬」，鄿為地名，應即犢字異體。戰國人往往在用作地名、姓氏的文字上加注邑旁，例極多，參本文「一六〇」條。故此字可和二二頁罼字條下□同列一欄，併釋為犢。犢字見于《說文·牛部》。不過從原璽看，此字[redacted]右下方似有合文符號=。果如此，則此字應復原成□=後釋為「犢邑」二字合文。犢或犢邑疑即見于《春秋·桓公十二年》中的宋邑穀丘。穀丘《左傳》作句瀆之丘，古璽或作句犢（參本文「六八一」、「八八〇」條），或作句句丘（參本文「四〇四」條）。句瀆或句犢即穀之緩讀。犢、穀同屬屋部，音亦相近。穀丘在今河南省商丘縣東南四十里，戰國時當屬韓或魏。原璽從風格上亦可確定為三晉璽。

「一六三」一五八頁，郚，璽文作□，

《說文》所無

今按：郚字在原璽中用作姓氏，應

即古璽和漢印中常見的各氏之各的異體（看《彙》三三五五及《漢徵》二·七），參本文「一三五」條。故此字可入三〇頁各字條下。

「一六四」一五八頁，⿰易阝，璽文作□□，《說文》所無

今按：⿰易阝字在原璽中皆用作姓氏，應即古璽和漢印中習見的易氏之易的異體（看《彙》一六六八——一六七七及《漢徵》九·十三），參本文「一三五」條。故此字可入二四二頁易字條下。

「一六五」一五九頁，⿰馬阝，璽文作□，《說文》所無

今按：此字所从之□即駒。金文駒字既作□，又作□（《金》五三六頁），可為其證。騆字在原璽中用作姓氏，應即典籍和漢印中習見的駒氏之駒的異體（看《漢徵》十·一及《漢補》十·一），參本文「一三五」條。故此字可入二四六頁駒字條下。

「一六六」一五九頁，⿰車阝，璽文一九二八號作□、〇一五二號作□，《說文》所無

今按：一九二八號璽文□（⿰車阝）在原璽中用作姓氏，應即古璽和漢印中常見的車氏之車的異體（看《彙》一九二七及《漢徵》十四·六），參本文「一三五」條。故此字可入三三六頁車字條下。〇一五二號璽文□隸定作⿰車阝可疑。古璽中車及从車之字極多，一般都作車（看本書卷十四車部），和此字所从的□旁不類。故此字應暫入附錄，字待考。

「一六七」一五九頁，鄗，璽文作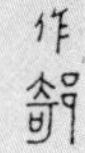，《說文》所無

今按：鄗字在原璽中用作姓氏，應即古璽和漢印中習見的奇氏之奇的異體（看《彙》一六八〇——一六八六及《漢徵》五·五），參本文「一三五」條。故此字可入一〇四頁奇字條下。

「一六八」一五九頁，䌛阝，璽文作，《說文》所無

今按：䌛阝字在原璽中用作姓氏，應即典籍和漢印中常見的䌛氏之䌛（俗作緐）的異體（看《漢徵》十三·五），參本文「一三五」條。曾伯霥瑚「印燮䌛湯（陽）」之䌛阝晉姜鼎和洛陽新出䌛陽劍皆作䌛，亦可見䌛阝、䌛一字。故此字可入三〇九頁䌛字條下。

「一六九」一六〇頁，千阝，璽文作，《說文》所無

今按：千阝字在原璽中或用作姓氏（《彙》二一四四），或為地名用字（《彙》三二二七），應即千字異體，參本文「一三五」、「一六〇」條。漢印中有「千孺」、「千廣之印」等（《訂正六書通》八一頁），可見古有千氏。故此字可入四八頁千字條下。

「一七〇」一六〇頁，弓阝，璽文作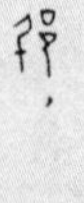，《說文》所無

今按：弓阝字在原璽中皆用作姓氏，應即古璽和漢印中習見的弓氏之弓的異體（看《彙》三一三九及《漢徵》十二·十九），參本文「一三五」條。故此字可入三〇〇頁弓字條下。

「一七一」一六〇頁，郑，璽文〇〇九六號作、〇〇〇二號作、二二一八號作，《說文》所無

今按：〇〇九六號璽文⿰⿱弋口阝和〇〇〇二號璽文⿰弜羊原璽全文分別作「⿰⿱弋口阝强（强）弩遂（後）䎛（將）」、「⿰弜羊昜（陽）君鉨」，李家浩同志在《戰國邙布考》一文中根據戰國時弋字往往作[seal form]，將此二字釋為邙，並指出〇〇九六號璽文⿰⿱弋口阝應讀為趙代郡之代，〇〇〇二號璽文⿰弜羊應讀為楚弋陽之弋，其說甚確。邙實即弋字異體，戰國人常常在用作地名、姓氏的文字上加注邑旁，例極多，參本文「一六〇」條。故此二字可入二九三頁弋字條下。二二一八號璽文戓在原璽中用作姓氏，應即戈氏之戈的異體，參本文「一三五」條。《通志·氏族略》「以國為氏」條下謂：「戈氏，夏時諸侯猗之國也，少康滅之，其地在宋鄭之間，子孫以國為氏。」故此字可入二九三頁戈字條下。

「一七二」二六〇頁，⿰蔥阝，璽文作[seal form]，《說文》所無

今按：從古璽均字既作[seal form]，又作[seal form]（三一八頁），鄙字既作[seal form]，又作[seal form]（一四七頁）來看，此字當釋為⿰筍阝。⿰筍阝字在原璽中用作姓氏，應即筍氏之筍的異體，參本文「一三五」條。筍字見于《說文·竹部》。

「一七三」一六〇頁，⿰尹阝，璽文作[seal form]，《說文》所無

今按：⿰尹阝字在原璽中用作姓氏，應即古璽和漢印中習見的尹氏之尹的異體（看《彙》一二九八——一三〇〇及《漢徵》三·十六），參本文「一三五」條。故此字可入六五頁尹字條下。

「一七四」一六〇頁，⿰素阝，璽文作[illegible]，《說文》所無

今按：⿰素阝字在原璽中用作姓氏，應即典籍和漢印中所見的素氏之素的異體（看《漢徵》十三・七），參本文「一三五」條。素字《說文》立為部首。

「一七五」一六一頁，⿰基阝，璽文作[illegible]，《說文》所無

今按：⿰基阝（[illegible]）字在原璽中用作姓氏，應即典籍和漢印中習見的其氏之其的異體（看《璽印姓氏徵》上八頁）。戰國人常常在用作地名、姓氏的文字上加注邑旁或土旁，有時則既加邑旁，又加土旁，參本文「一五二」條。古璽其氏之其或作⿰其阝（[illegible]，一六二頁）、⿰基阝（[illegible]）、⿰其阝（[illegible]）當是一字之異。故此字可入一〇一頁𠀠（其）或丌字條下。

「一七六」一六一頁，⿰弗阝，璽文作[illegible]，下云：「說文所無，廣韻：⿰弗阝，姓也。漢有九江太守⿰弗阝修。」

今按：⿰弗阝字在原璽中用作姓氏，實際上就是古璽和漢印中習見的弗氏之弗的異體（看《彙》三一二六及《漢徵》十二・十六），參本文「一三五」條。故此字亦可入二九二頁弗字條下。

「一七七」一六一頁，⿰及阝，璽文作[illegible]，《說文》所無

今按：此字隸定作⿰及阝誤，裘錫圭先生在《戰國璽印文字考釋三篇》一文中釋為⿰及阝，並指出此⿰及阝字是為汲邑、汲氏之汲而造的專用字，其說甚是（參本文「三〇四」條）。⿰及阝字在原璽中用作姓氏，漢印中既有汲氏（《漢徵》十一・十二），又有及

氏（《漢徵》三·十六，又《漢補》三·六尹字條下「□廣私印」之□也應釋為及，釋尹誤），故郘氏之郘可釋▨為及氏之及的異體，參本文「一三五」條。及字見于《說文·又部》。

「一七八」一六一頁，⿰和卩，璽文作□，《說文》所無

今按：⿰和卩字在原璽中用作姓氏，應即古璽中習見的和氏之和的異體（看《彙》一八七四——一八七八），參本文「一三五」條。故此字可入二六頁和字條下。

「一七九」一六一頁，赳，璽文作□，《說文》所無

今按：赳字在原璽中為地名用字，應即走字異體，參本文「一六〇」條。走字《說文》立為部首。

「一八〇」一六二頁，⿰屈卩，璽文作□，《說文》所無

今按：⿰屈卩字在原璽中用作里名，應即屈字異體，參本文「一六〇」條。屈字見于《說文·尾部》。

「一八一」一六二頁，⿰亟卩，璽文作□，《說文》所無

今按：《說文》恆字古文作□，古璽恆字既作□（《彙》五七〇〇），又作□（三一六頁），可知此字所从之□即古文恆。⿰亟卩（□）字在原璽中用作姓氏，應即古璽和漢印中習見的恆氏之恆▨的異體（看《彙》二六七五及《漢徵》十三·九），參本文「一三五」條。故此字可入三一六頁恆字條下。

「一八二」一六二頁，⿰示卩，璽文作□，

《說文》所無

今按：祁字在原璽中用作姓氏，應即漢印中常見的不氏之不的異體（看《漢徵》十二·一），參本文「一三五」條。故此字可入二八一頁不字條下。

「一八三」一六二頁，郄，璽文作□，《說文》所無

今按：此字从終不从冬，隸定作郄誤，應隸定為綿，釋為終。時下仍有很多研究者認為終、冬一字，其實這種看法是錯誤的。《說文》謂：「終，絿絲也。从糸冬聲。□，古文終。」又[redacted]：「冬，四時盡也。从仌从□。□，古文終字。□，古文冬从日。」由《說文》可知終字古文作□，冬字古文作□，驗之古文字，兩者從不相混。終字甲骨文作□（《甲》五〇五頁），金文作□（《金》六七一頁），《古文四聲韻》引《古尚書》、《道德經》、《古孝經》、《王存乂切韻》作□、□、□、□，皆與《說文》終字古文同。冬字陳騂壺作□（《金》五八六頁），長沙楚帛書作□，古璽作□（五一二頁第六欄，原倒書），三體石經作□（《石刻》一一·一九），《古文四聲韻》引《石經》、《道德經》、《王存乂切韻》[redacted]作□、□、[redacted]，皆从日作，和《說文》冬字古文同。此外，秦商鞅方升冬字作□[redacted]（《秦選》三七、三八頁），《古文四聲韻》引《碧落文》冬字作□，則和《說文》冬字小篆作□同。很顯然，古文冬是一個从日□（終）聲的字。在目前已發現的古文字資料中，尚

未見有以□為冬或以□為終的例子，可見古人用字有時也頗嚴格。

⿰糸阝（□）字在原璽中用作姓氏，應即典籍和漢印中習見的終氏之終的異體（看《漢徵》十三·三及《璽印姓氏徵》上二頁），參本文「一三五」條。《通志·氏族略》「以名為氏」條下謂：「終氏，陸終之後，以名為氏，望出濟南南陽。」一說夏內史終古之後。終字見于《說文·糸部》。

「一八四」一六二頁，⿰疋阝，璽文作□，《說文》所無

今按：⿰疋阝字在原璽中用作姓氏，應即疋氏之疋的異體。古疋、胥二字通，漢印所見複姓「胥子」，古璽作「疋子」（《彙》三二六〇、三二六一），故知古璽中的⿰疋阝（疋）氏就是典籍和漢印中習見的胥氏（看《漢徵》四·十四），參本文「一三五」、「八三六」條。疋字《說文》立為部首。

「一八五」一六二頁，⿰其阝，璽文作□□，《說文》所無

今按：⿰其阝（□）字在原璽中皆用作姓氏，應即典籍和漢印中習見的其氏之其的異體（看《璽印姓氏徵》上八頁），參本文「一三五」條。故此字可和一六一頁鄴字條下□同列一欄，併入一〇一頁箕（其）或丌字條下。

「一八六」一六三頁，⿰壬阝，璽文作□□，《說文》所無

今按：⿰壬阝字在原璽中皆用作姓氏，應即古璽所見壬氏之壬的異體（看《彙》〇四九一），參本文「一三五」條。古璽中的壬氏也就是典

籍和漢印中習見的任氏（看《漢徵》八·六）。故依本書體例，此字既可入三五〇頁壬字條下，亦可入二一〇頁任字條下。

「一八七」一六三頁，⿰隶阝，璽文作□□，

《說文》所無

今按：⿰隶阝字在原璽中皆用作姓氏，應即隶氏之隶的異體，參本文「一三五」條。邵鐘「大鐘八肆」之肆作隶（□），而典籍中的肆字西周金文又多作𨽸（參《金》五二八、一五七頁），▨可知古璽中的⿰隶阝（隶）氏即漢印中所見的肆氏或𨽸氏（看《漢徵》九·十三▨、三·十い）。故此字可入六九頁隶字條下。

「一八八」一六三頁，⿰坓阝，璽文作□，

《說文》所無

今按：⿰坓阝字在原璽中皆用作姓氏，應即古璽和漢印中習見的郉氏之郉的異體（看《彙》一九〇一及《漢徵》六·二十二、《漢補》六·六），典籍多作邢），參本文「〇五七」條。故此字可入一四六頁郉字條下。

「一八九」一六四頁，⿰旦阝，璽文作□，

《說文》所無

今按：⿰旦阝字在原璽中為地名用字，應即旦字異體，參本文「一六〇」條。故此字可入一六八頁旦字條下。

「一九〇」一六四頁，⿰字阝，璽文作□，

《說文》所無

今按：⿰字阝字在原璽中用作姓氏，應即漢印中所見的字氏之守的異體（看《漢徵》七·十五），參本文「一三五」條。故此字可入一八三頁守字條下。

[一九一] 一六四頁，鄘，璽文作，《說文》所無

今按：鄘字在原璽中為地名用字，應即厝字異體，參本文[一六〇]條。厝字見于《說文・厂部》。

古璽文編第七

[一九二] 一六五頁，晉，璽文作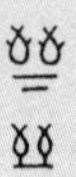

今按：此字不从日，釋晉誤，于省吾先生在《雙劍誃古文雜釋》（見《雙劍誃殷栔駢枝三編》）中釋為臸，甚確。戰國文字中晉字極多，但都从日，如驫羌鐘作（《金》三六二頁），鄂君啟節作，侯馬盟書作（侯馬盟書中的釋晉誤，李家浩同志釋出是正確的），布幣作（《辭典》二七〇、二七三）等即其倒。从二至，即臸字。師湯父鼎「矢臸（箭）」之臸作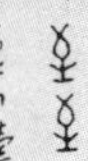，楚鑄客匜「鑄客為御臸為之」之臸作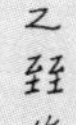（《三代》十七・二十六・二），皆與此字同。朱德熙、裘錫圭兩先生在《戰国文字研究（六種）》一文中指出，鑄客匜中的臸應讀為遷，遷、馹古通，御遷即御馹，乃楚王御用之傳馹。璽文原璽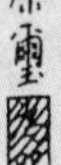皆為單字璽，臸也應讀為遷（馹），「臸」璽當是傳馹所用之璽。古璽中還有不少其他類型的傳馹用璽，詳上引朱、裘兩先生文。臸字見于《說文・至部》。

[一九三] 一六八頁，⿱日君，璽文作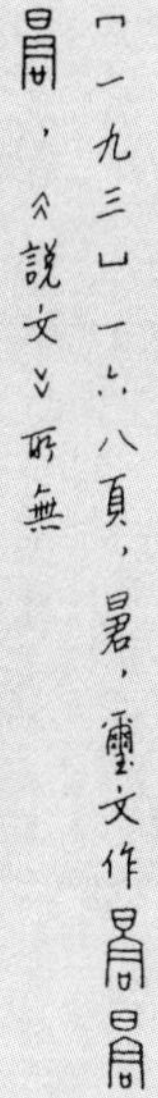，《說文》所無

今按：此字隸定作⿱日君誤，應隸定為⿱日隹。古璽中隹或隹旁往往加口作形（七頁⿱艹雁字所从，參

本文「〇七三」條）。□、□即□之變，而□則又是□的進一步演化。古璽蘿字所从之隹既作□，又作□（七頁），可為其證。本條下所錄〇六七二號璽文□原璽全文作「長□」，古璽中又有「長□（雇）」（《彙》〇六七二），□、□一字無疑。古璽中還有一個从鳥从雇的□字（五七〇頁第四欄），可參看。雇字不見于後世字書。

「一九四」一七〇頁，族，璽文五四七六號作□，又璽文三四一二號作□，下云：「不易戈族作□，璽文近似。」

今按：五四七六號璽文□釋族誤，應釋為內。族字从㫃从矢，金文作▨、□、□、□（《金》三七三頁），侯馬盟書作□，古璽作□（看本條下所錄三四一二號璽文），皆與此字明顯不同。□應釋為內，古璽內字或作□、□形（一一四頁），正與此字同。原璽為「內」單字璽，《古璽彙編》五三三七、五三三八號璽亦為「內」單字璽，可參看。故此字應入一一四頁內字條下。三四一二號璽文□下注語中的「不易戈」乃「不易戈」之誤。

「一九五」一七二頁，月，璽文作□

今按：此字釋月不確，應釋為夕。在戰國文字中，月、夕二字▨盡管在用法上有時相通，尤其是在用作偏旁時往往可以互代，但字形卻早已分化。從古璽來看，月字一般作□、□、□、□形，而夕字則作□、□、□、□形，兩者明顯不同。中山王嚳諸器銘文中从月和从夕的字較多，其月字作□或□，夕字則作□或□，區別亦十分明顯。此字作ㄗ（可能是ㄗ形之殘），顯然應釋為夕。中山王譽方壺「氏（是）以遊夕歙飲（食）」之夕作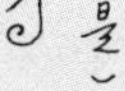（《中》五頁），正與此字同。原璽全文作「事（史）夕」，漢印中有「郭夕印」（《漢徵》七·七），可見古有以「夕」為名者。夕字《說文》立為部首。

「一九六」一七二頁，涓，璽文二〇六一號作，《說文》所無

今按：此字隸定作涓誤，應隸定為粡。古文字中水及从水之字疊出繁見，從未見有作氺形的。本條下所錄其他璽文涓字作，即與此字不同。故此字應入一七三頁粡字條下。

「一九七」一七二頁，玥，璽文作，《說文》所無

今按：此應釋為「五月」二字合文。字在原璽中皆為人名。古人常以出生月份為名，如生在一月名「一月」，生在二月名「二月」等等，這在古書中是很常見的（詳袁文《古時對普通老百姓的稱呼——古人稱謂漫談之七》，《歷史知識》一九八二年六期）。一九七三年燕下都二十三號遺址所出戰國銅戈銘文中亦見人名「張二月」（《文物》一九八二年八期），例與此同。故此字應入本書合文部份。

「一九八」一七二頁，⿰七月，璽文作，《說文》所無

今按：此應釋為「七月」二字合文。原璽全文即作「（七月）」，當是一種記月用璽。故此字應入本書合文部份。

〔一九九〕一七三頁，鉚，璽文作□，

《說文》所無

今按：此應釋為「釿月」二字合文。原璽全文作「事（史）釿月」，釿月為人名。古人常以出生月份為名（參本文「一九七」條），而戰國人記月除用序數詞外，還用一些其他名稱。如齊有「稷月」、「𩁹月」（見子禾子釜和陳猷釜），楚有「𡨦月」、「紡月」、「與月」（見望山楚簡和雲夢秦簡《日書》甲種）等。可見此名「釿月」者也可能是以出生月份為名，惟不知「釿月」相當于幾月。故此字應入本書合文部份。

〔二〇〇〕一七三頁，□，璽文作□，

《說文》所無

今按：此應釋為「畟月」二字合文。□亦古文畟。中山王譽鼎「社稷（稷）」之稷作□（《中》七〇頁），《說文》稷字古文作□，皆可證。□字在原璽中均用作人名，也有可能□是以出生月份為名，即子禾子釜中的「稷（□）月」，參本文「一九七」、「一九九」條。故此字應入本書合文部份。

〔二〇一〕一七四頁，□，璽文作□，

《說文》所無

今按：此字可釋為朝。朝字《說文》作□，許慎謂「从倝舟聲」，我們從漢代金石銘刻中的朝字作□（《石刻》七·五）、□（《漢徵》七·四及《漢補》七·一）等形來看，小篆朝字應該是从𠦝舟聲。朝字西周金文□作□或□（《金》三六五頁），本不从舟聲，但到東周時，確已變為从舟聲作，如朝歌右庫戈朝字作□（《金》三六五頁），古璽或作□（一六九頁）。

石鼓文「朝夕」之朝右側雖已殘泐，但右側从舟亦很明顯。此字从召，當是以召聲代舟聲。召本从刀聲，漢「朝陽右尉」印朝字作（《漢徵》七．四），漢華山廟碑碑額廟字所从之朝作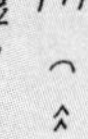（《石刻》九．一四），可為其證。召、刀、朝同屬端系宵部，古音極近。故此字應入一六九頁朝字條下。又編者將此字隸定為鞀附在本卷明部後亦誤。如僅作隸定，應附于本卷倝部後。

[二〇二] 一七六頁，私，璽文四九一八號作、四六五六號作

今按：此字釋私誤，應釋為以。先秦古文字厶（即「公私」之私的本字）作或，以作，兩者從不相混，參本文「〇〇一」條。四九一八號璽文（反書）原璽全文作「可以正下尔（璽）」，《古璽彙編》編者因不識「璽」字（原作朩），誤釋為「正下口可私」，令人不知所云（詳本文「〇〇一」條）。四六五六號璽文（反書）原璽全文作「自以」，以（㠯）、台古本一字，「自以」似應讀作「自怡」，屬戰國成語璽一類。以字見于《說文．巳部》。

[二〇三] 一七七頁，穅，璽文作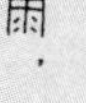，下云：「不从禾，與說文古文近。」

今按：《說文》穅下或體作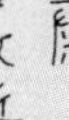，無古文。故注語中「與說文古文近」應改為「與說文或體近」。

[二〇四] 一七八頁，秋，璽文四四四二號作、四四三四號作

今按：四四四二號璽文釋秋誤，應釋為稷。秋字侯馬盟書作，長沙楚帛書作，古璽作、

𥞥（看本條下所錄其他璽文秋字），皆與此字明顯不同。□▨可釋為畟，中山王礜鼎「社稷（稷）」之稷作□（《中》七〇頁），子禾子釜「稷月」之稷作□（《金》一四頁），均其證。《說文》稷字古文作□，亦可證。《古璽彙編》四四四三號璽中的□字也應釋為稷，本書未錄。稷字見于《說文·禾部》。四四三四號璽文□原璽全文作「□（千）□（秋）」（自右向左横列），很顯然，編者在這裡誤將右側的千▨（□）字當作秋字的禾旁，而將左側真正的禾（□）旁割去。古璽中「千秋」吉語璽極多（《彙》四四三〇—四四三三、四四三五—四四四一、四四四四—四四五九），可參看。故此□▨字應復原成□後編入本條下。

「二〇五」一七九頁，□，璽文作□，《說文》所無

今按：此字隸定作□不確。古璽中▨很多从卣的字本書都編入附錄，故此字也可暫入附錄，字待考。

「二〇六」一八〇頁，精，璽文作□，下云：「長沙楚帛書精作□，與此形近。」

今按：長沙楚帛書▨是借精為精，字作□。▨注語摹作□不確，謂□與□形近亦不妥。

「二〇七」一八一頁，□，璽文作□，《說文》所無

今按：此字隸定作□不確。原璽全文作「肖（趙）□」，古璽中又有「肖（趙）□」（《彙》一〇三九）、「王□」（《彙》〇五三七）、「長□」（《彙》〇八四〇），□、□皆▨人名，必為一字無疑。戰

國文字貝旁省作目形者亦習見，參本文「〇一九」條。故此字應入四六九頁第三欄䝷字條下，字待考。

「二〇八」一八一頁，家，璽文〇二六五號作□

今按：此字釋家可疑。原璽全文作「郗（夜）宔□鉨」，《古璽彙編》〇三六六號璽作「武弫（强）宔□鉨」、〇三一二號璽作「鋯（鈦）閒（門）宔□」、〇三三四號璽作「□閒（門）宔□」，四璽皆爲齊璽，「宔□」顯然是一個固定詞組，□、□、□一字無疑。但編者除〇三三四號璽中的□（精潮）字未錄外，將〇二六五號璽中的□和〇三六六號璽中的□分別釋爲家和隸定爲罒又（二〇四頁），同時又將〇三一二號璽中的□□編入附錄（五六七頁第五欄），這一字而有三種處理法，實在是自相矛盾的。因此我們認爲，在無確切證據的情況下，本條下〇二六五號璽文□應和二〇四頁罒又字條下的□同入五六七頁第五欄□字條下，字待考。

「二〇九」一八六頁，宗，璽文一四四三號作□

今按：此字釋宗可疑。宗字古文字習見，金文作□、□（《金》四二四頁），侯馬盟書作□、□（侯馬盟書中的□、□舊釋宗誤，黃盛璋先生釋主是正確的），古璽作□、□、□（看本條下所錄其他璽文宗字），皆與此字不類。故此字應暫入附錄，字待考。

「二一〇」一八六頁，寓，璽文作□，《說文》所無今按：此字隸定作寘不確，應暫入附録，參本文「一四八」條。

「二一一」一八七頁，寘，璽文作，

《説文》所無

今按：此字朱德熙、裘錫圭兩先生在《平山中山王墓銅器銘文的初步研究》一文中隸定為㥶，並指出其从虞（虡）得聲，甚是。中山王譽諸器「懥易𡿿（惕）」之懥作（《中》六八頁），从心虞聲，可為其證，詳朱、裘兩先生上引文及《戰國文字研究（六種）》一文。㥶（或隸定為㦖）字不見于後世字書。

「二一二」一八七頁，宀，璽文作，

《説文》所無

今按：此字隸定作▨定不確。先秦古文字中之字極多，似未見有作㞢形的。金文之字作㞢、㞢、㞢形（《金》三二九、三三〇頁），古璽作㞢、㞢、㞢、㞢形（一三一——一三三頁），皆與此字㞢旁不類。故此字應暫入附録，字待考。

「二一三」一八七頁，窨，璽文作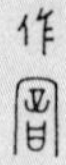，

《説文》所無

今按：此字應釋為窨。古文字宀、穴二旁通，如竈字金文或作竈（《金》四三〇頁），寮字金文作寮（《金》四三一頁），突字古璽作突（《古徵》附二十六），窯字古璽作窯（四五五頁第二欄），故窨字可釋為窨（參朱德熙、裘錫圭《關于侯馬盟書的幾點補釋》，《文物》一九七二年八期）。窨字見于《説文·穴部》。

「二一四」一八八頁，躬，璽文五一九

二、五一九四、五一九五號作□□□，璽文二六八三、二六八一號作□□。今按：五一九二、五一九四、五一九五號璽文□、□、□如僅從字形上看，釋躬（躳）似無問題，但實際上此字應[redacted]隸定為鄔，[redacted]讀作信。在戰國文字中，▽、口二形往往互譌，趙建鄔君兵器中的鄔字既作[redacted]□，又作□，可為其證（參本文「一六一」條）。黃盛璋先生曾在《試論三晉兵器的國別和年代及其相關問題》一文中，根據舊說考定戰國兵器中的「建鄔君」即見于《戰國策·趙策》中的「建信君」，其說甚是。侯馬盟書中的身字既作□，又作□，[redacted]作□者正和本條下五一九五號璽文□同，這說明□、□等字確實是从身得聲，而不是从吕或口得聲。身、信古音同，身或从身得聲之字古通信。

如古璽中的「鄦（焦）綢信坎（璽）」之信作身（《彙》五六八〇），「忠信」之信或作身（《彙》三四六三），「信士」之信或作𧦝（《彙》五六九五），「信」或作𧦝（《彙》五二八七、五四二七）。此外，戰國銅器銘刻中也有不少這樣的例子，如梁鼎蓋中的「長信侯」之信作𧦝（《恆軒》上二二，參郭沫若《金文餘釋之餘》一二頁），梁上官鼎中的「宜信」之信作𧦝（《三代》二·五十三·三，參上引黃盛璋文及裘錫圭《〈武功縣出土平安君鼎〉讀後記》），信安君鼎中的「信安君」之信作𧦝（《考古與文物》一九八一年二期，參李學勤《論新發現的魏信安君鼎》，《中原文物》一九八一年四期），中山王嚳方壺中的「忠信」之信作𧦝（《中》六七頁）。凡此皆可證戰國人往往用身或从身得聲之字代替信。五一九二、五一九四、五一九五號璽文□、□、□原璽皆為「躳」單字璽（《彙》五一九〇、五一九一、五一九三同文），躳也應讀作信。《古璽彙編》三一二五、五二八三、五二八七、、五四二七號「信」單字璽可證。據此亦可知《古璽彙編》[redacted]四六三九——四六四二號「中身」格言璽應讀作「忠信」，同書四五〇二——四五〇五號「忠信」格言璽可證；四六六〇——四六六二號「言身」格言璽和三一二九、五四五〇號「言躳」格言璽[redacted]應讀作「言信」；四六七二——四六七四號「長身」格言璽應讀作「長信」；一六六三、四六七〇、四六七一、五四〇五（鈐歪）、五五九三號「身士」璽應讀作「信士」，同書一六六四、一六六五、四六八一號「信士」璽可證，或讀「信士」為「士信」不確，同書五六九五號「詢（信）士」璽詢、士二字豎列，可知應以讀「信士」為是。故依本書體例，此□、□、□三字可入五一頁信字條下。二六八三、二六八一號璽文□、□釋躳（船）亦誤，應隸定為□。古文字中身或从身之字疊出繁見，從未有身作□或□形的。□、□應釋為為，望山楚簡為字作□（《類編》六九頁），東周左官壺為字作□（《三代》十二・十二・三）、十一年庫嗇夫鼎為字作□（《三代》三・四十三・一），二十七年寧鈿為字作□（《三代》十八・十五・二），二年寧鼎為字作□（《三代》三・二十四・八），古璽[redacted]為字作□（《彙》二三九六），皆其確證，參本文「二五五」條。□、□所从的呂疑即□（古璽作或，八五頁）字所从之吕。𨚔字不見于後世字書，疑與𨚔侯鐘中的字同（看《金》一三六頁，此字所从的公旁亦从吕得聲）。古璽中又有字（四三三頁第六欄），从象从吕，也可能和、是同一字。又《古璽彙編》二六八二號「中」璽中的和二六八四、二六八五號「中」璽中的以及二六八六、二六八七號「中」璽中的皆應隸定為𨚔，本書未錄。

「二一五」一八九頁，空，璽文三九七八號作

今按：三九七八號璽文原璽全文作「詑」，很顯然，是複姓「空侗（桐）」二字合文，其右下方尚有合文符號=。編者將它們割裂是不妥當的。故此字應復原成後入三六一頁「空侗」合文條下。

「二一六」一八九頁，窔，璽文作，《說文》所無

今按：此字在原璽中用作姓氏，裘錫圭先生在《戰國文字中的「市」》一文中釋為宴，讀作晏，甚是。古穴、宀二旁通，如寓字侯馬盟書作寓，竊字《說文》或體作 窽（參本文「二一三」條），~~窽字見~~ ~~字《說文·宀部》。~~故（宴）字可釋為宴。宴字見于《說文·宀部》。

「二一七」一八九頁，窒，璽文作，《說文》所無

今按：此字應隸定為窒或窴。古璽鄞字作（三八一頁第二欄），所从堇（菓）旁與此字旁

極近。窠（窠）字不見于後世字書。

〔二一八〕一九〇頁，病，璽文作痌，下云：「以璽文『病己』知此是病字。」

今按：原璽全文作「郵（重）病巳」，注語中的「病己」乃「病巳」之誤。

〔二一九〕一九一頁，疕，璽文作[glyph]

今按：此字釋疕可疑，似應釋為⿸疒瓜。中山侯鈲鈲字作[glyph]（《中》五三頁，此字舊釋鉞、鈦、釿皆誤，詳拙作《釋平山戰國中山王墓器物銘文中的「鈲」和「私庫」》），新鄭兵器狐字作[glyph]或[glyph]（《古文字研究》第一輯一一四頁），陽狐戈「陽狐」之狐作[glyph]（《録遺》五六二，陽狐，春秋晋地，《史記·田敬仲完世家》：「〔齊〕宣公四十三年，伐晋，毀黄城，圍陽狐。」戰國時當屬趙），古璽複姓「命（令）狐」之狐作[glyph]（二五〇頁），所从瓜旁皆與此字所从的[glyph]（[glyph]）旁相同或相近。戰國時瓜、匕二旁雖然形近，但仔細看的話，兩者還是有一定區别的。其主要特徵是瓜旁中間一般都有一横或一點，而匕字中間一般無一横或一點，當然，少數例外也是有的。侯馬盟書从瓜的孤字作[glyph]，从巳的此字作[glyph]，三晉璽狐字作[glyph]，疵字作[glyph]（《彙》五六五四），可參看。⿸疒瓜字見于《玉篇》、《廣韻》、《集韻》等書。又本條字首所録小篆亦誤作[glyph]。疕字从匕（卑履切）得聲，小篆作[glyph]。古文字和小篆中的[glyph]（卑履切）、[glyph]（呼跨切）二字雖然隸定都作「匕」，但它們是兩個不同的字，不能相混。

〔二二〇〕一九一頁，瘍，璽文二六五二號作[glyph]

今按：此字釋瘍可疑。古璽中疒旁習見，從未見有作□形的。本條下所錄其他璽文瘍字作□，即與此字明顯不同。故此字應暫入附錄，字待考。

〔二二一〕一九一頁，瘖，璽文作□□

今按：此字釋瘖可疑。瘖字从音，音、言古本一字。古璽中言及从言之字習見，一般都作□、□、□、□、□形（看本書卷三言部），和此字所从的□或□旁不同。故此字應暫入附錄，字待考。

〔二二二〕一九三頁，瘽，璽文作□□，《說文》所無

今按：此字應釋為瘽（蝕）。古璽食旁一般作□、[redacted]□形（看本書卷五食部），上部與此字所从的□或□旁上部同。但有時也訛變成□，下从止形，和此字所从的□或□旁下部同。如古璽飲字既作□，又作□（二二三頁）。在古文字中，匕、止二形互訛是很常見的（參拙作《戰國貨幣銘文中的「刀」》，附錄三）。直到漢代也還是如此，如漢印食字或作□（《漢補》五·四），饒字所从之食既作□，又作□（《漢徵》五·十及《漢補》五·四）。故此字所从的□或□旁應釋為食是可以肯定的。古璽中又有□字（《彙》三四五三），或作□（《彙》五六一一），舊亦不識。其實此字就是即字，漢印槩字所从之皀作□（《漢徵》六·八），即字或作□（《漢徵》五·十），節字所从之即或作□（《漢徵》五·一），皆其確證。這也是我們[redacted]將□、□釋為食的一個有力證據。□、□、□、□皆出于燕璽，可知食旁作

⿰飠止、⿰飠止和皀旁作□、皀是燕文字的特有寫法。⿸疒食字見于《集韻》，即蝕字異體。蝕字《說文》作蝕，見于《說文・虫部》。

「二二三」一九三頁，⿸疒犮，璽文作□，

《說文》所無

今按：此字隸定作⿸疒犮誤，應釋為瘀。古璽犬旁作□、□、□、□等形（二四八頁狗、猗、獿、猏等字所从），皆與此字□旁所从之□不同。□應釋為於（烏），東周金文於字作□、□、□（《金》二一〇頁及《音樂研究》一九八一年一期圖二二），古璽於字作（五二六頁第二欄），⿰忄於字所从之於作□（二六六頁⿱於心），皆其確證。瘀字見于《說文・疒部》。

「二二四」一九四頁，⿸疒矣，璽文作□，

《說文》所無

今按：此字應釋為癡。疑字甲骨文作□（《甲》三四八頁⿰矢匕，⿰矢匕、疑古本一字），商代金文作□（《金》八二三頁），本「象人仰首旁顧形」（羅振玉語）。後加辵旁作□（《金》九三四頁），又加牛聲或子聲作□（《金》七六八頁）、□（秦商鞅方升，《秦選》三八頁）形。此字所从的□即□字左旁□。古璽□（梁）字既作□，又作□（一二六頁），⿱雨各字既作□，又作□（二七七頁及《彙》二六四一），後字既作□，又作□（四一頁），與此同例。癡字見于《說文・疒部》。

「二二五」一九四頁，瘤，璽文作□。

《說文》所無

今按：此字應釋為瘄。弭伯簋耤字所从之昔作□（《文物》一九六六年一期），中山王譽諸器昔字作畨或笛（《中》三三頁），皆與此字畨旁相同或相近。⿸疒昔字見于《廣雅》。

〔二二六〕一九四頁，⿸疒事，璽文作⿸疒員，

《說文》所無

今按：此字隸定作⿸疒事誤，應釋為⿸疒尃，參本文〔一四九〕條。⿸疒尃字見于《搜真玉鏡》。

〔二二七〕一九五頁，瘦，璽文作⿸疒員 ⿸疒鼎，

《說文》所無

今按：此字隸定作瘦誤，應隸定為⿸疒克。中山王譽鼎克字作克，與此字所从的克旁同。侯馬盟書⿸疒克字作⿸疒克，亦與此字同。古璽和侯馬盟書中的⿸疒克字均用作人名。⿸疒克字不見于後世字書。

〔二二八〕一九五頁，症，璽文作⿸疒正，

《說文》所無

今按：此字隸定作症不確，應隸定為症，釋為⿸疒肯，參本文〔一二二〕〔一八四〕條。⿸疒肯字見于《集韻》。

〔二二九〕一九六頁，⿸疒歲，璽文作⿸疒歲，

《說文》所無

今按：此字應釋為⿸疒歲。[redacted] 歲字金文或作歲（《金》七一頁），古璽或作歲、歲（三二頁），皆與此字歲旁極近（參本文〔〇二四〕條）。⿸疒歲字見于《字彙》。

〔二三〇〕一九八頁，⿸疒百，璽文作⿸疒百，

《說文》所無

今按：此字可釋為疛。于豪亮先生在《古璽考釋》（《古文字研究》第五輯）一文中指出：「⿸疒百字从百

得聲，百即首字，故㾕字實係从首得聲，以聲類求之，㾕字當讀為府。」㾕字不見于後世字書，應即府字異體。古形聲字聲符往往可以變換，如侯馬盟書道字既从首聲[illegible]或百聲作⿰彳⿱百止、⿰彳⿱百止，又从舀聲作⿰彳⿱舀止。《說文》府字見于《說文·疒部》。

[二三一]一九九頁，⿸疒⿱去心，璽文作⿸疒⿱去廿，《說文》所無

今按：此字應釋為⿸疒去。在戰國文字中，廿、甘二旁通，古璽法字所从之去作⿱大廿或⿱大廿（二四七頁），正與此字⿱大廿旁同。⿸疒去字見于《廣韻》、《集韻》等書。

[二三二]二〇〇頁，瘻，璽文作⿸疒⿱䒑帀，《說文》所無

今按：此字可隸定為瘣。⿱䒑帀即蒐，好蚉壺「茅（苗）蒐猶（畋）獵」之蒐作⿱茻帀（《中》六四頁），从茻與从艸同），可為其證。瘣字不見于後世字書。

[二三三]二〇〇頁，⿸疒升，璽文作⿸疒斗，《說文》所無

今按：此字隸定作⿸疒升誤，應隸定為⿸疒斗。斗（从）即《說文》料字，戰國時[illegible]常常用作「半」。⿸疒斗（⿸疒料）字不見于後世字書。

[二三四]二〇〇頁，⿸疒孑，璽文二九九號作⿸疒孑，《說文》所無

今按：此字从孓不从孑，隸定作⿸疒孑不確，應隸定為⿸疒孓。孓字小篆作孓，《說文》謂：「無左臂也。从了」，象形。」孑字小篆作孑，《說文》謂：「無右臂也。从了」，象形。」本條下所錄其他璽文⿸疒孑字作⿸疒孑，

所从卩旁和此字孑旁顯然不同。可見孑、孓二字在古文字中也是有區別的。⿸疒孑和⿸疒孓皆不見于後世字書，疑即孑、孓二字的異體。

「二三五」二〇一頁，瘇，璽文作瘇，

《說文》所無

今按：此字朱德熙、裘錫圭兩先生在《戰國文字研究（六種）》一文中釋為瘇，其說可從。瘇字見于《集韻》。

「二三六」二〇二頁，痳，璽文作牀，

《說文》所無

今按：此字从爿不从疒，隸定作痳誤，應釋為牀。古璽疒旁作疒（看本卷疒部），爿旁作爿或爿（七一頁臧及七三頁牆「將」字所从），兩者明顯不同。牀字見于《說文・木部》。

「二三七」二〇三頁，疨，璽文作⿸疒孑，

《說文》所無

今按：此字隸定作疨可疑，應釋為⿸疒瓜。原璽從風格上可以確定為三晋璽，而三晋璽中的千字一般都作千（四八頁），和此字所从的孑旁不類。千字从人，三晋璽中的人旁亦以作亻形者居多，看本書卷八人部。孑可釋為瓜，侯馬盟書弧字作弧，中山侯鈲鈲字作鈲（《中山》九九頁），趙陽狐戈狐字作狐（《錄遺》五六二），新鄭兵器狐字作狐或狐（《古文字研究》第一輯一一四頁），古璽狐字作狐（二五〇頁），皆其證，參本文「二一九」條。故此字應和一九一頁疕字條下⿸疒瓜同列一欄，併釋為⿸疒瓜。⿸疒瓜字見于《玉篇》、《廣韻》、《集韻》等書。

〔二三八〕二〇三頁，㾗，璽文作□，

《說文》所無

今按：此字稍殘，應復原成□後隸定為㾻。古璽㚢字作□或□（三〇一頁及《彙》三三四九），㾻字作□（一九九頁），所从奴旁均與此字□旁同。原璽全文作「脂（閻）㾻」，古璽中又有「事（史）㾻」（《彙》一七八六），㾻皆為人名。故此字應入一九九頁㾻字條下。㾻字不見于後世字書，疑即痴字異體。痴字見于《集韻》。

〔二三九〕二〇四頁，罳，璽文作□，

《說文》所無

今按：此字丁佛言在《說文古籀補補》中釋為罳，可信。古璽思字一般作□、□、□、□等形（二五九頁），但在戰國文字中，⊠、田、□、□、□往往互作無别。如胃字曾侯乙墓二十八宿青龍白虎漆箱蓋作□（《文物》一九七九年■七期），長沙楚帛書則作□；墨字齊刀幣作□（䐪字所从，《發展史》七八頁），累字古璽則作□（三二四頁）；古陶璽作□或□（二一四頁），古陶則作□（《𡨦錄》八·一）；眂字信安君鼎作□（《考古與文物》一九八一年二期），三十年虒令作□（《録遺》五二二），兆空圖則作□（《中》四七頁）；濁字曾侯乙墓編磬既作□，又作□（《文物》一九七九年七期）。故此字所从之□應即□或□之變。罳字見于《說文·网部》新附及《廣韻》、《集韻》等書。

〔二四〇〕二〇四頁，罜，璽文作□，

《說文》所無

今按：此字應和一八一頁家字條下

〇二六五號璽文[glyph]同入五六七頁第五欄[glyph]字條下，字待考，參本文「二〇八」條。

「二四一」二〇五頁，買，璽文作[glyph]，《說文》所無

今按：此字應釋為買。在戰國文字中，貝旁省作目形是很常見的，參本文「〇一九」條。古璽買字既作[glyph]，又作[glyph]（一三九頁），作[glyph]者和此字完全相同。故此字應入一三九頁買字條下。

古璽文編第八

「二四二」二〇八頁，佗，璽文〇〇七六號作[glyph]、二五四二號作[glyph]、一五五六號作[glyph]、一一七五號作[glyph]

今按：此字釋佗誤，應釋為「它人」二字合文。〇〇七六號璽文[glyph]原璽全文作「司寇[glyph]」，黃賓虹先生在《賓虹草堂鉨印釋文》中釋為「司寇它人」，甚確。二五四二號璽文[glyph]和一五五六號璽文[glyph]原璽全文分別作「佃[glyph]」、「公孫[glyph]」（此璽「公孫」合文作[glyph]，合文符號亦居中，因鈐打不清，《彙》及本書皆誤釋為孫，參看《彙》三九一八「公孫□」），[glyph]、[glyph]皆人名，也應釋為「它人」合文。此三字均有合文符號＝，絕非佗字甚明。一一七五號璽文[glyph]原璽全文作「吳[glyph]」，古璽中又有「桲（郭）[glyph]」（《彙》二四四二）、「■命（令）狐[glyph]」（《彙》三九八六），因[glyph]字所从之[glyph]在右側，和一般从人之字人旁在左側不同，故也應釋為「它人」合文。古璽中常見的人名合文，如「罕（戰）之」（《彙》一〇六五、二九三九、二六七六、三一八四）、「相如」（《彙》

〇七八八)、「馬重(童)」(《彙》二二四七)等亦往往右行作□、□和「它人」合文作□同例，至于合文不加合文符號在戰國文字中也是很常見的，例不贅舉。漢印□所見人名中有「童它人」、「張它人」、「李它人」等(《漢徵》十三·九及《漢補》十三·三)，可見古人常以「它人」為名。故此四字應入本書合文部份。又《古璽彙編》三五一一號「□」璽中的□也應釋為「它人」二字合文，本書未錄。

「二四三」二〇九頁，位，璽文四二四七號作□、四二四八號作□

今按：此字釋位(立)可□疑。四二四七號璽文□和四二四八號璽文□原璽同文，全文作「□」(《彙》四二四九亦與此同文)。《古璽彙編》釋為「敬位」。其實，將「□」釋成「敬位」是大有問題的。我們知道，戰國成語璽中的敬字一般作□、□形(二二九、二三〇頁)，此璽中的□和□字比較，雖然筆畫有所移動，但字形是完整的。因此，璽中的□不屬□字所有是顯而易見的。本書編者將□和□捏合到一起編入敬字條下(二三〇頁)是錯誤的。□字在璽中的歸屬有兩種可能，一是獨立成字，二是和右側□相配成字，但無論如何，□都不能將此璽釋為「敬位」。所以，將璽中的□釋為位是不妥當的。我們認為，□應該和□相配成□，後暫入附錄，字待考。

「二四四」二〇九頁，似，璽文〇一七五號作□

今按：此字形體不全，右側被割去。原璽全文作「豕母□關」，□字朱德熙、裘錫圭兩先生在《戰國時代的「料」和秦漢時代的「半」》（《文史》第八輯）一文中隸定為訢，讀作司，並指出此璽中的「訢關」即《周禮．地官》中的「司關」，其說可信。編者將□字所从的□旁和豖字捏合到一起編入附錄（五七八頁第六欄）是錯誤的。過去丁佛言在《說文古籀補補》中雖然將□字誤釋為訢，但他□並沒有將□字拆散。故依本書□體例，此□字應復原成□後入二二七頁司字條下。

〔二四五〕二一〇頁，任，璽文二五五八號作□

今按：此字釋任誤，應釋為弡。壬字金文作□、□、□（《金》七六〇頁），古璽作□（三五〇頁），□從未見有作□形的。金文恁字所从之任作□（《金》五六七頁），本條下所錄其他璽文任字作□，亦與此字不同。□應釋為巨，廿年距末距字所从之巨作□（《金》九五頁），仰天湖楚簡柜字所从之巨作□（《仰》第八簡），巨荳王鼎巨字作□或□（《文物參考資料》一九五七年七期），《說文》巨字古文作□，皆其證。□即弓，古璽弓旁作□形者習見，看本書卷十二弓部。弡字見于《玉篇》。

〔二四六〕二一〇頁，傷，璽文二五四九號作□、二五四八號作□

今按：二五四九號璽文□釋傷可疑。古文字中易及从易之字習見，從未見有易作□形的。古璽賜字所从之易作□（一三八頁），即與此字□旁明顯不同。故此字應暫入附錄，字待考。二五四八號璽文□釋傷亦誤，丁佛言□在《說文古籀補補》中疑應釋為傷，可從。傷字見于《廣韻》。

「二四七」二一二頁，偄，璽文作⿰亻臤 ⿰亻臤，《說文》所無

今按：此字从人从臤，可隸定為⿰亻臤。古璽賢字作賢（二三六頁賢），所从臤旁正與此字臤旁同。⿰亻臤字不見于後世字書，疑即「賢人」之賢的異體。《說文》謂臤字「古文以為賢字」，中山王譽方壺「賢人」、「賢士」等賢字皆从子作⿰臣子（《中》五四頁），可參看。

「二四八」二一二頁，借，璽文作借，《說文》所無

今按：此字應釋為借。弭伯簋耤字所从之昔作昔或昔（《文物》一九六六年一期），中山王譽諸器昔字作昔或昔（《中》三三頁），古璽昔字或作昔（「長昔」，吉林大學文物陳列室藏），皆與此字昔旁相同或相近。借字見于《說文·人部》。

「二四九」二一三頁，印，璽文作印

今按：此字釋印可疑。《說文》謂印字从匕从卩，此字如可分析的話，右側卩絕不會是卩旁。古璽中卩旁疊出繁見，一般作卩、卩、卩、卩、卩形（看本書卷六邑▨部中邑旁所从之卩），從未見有作卩形的。故此字應暫入附錄，字待考。

「二五〇」二一四頁，丘，璽文三三〇七號作丘、五三六九號作丘

今按：此字釋丘誤，應釋為芍（苟）或羌。丘字鄂君啟節作丘，中山守丘▨石刻作丘（《中》一〇〇頁），古璽作丘或丘（看三六五頁「句

丘」合文及本條下〇三二四號璽文），■三體石經作□（《石刻》八・九），《說文》古文作□，下均从土，和此字下部丄■或丄不同。古璽茍（羌）字或作□，或作□，□、□應是□和□的進一步演變，參本文「〇七七」、「六五一」條。古璽敬字所从之茍（羌）既有从兩橫作□、□、□形的，也有从一橫作□、□、□形的（二二九——二三二頁），正與□、□情形同。三三〇七號璽文□原璽全文作「茍（羌）守」，璽文自左向右橫列。「茍（羌）守」應讀作「敬守」，屬戰國格言璽一類。古璽中「敬守」格言璽多見，璽文也都是自左向右橫列，看《古璽彙編》四二三一——四二三五號璽。五三六九號璽文□原璽為單字璽「茍（羌）」亦當讀作「敬」。古璽中「敬」單字璽亦極多，看《古璽彙編》五〇〇一——五〇四九號璽。金文和古璽以茍（苟）為敬習見，而戰國時茍（苟）、羌二字又往往不分（參本文「〇七七」條）。故依本書體例，此字既可入二二九頁敬字條下，亦可入八八頁羌字條下。又《古璽彙編》五三六三——五三六八號「□」字璽中的□（或作□）也應釋為茍（苟）或羌，讀作敬，本書未錄。

「二五一」二一四頁，聚，璽文作□

今按：本條字頭隸定作聚不確，應隸定為聚。又本頁眾字條字頭隸定作■眾亦不十分準確，應隸定為眾。

「二五二」二一五頁，塱，璽文作□下云：「省月，與保卣望字同。」

今按：本條字頭隸定作壂不確，應隸定為壂，參本文「〇一六」條。又保卣壂字作𡈼（《金》四六一頁），無望字，注語中的「望」應改為「壂」。

「二五三」二一五頁，坙，璽文〇二五二號作坙、〇二五三號作𡈼

今按：本條字頭隸定作坙不確，應隸定為坙，參本文「〇一六」條。〇二五三號璽文𡈼釋坙亦可疑。古璽有坒字（四八一頁第六欄），𡈼、坒應是一字之異。劉釗同志疑坒即古璽𡈼（倉，一一四頁）字之省，如可信，則𡈼字亦當釋為倉。不過釋坒為倉目前尚缺乏硬證，還有待進一步研究落實。故此字可暫入四八一頁第六欄坒字條下。

「二五四」二一五頁，重，璽文二二四七號作重、一一四四號作重

今按：二二四七號璽文重和一一四四號璽文重原璽全文分別作「邙鍾」（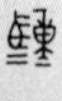璽文豎列）、「高鞋」（璽文橫列），《古璽彙編》二二三一號璽作「口鞋」（璽文橫列）、二九四三號璽作「張鞋」（璽文橫列），很顯然，鍾、鞋、鞋皆為「馬重」二字合文。二二四七號璽鍾為豎列式，但「馬重」二字橫列作鍾，和上面邙字相較，鍾祇佔一字地位，可知其為合文無疑。一一四四號璽中的鞋下有合文符號=，可以肯定是「馬重」二字合文。編者將它們割裂是不妥當的。二二三一、二九四三號璽中的鞋、鞋雖無合文符號，但和一一四四號璽中的鞋相比較，亦可確定為合文。古璽中合文不加合文符號也是很常見的，看本書合文部份。

上舉諸璽中的「馬重」均為人名，羅福頤先生在《古璽彙編·序》中根據重、童古通，指出「馬重」應讀作「馬童」，並舉《史記·項羽本紀》中的呂馬童為例，其說甚是。在戰國器銘中，「馬重（童）」常作為一種人的身份名稱出現，如二年戈：「二年冡子攻正、明義，左工帀（師）鄔許，[合文]=（馬重「童」合文）丹所造」（《三代》二十·二十八·一）十七年矢括：「十七年昜（陽）曲笞文（教）[合文]=（馬重「童」合文）。」（《三代》二十·五十七·四■，參本文「〇〇一」條）宜安戈：「王何主（莊）事，得工冶■□攺教[古文]（馬）[古文]（重「童」）為。」（陶正剛《山西臨縣窰頭古城出土「宜安」、「關與」二戈銘文解釋》，中國古文字研究會一九八一年年會論文。陶文釋讀多誤）這些器物銘文中的「馬重（童）」裘錫圭先生認為是一種奴隸名稱，他指出：「《太平御覽》六四二引《古文瑣語》提到『馬僮』，《尉繚子·武議》有『牛童馬圉』，馬童不一定是養馬的，就跟圉人不一定是養馬的一樣。」（一九八一年十一月八日致筆者信）由此可知，古璽和典籍所見人名「馬重（童）」原是一種身份名稱。古璽中常見人名「余（餘）子」、「冡子」等原來也是一種身份名稱，與此同例（參本文「六五七」、「六六四」、「七一五」、「六五九」、「六六一」條）。故此[古文]、[古文]二字應後原成[古文]、[合文]後入本書合文部份。

「二五五」二一五頁，身，璽文二三九六號作[古文]、四六七〇號作[古文]

今按：二三九六號璽文[古文]釋身誤，應釋為為。身字西周金文作[古文]或

□（《金》四六三頁），戰國金文作□、□（《中》二七頁及六七頁諸「信」字所从）、□（梁鼎蓋及梁上官鼎諸「信」字所从，《恆軒》上二二、《三代》二·五十三·三）、□（信安君鼎諸「信」字所从，《考古與文物》一九八一年二期）、□（建信君劍郥字所从，《三代》二十·四十六·二、三），侯馬盟書作□、□，古璽作□、□、□、□、□、□、□、□、□、□、□、□（看本條下其他璽文身字及五二頁諸「信」、二六四頁息「信」字所从，另見《彙》三四六三「忠身「信」」、五六八五「王生諸「信」」、五六八〇「鄭「焦」綢身「信」鉨」三璽），皆與此字明顯不同。為字从爪从象，□字所从的□即象之省。望山楚簡為字作□（《類編》六九頁），東周左官壺為字作□（《三代》十二·十二·三）、十一年庫嗇夫鼎為字作□（《三代》三·四十三·一），二十七年寧鈿為字作□（《三代》十八·十五·二）、二年寧鼎為字作□（《三代》三·二十四·八），皆其確證。原璽全文作「柏為」，漢印中有「傅為」、「鄧為」、「蘇為印信」等（《漢徵》三·十五），可見古人有以「為」為名的。為字見于《說文·爪部》。四六七〇號璽文□形體不全，右側豎畫被割去。原璽全文作「□（身，借為信）士」，□應復原成□後入本條下。

「二五六」二一六頁，謅，璽文作□，《說文》所無

今按：此應釋為言、郥二字。原璽全文即作「言（□）郥（□）」，古璽中又有「言（□）郥（□）」

（《彙》三一二九），「言郢」和「言躬」皆應讀作「言信」，屬戰國格言璽一類，參本文「二一四」條。編者將□、□二字看成一字隸定作詔是錯誤的。故此□字右側□應入四九頁言字條下，左側□應和一八八頁躬字條下五一九二、五一九四、五一九五號璽文□、□、□同列一欄併入五一頁信字條下。

「二五七」二一八頁，裘，璽文作□

今按：此字左右兩側的＝皆非求（裘）字筆畫。原璽全文作「⿰犭斤求迲（去）痏（疛）」（璽文雙行豎列），「⿰犭斤求」是複姓，「迲痏」是人名。我們知道，古文字中的＝號除表示重文、合文外，有時也用來作某些常用詞或詞組的標記，這種標記我們稱之為「常用詞符號」。常用詞符號在古璽中並不罕見。如古璽所見官名「司寇」（《彙》〇〇六六），複姓「尾生」（《彙》三九一四）、「司寇」（《彙》三八三二、三八三六、三八三七）、「右行」（《彙》四〇六六）、「韓城」（《彙》四〇六四）、「門和」（《彙》四〇〇〇），人名「相女（如）」（《彙》一八六一、二〇四一）、「亡（無）忌」（《彙》一三八五）、「亡（無）戱（畏）」（《彙》一六二八）、「莫臣」（《彙》三〇二五）、「少臣」（《彙》一八六二），吉語「百牛」（《彙》三二八〇）、「千羊」（《彙》四四六一），成語「敬事」（《彙》四一六一）等均有加常用詞符號的。「相女（如）」、「亡（無）忌」、「亡（無）戱（畏）」、「莫臣」、「少臣」等都是古人常用的名字。很顯然，□字右側的＝是複姓「⿰犭斤求」的標記，左側＝是人名「迲痟」的標記。古璽中以「迲痟」為名者習見（看《彙》〇五五一、〇八五七、一〇六二、一五五二、二四六三、二八四七、五六〇〇），故「迲痟」亦可加常用詞符號。編者將人名「迲痟」和複姓「斨求」下的常用詞符號＝視為□字飾筆是錯誤的。故依本書體例，此□字左側原屬「迲痟」的常用詞符號應割去。附帶說明一下，本書九三頁脂字條下二七三五號璽文□原璽全文作「胡（姑）匋（陶）□（右側是不字）」，一二〇頁弟字條下一〇九七號璽文□和〇八六二號璽文□原璽全文分別作「疾□（左側是备字）」、「長□」，二四二頁豕字條下一二一八號璽文□原璽全文作「牛□（左側是裹字）」，二六七頁志字條下二四六一號璽文□原璽全文作「棹（郭）□（左側是於字）」，□、□、□、□、□都有可能是合文，本書拆為單字恐不妥。

「二五八」二一八頁，表，璽文作□，《說文》所無

今按：此字可隸定為祢，釋為禰。《說文》謂爾从尒得聲，古璽遖字作□（三八頁）、璽字作□（三二二頁），皆从尒作。禰字見于後世字書。《正字通》謂禰為襧字之譌，未必是。

「二五九」二一八頁，衺，璽文作□□，《說文》所無

今按：此字隸定作衺不確。古文字中矢及从矢之字習見，從未見有矢作□形的，參本文「一一二」條。故此字應暫入附錄，字待考。

「二六〇」二一八頁，衺，璽文作□□，《說文》所無

今按：此字應釋為襄。北文先生在《秦始皇「書同文字」的歷史作用》一文中已指出戰國「□城」布中的□應釋為襄，其說甚是（參本文「〇四九」條）。襄城布中的□字也作□，和古璽□、□同。襄本从𤕦得聲，于省吾先生[redacted]曾在《甲骨文字釋林·釋□》一文中釋甲骨文□為𤕦字初文，可見戰國襄字所从的聲符□、□、□皆由□演變而來。𤕦字上部本不从▽，从▽是從春秋開始的（看《金》四六六頁鮴甫人匜、盤襄字所从），故古璽襄字所从之𤕦亦可省▽作羊。不過襄、𤕦、羊三字古音極近，襄字作□和𤕦字作□也可能是戰國[redacted]人的一種有意識改造，即將它們[redacted]都改造成从羊得聲。本條下所錄〇〇七七號璽文□和三一三四號璽文□原璽全文分別作「襄陰（陰）司寇」、「襄陰（陰）」。戰國布幣中亦有「𤕦（襄）陰（陰）」布（《辭典》三三五），襄陰在漢代屬定襄郡，地在今內蒙古呼和浩特市，戰國時當屬趙。本條下所錄〇一二五號璽文□原璽全文作「襄平右丞」，襄平在戰國時屬燕，地在今遼寧省遼陽市。戰國燕幣中亦見「纕（襄）坪（平）」布（《東亞》四·一五），但其襄字作□（即纕字），和此璽襄字作□不同。因此，如果不是三晉另有襄平的話，此「襄平右丞」璽應是三晉國家佔據燕襄平時所鑄（參本文「〇四九」、「三四〇」條）。襄字見于《說文·衣部》。

「二六一」二一九頁，衺，璽文作□，下云：「說文所無，玉篇：衭，衫。」

今按：此字釋■衣(衤弋)誤，應釋為衦。弋字金文作□、□(《金》六三八頁)，古璽作□(二九三頁)，漢印作□、□(《漢徵》十二·十六)，皆與此字□旁明顯不同。□應釋為干，古璽訐字作□(五四頁)，䢵字作□(二四三頁)，軒字作□(三三六頁)，皆其確證，參本文「〇二八」條。故此字應入二一七頁衦字條下。又注語中的「衤弋」、「衫」乃「衤弋」、「衫」之誤。

「二六二」二一九頁，老，璽文三五三七號作□、一六四六號作□。

今按：此二字釋老可疑。老字金文作□、□、□(《金》四六八頁)，侯馬盟書作□，古璽作□(看本條下四六九三號璽文)，皆與此二字不同。三五三七號璽文□疑■可釋為犬，燕璽狗、犭斤、猲、猜等字所从的犬旁作□(二四八—二五一頁)，與此近似，不過還不能肯定，有待進一步研究落實。故此二字應暫入附錄，字待考。

「二六三」二二〇頁，孝，璽文作□。

今按：此字釋孝可疑。古文字中步(□)旁變化雖多，但從未見有作□形的，看《金■文編》卷八老部及本書二一九頁壽字所从。古璽中又有□字(四七八頁第三欄)，朱德熙、裘錫圭兩先生釋為毅(參本文「六六三」條)。□、□近似，不知是否一字。故此字應暫入附錄，字待考。

「二六四」二二一頁，屋，璽文作□。

今按：本條下璽文號碼「三一三四」乃「三一四三」之誤。

「二六五」二二一頁，舟，璽文作□，下云：「與伯旂舟鼎舟字同。」

今按：注語中的「伯旂舟鼎」乃「伯□舟鼎」之誤。

「二六六」二二三頁，歖，璽文作□□，《說文》所無

今按：本條字頭隸定作歖不確，應隸定為歖，參本文「〇一六」條。

古璽文編第九

「二六七」二二五頁，頊，璽文作□，《說文》所無

今按：本條字頭隸定作頊不確，應隸定為頊，參本文「〇一六」條。《集韻》謂頊字同頲，丁佛言《說文古籀補補》據此將此字釋為頲，可從。頲字見于《說文·頁部》。

「二六八」二二六頁，文，璽文四九〇五號作□

今按：此字釋文誤，應釋為至。原璽全文作「王上之□」，《古璽彙編》四九〇三號、四九〇四號、四九〇六號三璽與此同文，最後一字也都作□，其中四九〇六號璽中的□字殘成□。編者除四九〇三、四九〇四號璽中的□字未錄外，將四九〇五號璽中的□顛倒後釋為文入本條下，同時又將四九〇六號璽中□（□字之殘體）顛倒成□後編入本書附錄（五八三頁第四欄）。我們認為，這樣處理不僅毫無道理，而且也是自相矛盾的。其實，□應釋為至。鄂君啟節晉字作□，魏陰晉布晉字作□（《發展史》一二七頁），所从至旁皆與此字同。從原璽文義來看，□釋為至也是

很合適的。故此□字應復原成□後釋為至。至字《說文》立為部首。

「二六九」二二七頁，司，璽文〇〇六二號作□

今按：此字釋司誤，應釋為信。原璽全文作「平昜（陽）□司馬鉨」，□下「司馬」之司作司，即與□字明顯不同。□應釋為信。古璽信字作□、□、□形者習見（五一、五二頁），可為其證。故此字應入五一頁信字條下。

「二七〇」二二九頁，敬，璽文四二四九號作□

今按：此字右上方□應割去，參本文「二四三」條。

「二七一」二三二頁，厶，璽文四八六〇號作□、四八五七等號作□□

今按：此字釋厶誤，應釋為以。四八六〇號璽文□原璽全文作「可以正氏」，四八五七等號璽文□原璽全文作「可以正下」，同類成語璽中還有一種作「可以（□）正ㄩ（曲）」（《彙》四八六四、四八六五）。《古璽彙編》和本書編者將這類成語中的□釋為厶（私）並將它們統統讀成「正下可私」是完全錯誤的，參本文「〇〇一」、「二〇二」條。故此字應和一七六頁私字條下四六五六、四九一八號璽文□、□同列一欄併釋為以。以字見于《說文·巳部》。

「二七二」二三四頁，廔，璽文作□，《說文》所無

今按：此字應釋為廔，參本文「〇五四」條。廔字見于《說文·广部》。又《古璽彙編》五六二八號「高□」

璽中的□也應釋為廔，本書未錄。

「二七三」二三六頁，□，璽文作□，《說文》所無。

今按：此字从厂从緊，應釋為□。□字見于《廣韻》。

「二七四」二四三頁，豻，璽文二九七一等號作□□

今按：此字釋豻誤，裘錫圭先生在《戰國璽印文字考釋三篇》一文中釋為犴，甚是。豻字从干，干字金文作□或□（《金》一〇二頁），古璽作□（參本文「〇二八」、「二六一」條），皆與此字□旁不同。本條下所錄三三五四號璽文豻字作□（从犬），亦與此字明顯不同。□即犴字簡體，詳裘錫圭先生《史牆盤銘解釋》（《文物》一九七八年三期）一文。犴字見于《說文·犬部》。

古璽文編第十

「二七五」二四五頁，馬，璽文三七九九號作□、四〇八九號作□、二二四七號□，璽文〇〇三八等號作□，下云：「唐蘭曰：或釋隶，即肆字，司肆官名，等於司市，是管理市場的。」

今按：三七九九號璽文□原璽全文作「□佁」，很顯然，□是「司馬」二字合文，右下方有合文符號=，編者將它們割裂是不妥當的。故此□字應復原成□後入三五七頁「司馬」合文條下。四〇八九號璽文□形體不全，下部被割去。原璽全文作「□休」，□顯然應釋為「馬帀」二字合文，其右下方尚有合文符號=。在古文字合文中，往往有這樣的情況，即合文上字的最末一筆兼充合文下字的第一筆，如甲骨文「王亥」合文作□（《甲》五九三頁），西周金文「五朋」合文作□（《金》三五〇頁），戰國兵器「工帀（師）」合文作□（《文物》一九七二年十期），侯馬盟書「至于」合文作□，長沙楚帛書「上下」合文作卡=，古璽「馬帝（適）」合文作□（三六二頁）等等即是。「馬帀」合文作□與此同例（參拙作《古漢字中的借筆字》）。因此，□是不能分割的，編者將它割裂成□、□二字釋為馬、帀（三一五頁）是錯誤的（下部□同時又編入附錄，看三八六頁第六欄）。此璽中的「馬帀」是複姓，應讀作「馬師」。漢印中有「馬師穉」、「馬師龍印」（《漢補》七·三及《漢徵》六·十三）。《通志·氏族略》「以官為氏」條下謂：「馬師氏，鄭穆公之孫公孫鉏為馬師，因以為氏。子羽之孫羽頡為馬師，亦氏焉。《列僊傳》有馬師皇。」故此□字應復原成□後入本書合文部份。二二四七號璽文□原璽全文作「郘□」（璽文豎列），□應復原成□後釋為「馬重（童）」合文入本書合文部份，參本文「二五四」條。〇〇三八等號璽文□釋馬不誤，下引唐蘭先生釋隶（肆）說是不能成立的。隶字从又，金文作□（《金》一五九頁），古璽作□（六九頁），皆與□字明顯不同。馬字作□是齊文字的特有寫法。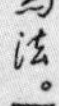齊璽複姓「司馬」之馬皆作□（《彙》三八一三、三八一九、三八二四、三八二六、三八二七），可為其證，參拙文《秦始皇「書同文字」的歷史作用》。又本條下璽文號碼「三八二四」乃「○○三三」之誤。

「二七六」二四八頁，塵，璽文三二七五號作□、一七六四等號作□□，《說文》所無

今按：此應釋為「五鹿」二字合文。三二七五號璽文□原璽全文作「□忻」，□下有合文符號＝甚明，編者將合文符號割成－是不妥當的。此璽中的「五鹿」是複姓。漢印中「五鹿」複姓習見，看《漢印文字徵》十．四及《漢印文字徵補遺》十．二。《通志．氏族略》「以邑為氏」條下謂：「五鹿氏，姬姓。《風俗通》：衛邑也，晉公子重耳，封舅犯於五鹿，支孫氏焉。漢有少府五鹿充宗。代郡成陽縣有五鹿氏。」可知五鹿原是地名。一七六四等號璽文□、□在原璽中皆□為人名。古人亦往往用地名作人名，如漢印□所見人名中有「張鄴」、「李鄴」、「樂鄴」（《漢徵》六．二十二）、「王安定」（《漢徵》七．十四）、「留安丘」（《漢徵》八．十一）、「趙常山」（《漢徵》九．六）、「沙陽鄉」（《漢徵》十四．九）、「徐於陵」（《漢徵》十四．八）等。古璽中名「五鹿」者與此同例。故三二七五號璽文□應復原成□後和一七六四等號璽文□、□同入本書合文部份。

「二七七」二五一頁，狓，璽文四○五二號作□，《說文》所無

今按：此字□隸定作狓誤，裘錫圭先生在《戰國貨幣考（十二篇）》一文中釋為鴽（鴑），□甚是。古璽中犬旁作□、□、□、□等形，和鳥旁作□、□、□、□、□、□、□、□、□

明顯不同（參本文「二二三」條及八八頁鳴字所从）。裘錫圭先生在上引文中認為，戰國文字中的（鴈次布鳶字所从，《發展史》一四五頁）是（王孫鐘鳴字所从，《金》二〇九頁）之省作，其說可信。東周金文中的於（烏）字既作、、（《金》二一〇頁及《音樂研究》一九八一年一期圖二二），又作（《中》三九頁），亦可證明即鳥旁。過去黃賓虹先生在《賓虹草堂鉥印釋文》中將古璽中的字（五一四頁第四欄）釋為鵰（雕）無疑是正確的。女、如、奴古音相近可通，故字可釋為鴽或鴑。鴽字見于《爾雅》、《廣韻》、《集韻》等書。鴑字見于《玉篇》。又《古璽彙編》五六四五號「鄄」璽中的字也應釋為鴽或鴑，本書未錄。

「二七八」二五一頁，狚，璽文作，《說文》所無

今按：此字丁佛言在《說文古籀補補》中釋為吠，可信。古璽从口之字往往在口旁下加兩小橫，如和字作（二六頁），鳴字作（八八頁），皆與此字同例。吠字見于《說文・口部》。

「二七九」二五一頁，狂，璽文作，《說文》所無

今按：此字隸定作狂誤，裘錫圭先生在《戰國貨幣考（十二篇）》一文中釋為鳿，甚是，參本文「二七七」條。鳿字見于《說文・隹部》，即琟字或體。

「二八〇」二五二頁，狼，璽文作

□，《說文》所無

今按：此字隸定作狼誤，應釋為鴝。□、□是鳥旁而不是犬旁，參本文「二七七」條。鴝字見于《五音集韻》。或以為鴝是鵤字之譌，不可信。

「二八一」二五三頁，灾，璽文作□

今按：此字釋灾可疑，似應釋為丙。酈侯簋丙字作□，子禾子釜丙字作□（《金》七四九頁），皆與此字極近。故此字可入三四八頁丙字條下。

「二八二」二五三頁，烕，璽文作□，《說文》所無

今按：此字丁佛言在《說文古籀補補》中釋為燮（爕），可信。燮、爕古本一字，金文或作□（《金》一四四四、五四七頁），□即□之省。燮字見于《說文·又部》，爕字見于《說文·炎部》。

「二八三」二五七頁，睪，璽文三一八四號□、一〇六五號□

今按：此二□字應復原成□、□後入三六三頁「斁之」合文條下，參本文「一二六」條。

「二八四」二五八頁，昦，璽文作□，下云：「與單伯昦生鐘昦字同。」

今按：此字从日从天，和後世昦字作昊者同。單伯昦生鐘中的所謂「昦」字原作□（《金》五五九頁），从日从矢，和此字明顯不同，舊釋昦是不可信的。

「二八五」二六〇頁，志，璽文二〇六八號作□

今按：此字釋志可疑。本條下所錄

其他璽文志字作□、□、□、□等形，所从之旁皆與此字㞢旁不同。故此字應暫入附錄，字待考。

［二八六］二六一頁，悊，璽文二三二二、二三二一號作□。

今按：此字釋悊誤，丁佛言在《說文古籀補補》中釋為忻，甚確。古璽中悊字極多，一般作□，或省作□，从未見有作□形的（看本條及二三頁哲字條下所錄其他璽文悊字）。古璽忻字作□（《彙》三二七五），與此字同。忻字見于《說文·心部》。

［二八七］二六二頁，恭，璽文作□，下云：「于省吾釋恭。」

今按：本條字頭隸定作恭誤，應隸定為恭。又注語中的「恭」字亦為「恭」字之誤。

［二八八］二六三頁，憓，璽文作□。

今按：此字釋憓可疑，應隸定為恁，釋為信。壬字西周金文作□或□（《金》七六〇頁），春秋金文作□（《金》五六七頁恁字所从），戰國金文作□、□（《中》六三頁任字所从），古璽作□、□（三五〇頁及二一〇頁任字所从），中間都衹作圓點或短橫，不作與上下橫畫等長的橫畫，和此字王旁不同。王應釋為玉，憓即信字異體。中山王譽鼎「非信與忠」、「雩（越）人飭（修）斅（教）備信」等信字作□（《中》四九頁），从人从心从玉，與此字同。原璽為單字璽，古璽中「信」單字璽亦習見，看《古璽彙編》五二八三、五二八七、五四二七、五五〇八、五五〇九等號璽。故此字應入五一頁信字條下。

「二八九」二六四頁，[身心]，璽文四六五三等號作□、□、三三四四號作□，《說文》所無

今按：四六五三等號璽文□从心身聲，即信字異體。身、信古音同，戰國文字中借身或从身之字為信是很常見的，故信字可以用身作聲符（參本文「二一四」條）。古璽信字又作□（五一、五二頁），从心千聲，从心與此字同。本條下所錄四六五三、四六五四號璽文□、□原璽同文，全文作「中[身心]」，所錄五三八一、五三八二號璽文□、□原璽為單字璽，「中[身心]」和「[身心]」應釋為「中（忠）信」、「信」。古璽中「忠信」格言璽和「信」單字璽亦極多，參本文「二一四」條。本條下所錄三三四五號璽文□原璽全文作「[身心]璽」，「[身心]璽」應釋為「信璽」，《古璽彙編》四五七四號「信璽」璽可證。三三四四號璽文□形體不全，右側被割去。原璽全文作「□」，□應隸定為[身千心]，釋為信。古璽信字或作□（五二頁），所从千旁與此字亻旁同。[身千心]字既可能是在[身心]上加注音符千，也可能是在[千心]上加注音符身，但無論如何，它總是信字異體是可以肯定的。古文字中類似的注音現象也是很常見的，詳拙作《古文字中形聲字類別的研究——論「注音形聲字」》。編者將□字割裂成□、亻二字是錯誤的（右側亻《古璽彙編》誤釋為氏）。故此□字應復原成□後和四六五三等號璽文□、□同入五一頁信字條下。

「二九〇」二六五頁，忌，璽文作□，

《說文》所無

今按：此字从心呂聲，應釋為悒。悒字見于《集韻》。或▨可釋為慮字異體。中山王譽鼎▨「無遽惕之慮」、「謀慮皆從」等慮字作（《中》五〇頁），與此字同。于豪亮先生在《中山三器銘文考釋》一文中謂：「（悒）即慮字，古从呂得聲之字與慮字通假，《史記·河渠書》：『皓皓旰旰兮，閭殫為河！』《漢書·溝洫志》閭作慮，故悒得為慮字。」慮从虍聲，閭从呂聲，閭丘戈閭字作䦛（《金》六〇一頁），亦可證明呂、虍古音同。慮字見于《說文·思部》。

「二九一」二六五頁，戀，璽文作，《說文》所無，下云：「或釋樂。」

今按：此字舊釋樂可從。、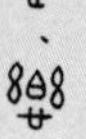等字實即樂字異體㦡。古璽樂字作（《彙》一三八三）或（一二五頁），如將下部木省去，即與此字所从的或旁同。㦡字見于《集韻》，《集韻》謂「本作樂」。本條下所錄一三八六號璽文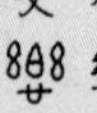原璽全文作「㦡成坓（府）」，㦡成即樂成，地在今河北省獻縣東南，戰國後期屬趙。故此字應入一二五頁樂字條下。又《古璽彙編》〇〇七三號「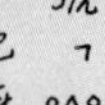陸（陰）司寇」璽中的字也應釋為㦡（樂），本書未錄。

「二九二」二六五頁，[illegible]，璽文作，《說文》所無

今按：此字裘錫圭先生在《戰國璽印文字考釋三篇》一文中釋為戀，其說甚是，參本文「〇八四」條。戀字見于《廣韻》、《集韻》等書。

「二九三」二六五頁，⿱㠯心，璽文作□□，《說文》所無

今按：此字丁佛言在《說文古籀補補》中釋為怡，可信。㠯、台古本一字，古文字从㠯从台往往無別，如古璽始字既作□，又作□（二九〇頁）。怡字見于《說文・心部》。

「二九四」二六五頁，态，璽文作□，下云：「說文所無，玉篇：态，奢也。」

今按：此字《玉篇》、《廣韻》、《集韻》等書均作忲，故改隸為忲似更妥當。

「二九五」二六六頁，⿱巛心，璽文作□，《說文》所無，下云：「中山王鼎順字作此。」

今按：此字从心川聲，應釋為訓。言、心二旁古通，如古璽信字既作□（五一、五二頁），又作□或□，例極多。中山王譽方壺「是又（有）軘（純）悳（德）遺訓」之訓作□（《中》二九頁），正與此字同。訓、順二字並从川聲，可知中山王譽鼎順字作□乃是借訓為順。訓字見于《說文・言部》。

「二九六」二六六頁，⿱霝心，璽文作□，《說文》所無

今按：此字應釋為⿰忄靈。⿰忄靈本从靈聲，而璽文从霝得聲，故⿱霝心可釋為⿰忄靈。典籍中霝、靈二字亦通，參段玉裁《說文解字注》十一篇雨部霝字條。⿰忄靈字見于《集韻》。

「二九七」二六六頁，⿱於心，璽文作□，《說文》所無

今按：此字改隸為⿰忄於似更妥當。⿰忄於字見于《字彙補》、《永嘉集說文》等書。

「二九八」二六七頁，⿱頣心，璽文作⿱頣廿，《說文》所無

今按：此字从頣从口，應隸定為⿱頣口，釋為頣。頣字古陶作⿰臣頁（《孴錄》四·一），古璽作⿰頁臣（八四頁），《說文》古文作⿰臣頁，皆與此字⿰臣頁旁同。戰國文字口、心二旁往往不分，口旁作廿形者亦習見。⿱頣口字在原璽中用作姓氏，應即古璽和漢印中常見的頣氏之頣的異體（看《彙》二六八〇、三六五六及《漢徵》四·四）。[redacted]古文字从口不从口往往無別，例亦不勝舉。故此字應入八四頁頣字條下。

古璽文編第十一

「二九九」二七〇頁，沽，璽文五四一七號作⿰氵古

今按：此字釋沽可疑。本條下所錄其他璽文沽字作⿰氵古或⿰氵古，所从古旁皆與此字古旁明顯不同。此字左側⺀旁（從原璽看應作⺀）釋水亦有問題。故此字應暫入附錄，字待考。

「三〇〇」二七四頁，汨，璽文三〇〇二等號作⿰氵勺⿰氵勺⿰氵勺⿰氵勺⿰氵勺、二七四五號作⿰氵勺，《說文》所無

今按：三〇〇二等號璽文⿰氵勺、⿰氵勺隸定作汨誤，應釋為沟。金文袀字作⿰礻勺（《金》一一頁），古璽犳字作⿰豸勺（二五一頁），所从勺旁皆與此字勺或勺旁同。中山王嚳鼎沟字作⿰氵勺（《中》二五頁），亦與此字同。沟字見于《說文·水部》。二七四五號璽文⿰氵勺隸定作汨亦誤。此字似與三〇〇二等號璽文⿰氵勺不同，故應暫入附錄，字待考。

「三〇一」二七四頁，涅，璽文作□，下云：「《說文》所無，《玉篇》：涅，坭也，澱也。」

今按：本條字頭隸定作涅不確，應隸定為浧，參本文「〇一六」條。

「三〇二」二七五頁，洎，璽文作□，《說文》所無

今按：此字从水从官省，應釋為涫，參本文「〇五五」條。涫字見于《說文·水部》。

「三〇三」二七五頁，泹，璽文作□，《說文》所無

今按：古璽中从口之字往往在口旁下加兩小橫，如和字作□（二六頁），鳴字作□（八八頁），吠字作□（參本文「二七八」條）。故此字實際上就是从口从水，應和二七六頁咊字條下□同列一欄。

「三〇四」二七五頁，汥，璽文作□，《說文》所無

今按：此字隸定作汥誤，裘錫圭先生在《戰國璽印文字考釋三篇》一文中釋為汲，甚是。古璽中又有□（一六一頁⿰及阝）、□（三八九頁第二欄）、□（四二三頁第五欄）三字，裘先生在上引文中分別釋為⿰及阝、鈒、⿸疒及。汲、鈒、⿸疒及均見于《說文》，⿰及阝是及氏之及的異體（參本文「一七七」條）。侯馬盟書及字作□，亦可證裘先生說可信。汲字見于《說文·水部》。

「三〇五」二七六頁，⿰氵⿸虍⿱田又，璽文作□，《說文》所無

今按：此字應隸定為⿰氵⿸虍⿱田又，釋為瀘。古璽⿸虍⿱田又（攎）字作□或□（參本文「一〇〇」條），□即□、

□之變。戰國時□、□、□、□、□、□、□等形往往互譌。古璽盧（盧）氏之盧作□（《彙》三一二三），□與此字□旁同。瀘从盧聲，而盧、虞（攎）等字又都从盧得聲，故瀘字可釋為瀘。在戰國文字中，从盧得聲之字往往从虞（攎）作，參本文「四一二」條。瀘字見于《說文．水部》新附及《廣韻》、《集韻》等書。

「三〇六」二七七頁，涉，璽文作□

今按：本條字首祇錄《說文》篆文□，未錄小篆□。依本書體例，應兩者並錄，先錄小篆，後錄篆文。又本條字頭隸定作涉誤，應隸定為涉。步下从止不从少。本書檢字亦□將涉誤寫成涉入十一畫。

「三〇七」二七九頁，龍，璽文三六一□五號作□，下云：「王孫鐘龍作□，亦从兄。」□，璽文省虫，楚王戈作□，璽文省虫」

今按：注語謂「王孫鐘龍作□，璽文省虫」不妥。我們祇要看一看金文龍字由□變□，又由□變□（《金》一二四、一二五頁龍字所从）的演變過程即可知道，龍不从虫，王孫鐘□字中的□原是龍形的一部份，並非虫字。故注語前半段應改為：「王孫鐘龍作□，璽文从□者，……」

古璽文編第十二

「三〇八」二八四頁，閑，璽文作□□

《說文》所無

今按：此字可釋為料。侯馬盟書「敢不□（料，讀作判）其腹心」之□（料）既作□，又作□或□，其中作□者九十九例，作□者一百零九例，作閔者三十五例。我們認為，閔、閔即父字異體。父从八聲，作■閔者是在父上又加注聲符「門」，作閔者則是以「門」聲代「八」聲。古文字中與此類似的注音現象是很常見的，詳拙作《古文字中形聲字類別的研究——論「注音形聲字」》。古璽閔和盟書閔無疑是同一個字，故也應釋為父斗。父斗即料之本字，戰國時一般借為「半」，盟書則借為「判」。料字見于《說文·斗部》。

「三〇九」二八四頁，闗，璽文作闗，《說文》所無

今按：此字隸定作闗誤，應隸定為闗。老字金文作□、□、□（《金》四六八頁），侯馬盟書作□，古璽作□（二一九頁），皆與此字形旁明顯不同。闗字在原璽中為人名，戰國元年鄭令戟中有人名「闗」，字作□（《録遺》五八二·一），正與此字極近。古璽中又有「孟闗（□）」（《彙》一三六二），漢印中則有「韓闗（□）」（《漢徵》十二·五）、■可見古人確有以「闗」為名的。闗字不見于後世字書，裘錫圭先生在《戰國文字中的「市」》一文中認為即閭字異體，其說可從。《說文》呂字或體作膂，可證■旅、呂古音同。閭字見于《說文·門部》。

「三一〇」二八五頁，閱，璽文作閱，《說文》所無

今按：此字裘錫圭先生在《戰國貨幣考（十二篇）》一文中隸定為閱，甚是，參本文「〇三六」條。閱字在原璽中常和丘字相配構成複姓「閱丘」（《彙》四〇一二——四〇一

四），前人已指出「閭丘」即典籍和漢印中習見的「閭丘」氏（看《漢徵》十二·三），似可信（參黃賓虹《賓虹草堂鉨印釋文》）。疋、呂古音同隸魚部，故閭字很可能就是閭字異體。閭字見于《說文·門部》。

「三一一」二八五頁，閭，璽文作〓，《說文》所無

今按：此字應釋為閭。戰國文字中口、ㄙ二形往往互譌，參本文「一六一」條。閭字見于《說文·門部》。

「三一二」二八五頁，閏，璽文作閠，下云：「說文所無，玉篇：閏，直開也。」

今按：閏字在原璽中用作姓氏，應即典籍和漢印中習見的門氏之門的異體（看《漢徵》十二·二及《璽印姓氏徵》上十九）。戰國人除在用作地名、姓氏的文字上加注邑旁外，也常常在用作地名、姓氏的文字上加注土旁，參本文「〇五七」條。故此字可入二八二頁門字條下。

「三一三」二八六頁，聖，璽文〇七七八等號作〓〓

今按：本條字頭隸定作聖不確，應隸定為聖，參本文「〇一六」條。

「三一四」二八八頁，耻，璽文作〓，《說文》所無

今按：從原璽看，此字稍有殘泐，應復原成〓後釋為聽，參本文「三一五」條。原璽全文作「敢（嚴）聽」，古璽中又有「敃聽（〓）」（《彙》一五〇〇）、「繯聽（〓）」（《彙》二六〇三）、「口▨聽（〓）」（《彙》三五三七）、「衛聽（〓）」（《彙》五六四九），漢印中則有「黃聽」、「奚聽私印」等（《漢

徵》十二・六），可見古人常以「聽」為名。聽字見于《說文・耳部》。聽聖古本一字，故依本書體例，此字亦可入二八六頁聖字條下。

［三一五］二八八頁，聑，璽文作□，《說文》所無

今按：本條字頭隸定作聑不確，應隸定為［耳壬］，參本文「〇一六」條。［耳壬］即聽字，《篇海》謂：「［耳壬］，古文聽字。」聽、聖古本一字，甲骨文作[redacted]□，从耳从口會意（參于省吾先生《甲骨文字釋林・釋耴、宥》），金文既作□（《金》九二七頁），又作□（《金》六〇三頁），古璽亦既作□，又作□（二八六頁）。可知作□、□者是在會意的□上又加注音符「壬」。此字作□，當是从耴省壬聲。聖（聽）字由□發展到□，又由□發展到□，

猶如鑄字由□發展到□，又由□發展到□（參拙作《古文字中形聲字類別的研究——論「注音形聲字」》）。故依本書體例，此字可入二八六頁聖字條下。

［三一六］二八九頁，抹，璽文作□，《說文》所無

今按：此字應復原成□後入一二四頁柘字條下，參本文「〇八六」條。

［三一七］二九〇頁，婚，璽文作□，下云：「盂鼎婚作□，與璽文近似，假借為聞。」

今按：此字釋婚不確，應釋為聞。[redacted]甲骨文聞字初文作□或□，「象人之坐，用手掩其口，以表示靜默，而聳耳以聽」（[redacted]于省吾先生語，參其著《甲骨文字釋林・釋䎽》）。盂鼎「我聞殷墜命」之聞

作𦖞，即由甲骨文𦖞字演變而來，也正是聞之本字。容庚先生在《金文編》中將孟鼎𦖞字編在聞字條下是完全正確的。和本條注語所説恰恰相反，金文並不是借婚為聞，而是經常借聞（𦖞）為昏、婚、𩟍。如利簋「昏夙」之昏作𦖞（《文物》一九七八年八期），毛公鼎、諫簋「昏庸」之昏作𦖞、𦖞，克盨、及季良父壺、𣲞伯簋、屖甬多父盤「婚媾」之婚作𦖞、𦖞、𦖞、𦖞，彔伯簋「畫𩟍」之𩟍作𦖞（《金》六二〇頁婚）。需要指出的是，《金文編》將孟鼎中的𦖞和毛公鼎等器中借為昏、婚、𩟍等字的𦖞及其變體區分成聞、婚二字是錯誤的；將郘王子鐘「𦖞（聞）于四方」之𦖞編在婚字條下，謂「段借為聞」也是錯誤的。金文中凡假借為昏、婚、𩟍等字的𦖞、𦖞及其變體都和孟鼎𦖞字一樣，是聞之本字，不能因為其下出現「女」形而將它們經釋為婚，因為人形字下加「女」形或「止」形是古文字形體演變中的通例，並不足奇。古璽𦖞之和孟鼎𦖞字同，應釋為聞之本字是可以肯定的，本條注語不能成立。故此字應入二八七頁聞字條下。又《古璽彙編》〇六四九號「王𦖞」璽中的𦖞字也應釋為聞，本書未錄。

「三一八」二九一頁，如，璽文一八六〇號作[illegible]

今按：一八六〇號璽文[illegible]原璽全文作「事（史）[illegible]」，羅福頤先生在《古璽彙編·序》中認為[illegible]是「相如」二字合文無疑是正確的，但在這裡將它們割裂則顯然不妥。故此[illegible]字應復原成[illegible]後入三六四頁「相如」合文條下。

「三一九」二九一頁，𡢃，璽文作□，《說文》所無

今按：從原璽看，此字左下方「應復原成=。□=字在原璽中為人名，很可能是兩字合文，參本文「〇八五」條。𡢃字不見于後世字書。

「三二〇」二九二頁，弗，璽文作□□，下云：「易鼎弗亦作□，與璽文略同。」

今按：注語中的「易鼎」乃「易鼎」之誤。

「三二一」二九三頁，戲，璽文〇四八七、〇四八六號作□□

今按：此字釋戲誤，應隸定為□。本條下所錄其他璽文戲字作□、□、□、□，與此字明顯不同。此字所从之□亦單獨出現于古璽中，參本文「三二三」條。□字不見于後世字書。

「三二二」二九五頁，戲，璽文作□=，《說文》所無

今按：本條字頭隸定作戲不確，應隸定為戲，參本文「〇一六」條。□=字在原璽中為人名，很可能是兩字合文，參本文「〇八五」條。戲字不見于後世字書。

「三二三」二九五頁，□，璽文三〇三四等號作□、三〇三九等號作□，《說文》所無

今按：此字从止不从正，隸定作□誤。三〇三四等號璽文□从日，可隸定為□。三〇三九等號璽文□从目，可隸定為□。□和□在原璽中皆用作姓氏，有可能是一字之異，但也不能十分肯定。過去羅福頤先生在《古璽文字徵》中將它

們分別隸定為𢦏、戝並分列似較穩當。如从戰國文字貝旁往往省作目考慮，三〇三九等號璽文戝可釋為賦。賦字見于《說文．貝部》。

〔三二四〕二九五頁，𢧵，璽文作𢧵，《說文》所無

今按：此字應隸定為戴或𢦾。仰天湖楚簡纗字作纗（《仰》第三簡），所从菫（英）旁與此字𡋯旁同。戴（𢦾）字不見于後世字書。

〔三二五〕二九五頁，戠，璽文作戠戠，《說文》所無

今按：此字朱德熙、裘錫圭兩先生在《戰國文字研究（六種）》一文中已釋為戠，並指出楚「戠（戠）室之鉨」（《彙》〇二一三）中的戠應讀作織，其說甚是。長沙所出楚璽中又有「中戠（戠）室鉨」（《湖南考古輯刊》第一集），戠字也應讀作織。漢印中有「織室令印」（《漢徵》十三．一），可為其證。漢代織室是掌管皇室絲帛織造的官府。在未央宮又分有東西織室，設令、史，屬少府（詳《漢書．百官公卿表》及《三輔黃圖》三）。由此可以推知，戰國楚「戠（織）室」璽是楚國官府中主管紡織部門所用之璽。本條下所錄〇三〇九號璽文戠原璽全文作「下鄀（蔡）戠𣪊」，戠𣪊疑當讀作織纕，可能是負責織造佩帶部門或官吏所用之璽。本條下所錄〇二〇五號璽文戠原璽全文作「戠歲之鉨」，葉其峰先生在《戰國官璽的國別及有關問題》一文中已指出此璽中的「戠歲」即見于《周禮．天官》中的「職歲」。據《周禮》記載，職歲掌管邦賦支出，為司會之副。楚璽中又有「戠（戠）

飤之鍴」（《彙》〇二一七），戠亦當讀作職。長沙所出楚璽中有「大（太）㱃（飤）」兩合璽（《彙》五五九〇）。太飤是主掌宮廷飲食■機構，職飤則是食官。漢印中有「北海飤長」、「新興飤長」、「東平飤官長印」、「杜陵飤官□丞」等印（《漢徵》五·十及《漢補》五·四），可參看。就目前所知，戠字作𢦏多見于楚璽，可以說是楚文字的特有寫法。故此字應入二九五頁戠字條下。

「三二六」二九六頁，𧢦，璽文作𧢦，《說文》所無

今按：此字朱德熙、裘錫圭兩先生在《關于侯馬盟書的幾點補釋》一文中，根據侯馬盟書𧤾（𧤾）字作𧤾、𧤾，釋為𧤾字簡體，其說甚是。𧤾字見于《說文·角部》。

「三二七」二九八頁，匿，璽文作匿，《說文》所無

今按：此字丁佛言在《說文古籀補補》中釋為匿（匡），甚確。匿字作匿，是因𠂤旁最末一橫和匚旁下面橫畫合用造成的。古文字中與此類似的借筆現象還可以舉出不少，如固字古璽既作固，又作固（一三六頁），國字金文既作國，又作國（《金》三三八頁），匡字古璽既作匡（九九頁簠），又作匡（五六〇頁第四欄），區字古璽作區（二九七頁），古陶則作㗊（《孴錄》十二·二），區字馬王堆漢墓帛書《春秋事語》作區等等即是，詳拙作《古漢字中的借筆字》。故此字應入二九九頁匿（匡）字條下。

「三二八」二九八頁，叵，璽文作叵，

《說文》所無

今按：此字从匚从品省，應釋為區。區字齊陶往往省一口作⿷匚吅（《孴錄》十二·二），古璽則往往省二口作⿷匚口。如古璽歐字作⿰⿷匚口欠（二三頁），鷗字作⿰⿷匚口鳥（四五九頁第六欄），毆（驅）字作⿰⿷匚口殳（三八九頁第四欄），所从區旁皆與此字同。⿷匚口字在原璽中用作姓氏，典籍和漢印中區氏亦習見（看《漢徵》十二·十八及《璽印姓氏徵》上十三）。故此字應入二九七頁區字條下。

［三二九］三〇〇頁，匠，璽文作⿷匚止，

《說文》所無

今按：此字从之不从止，隸定作匠不確，應隸定為⿷匚之，參本文［〇二二］條。⿷匚之字不見于後世字書。

［三三〇］三〇一頁，發，璽文作⿱癶弓，下云：「璽文借為發，癹字重見。」

今按：注語中的「癹」字如改為「⿱癶又」則更妥當，看三二頁癹字條字頭即明。

［三三一］三〇一頁，⿰弓吉，璽文作⿰𠂤吉 ⿰𠂤吉，

《說文》所無

今按：此字隸定作⿰弓吉誤，應釋為⿰弓古。古文字中吉字習見，金文作吉（《金》五五、五六頁），古璽作吉或吉（二九頁，參本文［〇一八］條），皆與此字⿱十日旁明顯不同。⿱十日應釋為古，古璽胡（九二頁）、枯（一二四頁）、固（一三六頁）等字所从的古旁多作⿱十日，可為其證。⿰弓古字見于《字彙》。

［三三二］三〇一頁，⿰弓攴，璽文作⿰弓攴，

《說文》所無

今按：此字應釋為發。甲骨文有⿰弓攴

（《菁》一）、𢎘（《粹》五九三）等字，裘錫圭先生在《釋「勿」「發」》（《中國語文研究》第二期）一文中釋為發，甚是。古璽𢎘字正與甲骨文𢎘字同。故此字應入三○一頁發字條下。又《古璽彙編》三七一六號「郐（徐）𢎘信鉨」中的𢎘字也應釋為發，本書未錄。

［三三三］三○二頁，弖，璽文作弖 弖 弖，《說文》所無

今按：此字李家浩同志在《戰國𨚕布考》一文中引裘錫圭先生說，釋為強，並指出弖即彊之省（彊字見《上海博物館藏印選》一四·三「韓強」璽），其說甚是。古璽中又有「武𨑑王口鉨」（《彙》○三三六），𨑑字也應釋為強。侯馬盟書弧字或作弧，古璽弭（弓）字或作弭（三七三頁第四欄），所从弓旁皆與此字弖旁同。此璽從文字風格和內容上完全可以確定為齊官璽。西漢武強在今河北省武強縣西南，而這一帶戰國時正處於齊、趙邊境。此外，南朝劉宋時期曾在今山東省鄒平縣長山一帶置武強縣，此武強[redacted]戰國時亦在齊國境內。強字見于《說文·虫部》。

［三三四］三○二頁，勥，璽文作勥 勥，《說文》所無

今按：此字从力从強省，李家浩同志在《戰國𨚕布考》一文中釋為勥，並指出古璽「𨚕（代）勥（強）弩遂（後）將（將）」（《彙》○○九六）中的勥字應讀作強，其說甚是，參本文「三三三」條。勥字見于《說文·力部》。

［三三五］三○二頁，弢，璽文作弢，

《說文》所無

今按：本條字頭隸定作⿰弓步誤，應隸定為⿰弓步，參本文「三〇六」條。

「三三六」三〇三頁，孫，璽文一五五六號作孫

今按：此字釋孫可疑。原璽全文作「孫（上部漫漶不清）它人」，我們從璽中「它人」合文作佗（參本文「二四二」條）及孫字在原璽中的位置來看，此孫字應復原成孫後釋為「公孫」二字合文入三五九頁「公孫」合文條下。其下

＝為合文符號亦甚明。古璽中「公孫」合文作孫是很常見的，看《古璽彙編》三八七七、三八九六、三九一二、三九一四——三九一八、三九二一——三九二五等號璽。

古璽文編第十三

「三三七」三〇七頁，紝，璽文作紝

今按：此字釋紝誤，應釋為紀。古璽中己或己旁作王、王形者習見，正與此字王旁同，參本文「五〇〇」、「五八九」、「八六二」條。即從此字在原璽中用作姓氏這一點看，也應以釋紀為是。因為古今皆無紝氏，而紀氏在典籍、古璽和漢印中則是很常見的（看《彙》二六一一及《漢徵》十三·一、二）。紀字見于《說文·糸部》。

「三三八」三〇七頁，經，璽文作經

今按：本條字頭隸定作經不確，應隸定為經，參本文「〇一六」條。

「三三九」三〇八頁，緘，璽文作緘，下云：「从糸从咸省，與毛公鼎緘字同。」

今按：此字形體不全，下部被割去。原璽全文作「□圖齊」，□字顯然應釋為城。戰國齊印戳陶文中有「□（城）圖楚」、「□（城）圖囷」、「□（城）圖土」、「□（城）圖眾」、「□（城）圖懙」、「□（城）圖得」、「□（城）圖欜里宔」、「□（城）圖欜里淖豆」（《季》三二、七三、三九頁），皆其確證。編者將□字下部割去後釋為絾是錯誤的，《古璽彙編》將此璽釋為「絾日圖齊」也是錯誤的。裘錫圭先生曾在《戰國文字中的「市」》一文中認為，齊陶文中習見的「蒦圖」是包括幾個里的鄉一類單位的名稱。那末從辭例上看，「城圖」和「蒦圖」相當，也應是鄉一類單位的名稱。這些璽文和陶文中的最後一字都是人名。故此□字應復原成□後入三二四頁城字條下。

「三四〇」三〇九頁，□，璽文作□□，下云：「弔向毀□作□，鄂君啟節作□，與璽文形近。」

今按：此字釋□誤，應隸定為繺，釋為纕。弔向簋中的□和鄂君啟節中的□皆與此字明顯不同，不能證明此字應釋為□。□字所从的□或□應釋為毀。戰國「繺坪」布中的繺字作□（《東亞》四·一五），與此字全同。北文先生在《秦始皇「書同文字」的歷史作用》一文中已指出毀字作□是燕文字的寫法，其說甚是。纕字从襄得聲，襄又从毀得聲，故繺字可釋為纕。燕地纕字作繺，猶如三晉讓字或作譭，參本文「〇五〇」條。前引繺坪布上的「繺（纕）坪」應讀作「襄平」。襄平，戰國燕地，漢置縣，為遼東郡治，其地在今遼寧省遼陽市。纕字見于《說文·糸部》。

三四一」三一〇頁，彝，璽文作[illegible]

今按：此字釋彝誤。原璽全文作「[illegible]武」（璽文自左向右橫列），[illegible]字顯然是燕璽中習見的複姓「[illegible]」二字合文（看《彙》四一〇一—四一二五），編者將它看成一字釋為彝是錯誤的，《古璽彙編》將此璽釋為「武彝」入姓名私璽類而不入複姓私璽類也是錯誤的。燕璽複姓「[illegible]」亦作「[illegible]」，合文則作「[illegible]」，舊釋「率加」恐不可靠。本書編者亦釋[illegible]為率（三一四頁），但將[illegible]字編入附錄（四九四頁第五欄——四九五頁第一欄），將[illegible]字釋為「率[illegible]」合文入本書合文部份（三六〇頁）。故此字應入三六〇頁「率[illegible]」合文條下。

「三四二」三一〇頁，綸，璽文作[illegible]，《說文》所無

今按：此字可釋為給。命、令本由一字分化，戰國兵器中習見的「某某令」（監造者）之令常作命（《文物》一九七二年十期），古璽[illegible]複姓「令狐」作「命狐」（《彙》三九八六、三九八七），故綸可釋為給。給字見于《玉篇》、《廣韻》、《集韻》等書。

「三四三」三一〇頁，絽，璽文作[illegible][illegible]，《說文》所無

今按：此字朱德熙、裘錫圭兩先生在《戰國銅器銘文中的食官》一文中釋為綰，其說甚是，參本文「〇五五」條。綰字見于《說文·糸部》。

「三四四」三一〇頁，絧，璽文作[illegible]，

下云：「說文所無，玉篇：絅补也。」

今按：注語中的「补」乃「補」之誤。

「三四五」三一二頁，総，璽文作絽，《說文》所無

今按：此字丁佛言在《說文古籀補補》中釋為紿，甚確。呂、台古本一字，古文字从呂从台往往無別，故絽字可釋為総，參本文「二九三」條。総字見于《集韻》，即紿字異體。故此字應入三〇七頁紿字條下。

「三四六」三一三頁，緣，璽文作𦁼，《說文》所無

今按：此字可釋為紽。《說文》謂地字「从土也聲」，我們從古璽地字既作閥，又作𨸏（三一六頁）來看，古璽中的閥（三四五頁陘）、𦁼二字皆應釋為紽，參本文「三八二」、「三八四」條。紽字見于《玉篇》。《玉篇》謂紽字和絅字同。絅字見于《說文・糸部》。

「三四七」三一三頁，綽，璽文作繛

今按：本條字首祗錄《說文》或體綽，未錄小篆繛。依本書■體例，應兩者並錄，先錄小篆，後錄或體。

「三四八」三一四頁，絲，璽文作𢆶

今按：此字釋絲不確。裘錫圭先生在《戰國璽印文字考釋三篇》一文中已指出古文字𢆶（絲）、𢆶（𢆶）有別，並據此釋出一批从𢆶得聲之字，其說甚是，參本文「〇八四」條。關于𢆶字，裘錫圭先生在上引文中認為，它既可能是聯字■初文，也可能是「聯接」之聯的本字。

我們從甲骨文、金文中聯字初文作□、□、□等形來看，裘先生的後一種看法較為可取，□字應該是「聯接」之聯的本字（關于□、□等字釋聯參蔡運章先生《釋「聯」》一文，《中原文物》一九八一年特刊）。故此字亦可入二八六頁聯字條下。

「三四九」三一四頁，䜌，璽文作□□

今按：此字舊釋䜌誤。裘錫圭先生在《戰國璽印文字考釋三篇》一文中已重申過去黃賓虹先生在《賓虹草堂鉩印釋文》中釋□為轡是正確的，並進一步證明了古璽□、□等字皆應釋為轡，其說甚是，參本文「〇八四」條。轡字見于漢印（《漢徵》十四·八）和《字彙》。黃、裘兩先生認為轡、鑾一字。鑾字見于《說文·金部》。又䜌字小篆作鑾，本條字首寫作鑾亦誤。

「三五〇」三一四頁，䜌，璽文作□□，《說文》所無

今按：此字在原璽中皆用作姓氏，裘錫圭先生在《戰國璽印文字考釋三篇》一文中釋為𨛫，並指出𨛫即䜌邑、䜌氏之䜌的後起專用字，其說甚是，參本文「〇八四」、「一三五」條。故此字可入五三頁䜌字條下。

「三五一」三一五頁，虫，璽文四〇八九號作□

今按：此□字應復原成□後釋為「馬帀（師）」合文，入本書合文部份，參本文「二七五」條。

「三五二」三一六頁，蜸，璽文作□，《說文》所無

今按：此字隸定作𰯌誤，應隸定為𰯍。李裕民先生曾在《侯馬盟書疑難字考》（《古文字研究》第五輯）一文中舉出很多例子證明古虫、𧈧二旁通，故此𰯍字似可釋為𰯌，參本文「〇六二」條。𰯌字見于《玉篇》、《集韻》等書。又《古璽彙編》二九四五號「[glyph]口」璽中的[glyph]字也應隸定為𰯍，本書未錄。

「三五三」三一六頁，土，璽文一六六四號作土

今按：此字釋土誤，應釋為士。原璽全文作「信士」（《彙》一六六五、四六八一同文），古璽中「信士」璽習見，參本文「二一四」條。故此字應入五頁士字條下。

「三五四」三一九頁，璽，璽文五二五三號作杜、〇三六四等號作[glyph]鍴鍴

鍴鍴

今按：五二五三號璽文杜釋璽不確，丁佛言在《說文古籀補補》中釋為士、璽二字，甚確。古璽中从土的璽字作杜或坴（看本條下所錄其他从土之璽），從未見有作杜形的。原璽全文即作「杜（士璽）」。古璽中又有「士鉨（璽）」（《彙》四五八一），可參看。故此杜字應分成士、坴二字，右側士釋士入五頁士條下，左側坴釋璽入本條下。〇三六四等號璽文[glyph]釋璽亦誤。[glyph]、鍴等字皆出于燕璽，其在璽中的用法和「璽」字相當，舊釋為鍴是正確的。金文耑字作耑或耑（《金》四〇四頁），古璽端字所从之耑作耑（二三頁），諯字所从之耑作耑（五四頁），皆與此字耑或耑旁極近。燕璽中的「鍴」蓋當讀若「瑞」，其義和古璽中常見的「璽」、「節」相當。

古代玉製的信物叫瑞，《說文》謂：「瑞，以玉為信也。」段注：「『典瑞，掌玉瑞、玉器之藏』（引者按：此為《周禮·春官·典瑞》文），注云：『人執以見曰瑞，禮神曰器。』又云：『瑞，節信也。』《說文》卩下云：『瑞信也』，是瑞、卩二字為轉注。」卩即「璽節」之節，《說文》謂：「卩，瑞信也。」段注：「瑞者，以玉為信也。《周禮·典瑞》注曰：『瑞，節信也。典瑞，若今符璽郎。』」由此可知，瑞、鍴古本一字，用玉做的瑞，字从玉；用金屬做的瑞，▨則字从金。鍴字見于《玉篇》、《廣韻》、《集韻》等書。瑞字見于《說文·玉部》。

「三五五」三二四頁，城，璽文三〇六四號作城

今按：此字不从土，釋城誤，《古璽彙編》釋為成，甚是。故此字應入三四九頁成字條下。

「三五六」三二五頁，垍，璽文作皇皇

今按：此字在原璽中皆和芣字連為一辭作「芣皇」，朱德熙、裘錫圭兩先生在《戰國文字研究（六種）》一文中釋為「虡皇」，讀作「遽馹」，其說可信。皇字見于《廣韻》、《集韻》等書。

「三五七」三二五頁，岀，璽文作岀，《說文》所無

今按：此字从山，不應附于土部後，而應附于卷九山部後。

「三五八」三二五頁，坓，璽文一八八七等號作坓坓，〇〇一七、〇一一九〇、〇〇一六號作坓坓，《說文》所無

今按：一八八七等號璽文坓（坓）在原璽中多用作姓氏（《彙》一八八七——一八八九、三三五二），應即典籍和漢印中習見的井氏之井的異體（看《漢徵》五·十）。戰國人除在用作地名、姓氏的文字上加注邑旁外，也常常在用作地名、姓氏的文字上加注土旁，參本文「〇五七」條。井氏也即邢氏，典籍多作邢。故此字亦可入一四六頁邢字條下。井字《說文》立為部首。〇〇一七、〇一一九、〇一九〇、〇〇一六號璽文坓（或作坓）釋坓誤，舊釋城是正確的。坓（坓，或作坓）、坓（城，或作坓）二字雖然十分相似，但仔細看的話，它們還[redacted]是有明顯差别的。坓（坓）字所从的井（井）旁兩橫畫一般都衝出竪畫，而且兩橫畫在通過竪畫中間時呈平行狀，而坓（坓）字所从[redacted]井（井）旁的兩橫畫中總有一畫左端不衝出竪畫，而且兩橫畫呈明顯的弧形狀。〇〇一七、〇一一九、〇一九〇、〇〇一六等四璽原璽全文分别作「沟城（坓）都司徒」、「沟城（坓）都丞」、「妐城（坓）都柄郏左」、「丙城（坓）都司徒」，古璽中又有「沟城（坓）都右司馬」（《彙》五五四三）、「沟城（坓）都虞（遽）呈（馹）」（《彙》五五五一）。黄盛璋先生曾在《所謂「夏虚都」三璽與夏都問題》（《河南文博通訊》一九八〇年三期）一文中根據沟水（即今流經河北省平谷、三河、寶坻三縣的沟河）的地理位置指出沟城必在燕境，其說可信。〇一九〇號璽中的「妐城」可能就是容城。容字公廚左官鼎作㝐（《文物》一九六五年七期），古璽作囧（一八三頁）、《說文》古文作⿱宀公，皆从公聲。漢代容城為涿郡屬縣，地在今河北省容城縣西北三十里，戰國時當屬燕。〇〇一六號璽中的「丙城」疑即燕方城。丙為明母元部字，方為幫母陽部字，二字古音近。《史記·趙世家》：「（悼襄王）二年，李牧將，攻燕，拔武遂、方城。」《正義》：「《括地志》云：『易州遂城，戰國時武遂城也。方城故城在幽州固安縣南十七里。』時二邑屬燕，趙使李牧拔之也。」其地在今河北省固安縣南。戰國官璽中祇有燕璽常常在地名後加一「都」字，而且這個「都」字一般都寫作⿰者邑，和其他國家寫法不同。因此，上述六璽無論是從文字風格上還是從內容上，皆可確定為燕璽。由此也可知城字作坓或坓是燕文字的特有寫法。故〇〇一七、〇一一九、〇一九〇、〇〇一六號璽文坓、坓應入三二四頁城字條下。需要說明的是，古璽中還見有「泃城左司馬信鉨」（《秦漢印集》，原鈐本，長春市圖書館藏）、「泃城」（《彙》〇三五九）二璽，其上城字作⿰成土、⿰土成形，和上述燕「泃城」諸璽城字作坓、坓形者不同。原璽從風格上看亦非燕璽，當是他國佔據泃城時所製。

又《古璽彙編》一八八六號「坓滇」璽中的坓和〇二五一號▨「□坓乘」璽中的坓、〇七五五號「長坓」璽中的坓字也應釋為城，本書未錄。一八八六號璽中的坓用作姓氏，古璽中又有「城（戜）彊」（《彙》一三一〇），《通志·氏族略》「以地為氏」條下謂：「城氏，《風俗通》：『凡氏於事者，城、郭、園、池，皆姓也。』」

「三五九」三二六頁，⿰土关，璽文〇〇七一號作⿱羌土、四一四〇號作⿱羌土、四一四一號作⿱关土，《說文》所無

今按：此三字皆應隸定為堣或墝，釋為茍或羌。古璽中讀作「敬」的茍或羌字作□、□形，正與此字[redacted]所从的□或□旁同，參本文「〇七七」、「〇七八」條。堣或墝在原璽中皆為地名或姓氏用字，應即茍或羌字異體（參本文「〇五七」條）。〇〇七一號璽文⿱羌土原璽全文作「戰茍（羌）司寇」，戰茍（羌）應即見于《史記·周本紀》中的曌狐。戰、曌並从單聲，茍、羌、狐古音亦近。茍、羌並屬見系陽部（予省吾先生曾指出茍、敬二字皆从羌得聲，[redacted]詳其著《釋羌、茍、敬、美》），狐屬匣母魚部（令狐君壺狐字作瓜，瓜屬見母魚部），魚、陽二部陰陽對轉，故曌狐可作戰茍（羌）。《史記·周本紀》：「秦取九鼎寶器，而遷西周公於曌狐。」《集解》：「徐廣曰：『曌音憚。曌狐聚與陽人聚相近，在洛陽南百五十里梁、新城之間。』」《正義》：「《括地志》云：『汝州外古梁城即曌狐聚也。陽人故城即陽人聚也，在汝州梁縣西四十里，秦遷東周君地。梁亦古梁城也，在汝州梁縣西南十五里。新城，今洛州伊闕縣也。』」按：曌狐、陽人傍在三城之間。」其地在今河南省臨汝縣西北四十里，戰國時屬韓。原璽从風格上亦可確定為韓璽。茍字《說文》立為部首，而本書未立字頭（古璽中一批讀作「敬」的茍字本書編入二二九頁敬字條下），故此字可入八八頁羌字條下。四一四〇號璽文⿱羌土和四一四一號璽文⿱关土原璽全文分別作「□⿱羌土二輫」、「□⿱关土

匜」，很顯然，□和□是複姓，皆應釋為「亡苟（羌）」二字合文，前者右下方尚有合文符號＝，編者將它們割裂是不妥當的。故此■□、□二字應復原成□、□後入本書合文部份。

［三六〇］三二七頁，墥，璽文二二二二號作□。

今按：從原璽看，此字左上方斜畫是邊框，並非文字筆畫，故應割去。

［三六一］三二七頁，垪，璽文作□□，《說文》所無。

今按：垪字在原璽中或用作姓氏（《彙》二五六七），應即古璽中常見的幷氏之幷的異體（看《彙》一九二四、一九二五及一九二六「郱［幷］蒼」），參本文［〇五七］條。故此字可入二一三頁幷字條下。

［三六二］三二八頁，⿱付土，璽文作□，《說文》所無。

今按：此字从土从付，應隸定為⿱付土。中山王譽方壺付（附）字所从之付作□（《中》五五頁），古璽府字所从之付作□（二三三頁），皆與此字□旁同。如僅从字形上看，過去丁佛言在《說文古籀補補》中將⿱付土字釋為坿似無問題，但我們從⿱付土字在古璽中的用法上看，它又不象是《說文》訓為「益也」的坿字，而應是府字異體。石志廉先生在《戰國古璽考釋十種》（《中國歷史博物館館刊》一九八〇年二期）一文中將⿱付土字直接釋為府大概是對的。古璽中帶有⿱付土字的璽很多，多數是在⿱付土字前冠以地名，如「上各（洛）⿱付土」（《彙》三二二八）、

「堂（當）城⿱付土」（《彙》三四四二）、「櫟（樂）成⿱付土」（《彙》一三八六）、「平陰（陰）⿱付土」（《南皮》）等等。此外還見有「陽（蕩）陰（陰）都□君⿱付土」（《彙》０００九）、「都⿱付土」（《彙》五六五九）、「北⿱付土」（《彙》三０九六）、「宮寓⿱付土字」（《彙》三二三六）等等。在這些璽中，⿱付土字釋為府是很合適的。特別是在「宮寓⿱付土字」璽中，⿱付土字和宮、寓相對，似更能證明⿱付土應釋為府。在古璽和其他戰國銘刻中，府字除作「府」外，也常常加貝作「⿸府貝」或「⿱付貝」（⿱付貝字見于洛陽金村銀器及春成侯鍾，看《洛陽金村古墓聚英》及《三代》十八·十九·三）。我們認為，从貝的「⿸府貝」、「⿱付貝」和从土的「⿱付土」雖然都是府字異體，但兩者在用法上可能是有區別的。大凡「府庫」之府作⿸府貝或⿱付貝，「宮府」之府則作⿱付土。當然，釋⿱付土為府並這樣解釋都是以不考慮《說文》坿字有借為府之可能為前提的。故此字可入二三三頁府字條下。

「三六三」三二八頁，堙，璽文作⿰曾土，《說文》所無

今按：原璽全文作「堙城發弩」，于豪亮先生在《古璽考釋》一文中認為堙从垔得聲，堙城即《春秋》《左傳》中的衛地鄄（《史記》作甄），其說可從。春秋戰國時之鄄城即今山東鄄城北之舊城，戰國時曾屬趙和齊。原璽從風格上可以確定為三晉璽，當是趙國佔據鄄城時所製。故依本書體例，此字亦可入一四九頁鄄字條下。

「三六四」三二八頁，⿱亶土，璽文作⿱亶土，《說文》所無

今按：此字从土从𩠐，丁佛言在《說文古籀補補》中釋為𩠐，甚是。𩠐即𩠐，參本文「二九八」條。𡓪字在原璽中用作姓氏，即古璽和漢印中習見的𩠐氏之𩠐的異體（看《彙》二六八〇、三六五六及《漢徵》四·四）。戰國人除在用作地名、姓氏的文字上加注邑旁外，也常常在用作地名、姓氏的文字上加注土旁，例極多，參本文「〇五七」條。故此字可入一四頁𩠐字條下。

「三六五」三二八頁，𡎸，璽文作𡎸，

《說文》所無

今按：此字亦可隸定為𡎸。𡎸字在原璽中用作姓氏，應即戈氏之戈的異體。戰國人常常在用作地名、姓氏的文字上加注邑旁或土旁，有時則既加邑旁，又加土旁，參本文「一五二」條。古璽戈氏之戈或作郕（《彙》二二一八，參本文「一七一」條），𡎸、郕當是一字之異。故此字可和一六〇頁郕字條下二二一八號璽文𡎸同列一欄併入二九三頁戈字條下。

「三六六」三二九頁，坾，璽文作坾、坾，

《說文》所無

今按：此字裘錫圭先生在《戰國文字中的「市」》一文中釋為市（隸定作坾），其說甚是。故此字應入一一八頁市字條下。

「三六七」三二九頁，皇，璽文作皇，

《說文》所無

今按：此字朱德熙、裘錫圭兩先生在《戰國文字研究（六種）》一文中釋為呈，其說可信。故此字應和三二五頁垍字條下皇同列一欄併釋為呈。呈字見于《廣韻》、《集韻》

等書。

「三六八」三三〇頁，畤，璽文作□，《說文》所無

今按：此字隸定作畤誤，應釋為畋。古璽中攴旁作□形者習見，如聊字作□（一五〇頁），敬字作□或□（二三一頁），皆其確證。故此字應入七六頁畋字條下。

「三六九」三三一頁，加，璽文一二六〇、一二五九號作□

今按：此字釋加可疑，似應釋為吒。古璽力或力旁作□、□形（看三三一、三三二頁力及从力諸字），皆與此字□旁不類。本條下所錄一六八〇號璽文加字作□，亦與此字明顯不同。□應釋為乇，金文魠字作□（《金》七一七頁，或釋釗誤），魏宅陽布宅字作□（《辭典》一二八），齊即墨刀□（刀）字作□（《文物》一九六五年一期），皆其證（參拙作《戰國貨幣銘文中的「刀」》）。吒字見于《說文·口部》。

古璽文編第十四

「三七〇」三三三頁，金，璽文四八一〇、四八〇六、四七〇〇、四七四二、四九一〇、四七四三、四七四五號作□□□□□，下云：「與禽毀金字同。」

今按：此字舊釋金誤，應釋為百。中山王譽諸器中的「方謱（數）百里」之百既作□，又作□（《中》二六頁），證明了戰國銅器、布幣、璽印中的□、□、□、□、□、□等字都應釋為百（詳朱德熙、裘錫圭《平山中山王墓銅器

銘文的初步研究》及李學勤、李零《平山三器與中山國史的若干問題》，李文載《考古學報》一九七九年二期）。雖然目前我們還不清楚百字為甚麼作全、□等形，但它應釋為百則是可以肯定的。本條下所錄四八一〇、四八〇六、四七〇〇、四七四二、四九一〇、四七四三、四七四五號璽文全、□等原璽全文分別作「宜又（有）全萬」、「全年」、「千全（全、全）牛」、「千羊全牛」，古璽中類似的吉語璽還有很多。在這些吉語璽中，全、□等字釋百是非常適順的，如釋為金則不辭。特別需要指出的是，在戰國文字資料中，全（百）和金有時確實相混，但當它們同時出現時，一般是有區別的。如《古璽彙編》四八一三號「宜又（有）百金」吉語璽百字作全，金字作余，兩者明顯不同。實際上，祇要有上下文義可尋，兩者即使相混也是不難判斷的。故此字應和一一四頁全字條下三二八〇號璽文全同列一欄併入八四頁百字條下。

「三七一」三三四頁，鈍，璽文二三三四號作□

今按：璽文號碼「二三三四」乃「二三二四」之誤。

「三七二」三三四頁，鈶，璽文作□，《說文》所無

今按：此字可釋為鈗。戰國文字从口不从口往往無別，例不勝舉。鈗字見于《玉篇》、《廣韻》、《集韻》等書。

「三七三」三三五頁，鏤，璽文作□，《說文》所無

今按：此字應釋為鏤，參本文「〇五四」條。鏤字見于《說文·金部》。

「三七四」三三六頁，車，璽文〇八六三號作車、〇一二五號作車、一五九六號作車、〇三一一號作𨏥。

今按：〇八六三號璽文車應復原成⿰𠂤車後入三三九頁輫字條下，參本文「〇七三」條。〇一二五號璽文車號碼誤，應為「三二八三」號。三二八三號璽文車和一五九六號璽文車應復原成⿱車口、⿱車口後入三三八頁動字條下，參本文「〇一七」條。〇三一一號璽文𨏥釋車亦可疑，似應釋為串。古文字中車及从車之字疊出繁見，從未見有車作𨏥形的。本條下所錄其他璽文車字作車或車，即與此字明顯不同。𨏥應釋為串，金文有𨏥、𨏥二字（《中日》一五八七及《文物參考資料》一九五七年八期），漢印有串字（《漢徵》附錄一），皆與古璽𨏥字相同或相近，也應釋為串。《廣韻》謂：「串，古患切。穿也，習也。」串音同慣，患字从此得聲。《說文》謂：「患（患），憂也。从心上貫吅，吅亦聲。𢜽，古文从關省。患，亦古文患。」其實，《說文》患字小篆作患已有譌變，《說文》對患字的形體分析也很牽強。漢印患字作患（《漢徵》十·十九及《漢補》十·七），顯然要比《說文》小篆準確，其从心串聲亦甚明。《說文》患字古文作𢜽，則是以關聲代串聲。串、關古音同，楚鄂君啟節關字作閞，古璽關字或作閞（二八三頁，稍殘），皆从門串聲，可為其證。馬王堆漢墓帛書《老子·道經》「善閉者無關篇（闢）而不可啟也」一語中的關字甲本作閈，乙本作闗，亦其確證。漢印患字所从之串和鄂君啟節、古璽、馬王堆漢墓帛書閈（關）字所从之串皆與古璽車字極近。古璽中又有聮字（《彙》五六六三），舊亦不識，其實，聮字从耳串聲，即聯字異體。串、聯同屬元部，古音相近。〇三一一號璽文車原璽全文作「高陵（？）串」，串似應讀作關。串字見于《廣韻》、《集韻》等書。

「三七五」三三七頁，軛，璽文作軛，

《說文》所無

今按：此字隸定作軛不確。軛字在原璽中用作姓氏，黃賓虹先生在《賓虹草堂鉨印釋文》中釋為軛（軓），讀作范，其說甚是。𡚁螸壺「殅（世）殅（世）毋（毋）𦬇（犯）」之𦬇作𡉏（《中》五〇頁），所从已旁與此字㔾旁同。典籍和漢印中范氏亦習見（看《漢徵》一・十八及《漢補》一・六）。軛字見于《集韻》、《韻會》等書。段玉裁《說文解字注》認為「車軓字本作軛」，軛、軓古今字。軓字見于《說文・車部》。

「三七六」三三八頁，軲，璽文作軻軲，

《說文》所無

今按：此應釋為「右車」二字合文。本條下所錄〇八三五號璽文軻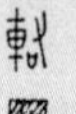和三〇二四號璽文軲原璽全文分別作「長軻」、「賙軲」（璽文皆自右向左橫列），軻、軲均為人名。古人常以「右車」為名，僅就古璽所見，「右車」作分列式的有「王右車」（《彙》〇五五三）、「韓右車」（《彙》五六二九），作合文式的有「馬啇（適）右車（軲）」（《彙》四〇八八）、「口右車（軲）鉨」（《彙》

五六八二）。因此，〇八三五和三〇二四號璽中的軾、輅應釋為「右車」二字合文是可以肯定的。「右車」合文作軾者本書未錄，《古璽彙編》亦誤釋為軲，過去黃賓虹先生在《賓虹草堂鉩印釋文》中釋為「右車」是完全正確的。故此字應入本書合文部份。

「三七七」三三八頁，輡，璽文作輡，下云：「說文所無，玉篇：輡，同䡅，車盛貌。」

今按：此字朱德熙、裘錫圭兩先生在《戰國銅器銘文中的食官》一文中釋為輨，其說甚是，參本文「〇五五」條。輨字見于《說文·車部》。

「三七八」三三九頁，𠂤，璽文作𠂤，下云：「孳乳為師，見克鐘。」

今按：此字釋自不確，注誤謂「孳乳為師」亦誤。朱德熙、裘錫圭兩先生曾在《戰國銅器銘文中的食官》一文中指出：「以𠂤為師是商代和西周文字的習慣，戰國時代的兵器銘辭和璽印文字里，師字通常都寫作帀，從來沒有寫作𠂤的。」原璽全文作「北宮皮𠂤」，朱、裘兩先生在上引文中釋為「北宮皮官」，並根據《周禮·天官·內宰》中的有關記載指出，北宮皮官是掌六宮皮革之事的職官，其說甚是（參本文「〇五五」條）。故此字應入三三九頁官字條下。

「三七九」三四〇頁，陰，璽文二三三二〇等號作隂 隂

今按：此字釋陰誤，丁佛言在《說文古籀補補》中釋為崟（硷），甚是。丁佛言認為𨸏即古石字，我們從《說文》石字古文作𠩺（磬字所从）、

□（碣字所从）等形來看，丁說可信。□即硂字，《集韻》謂通作崟。古璽中又有□字（三四五頁□），當釋為斫。據我們所見，石旁作□形者皆出于燕璽，應是燕文字的特有寫法。崟字見于《說文·山部》。

「三八〇」三四二頁，陳，璽文作□、□，下云：「陳字从土與陳曼簠、陳猷釜合，變體作□與酓肯盤陳字書法同。」

今按：酓肯盤（應正名為酓肬盤）無陳字，注語中的「酓肯盤」乃「酓忓盤」之誤。

「三八一」三四三頁，阡，璽文二二三二號作□，《說文》所無。

今按：璽文號碼「二二三二」乃「二三三二」之誤。

「三八二」三四四頁，□，璽文作□，《說文》所無。

今按：此字應是它字異體。□字金文卯簋作□，即古地字。侯馬盟書「晉邦之地」地字既作□，又作□，《說文》謂「从土也聲」，可知□字讀音和也字相當。它、也古本一字，它字作□當是在象形的□（它）上又加注音符「□」。古文字中與此類似的注音形聲字可以舉出很多，如甲骨文鳳字既作□，又作□（《甲》一八七——一八九頁），金文兄字既作□，又作□（《金》四八八、四八九頁）等等即是，詳拙作《古文字中形聲字類別的研究——論「注音形聲字」》。□字在原璽中皆用作人名，漢印中有「臣它」、「黃它」、「祭它私印」、「張它私印」、「陳它私印」（《漢徵》十三·九及《漢補》十三·三），可見古人確有以「它」為名的。侯馬盟書和古璽中又有□（盟書用作地）、□（三四四頁隊衣）、□（三四五頁隱）三字，如從隊和也的讀音關係來看，這三字應分别釋為𨑩（辵、止二旁古通，侯馬盟書中从辵之字往往省成从止）、䙊、絁。其中𨑩字見于《說文》，䙊、絁二字見于《玉篇》。侯馬盟書中還有一個作地字用的□字，从辵豕聲，亦當是𨑩字異體，和《說文》訓為「追也」的逐（直六切）字形同而實異。長沙楚帛書「天地」之地作□，古璽地字既作□，又作□（三一六頁），正說明了戰國時豕、也二字聲音相近。隊字本身就很可能是一個从豕得聲的形聲字或會意兼形聲字。古璽中又有□字（三一三頁緣），以□（𨑩）、□（地）二字例之，亦當釋為絁。總之，把「隊」看成和「也」相當，有關的字都能得到合理解決，這也說明釋隱為它字異體是可以成立的。它字《說文》立為部首。

「三八三」三四四頁，隊衣，璽文作□□，《說文》所無

今按：此字从衣隊聲，即䙊字異體，參本文「三八二」條。䙊字見于《玉篇》、《集韻》、《韻會》等書。

「三八四」三四五頁，隱，璽文作□，《說文》所無

今按：此字从糸省隊聲，即絁字異體，參本文「三八二」條。絁字見于《玉篇》。《玉篇》謂絁字和紽字同。紽字見于《說文·糸部》。

「三八五」三四五頁，陣，璽文作□，《說文》所無

今按：此字高明先生在《古文字類編》中釋為陣（敶），甚是。𨸏、土二旁義近，故古从𨸏之字多增土旁。如降字金文既作𨺳（《金》七三一頁），又作𨹹（《金》六九一頁），陵、陸（陸）二字金文作𡉚（《金》七二九頁）、𨼔（《金》七三〇頁），古璽則作𨼦（三四〇頁）、𨽥（三四一頁），阩（陞）字侯馬盟書作𨹗，古璽則作𨸝（三四四頁），防字小篆作阞，古璽則作𨹃（三四二頁），陊（地）字侯馬盟書既作陊，又作𨹃，陰（陰）、阿、陳、陽四字古璽既作𨽥（三四〇頁）、阿（三四二頁）、陳（三四二頁）、陽（三四一頁），又作𨼔（三四〇頁）、𨹗（三四二頁）、𨼧（三四二頁）、𨼮（「陽編」，《湖南考古輯刊》第一集）。陣即《說文》敶字。陣字見于《玉篇》、《廣韻》、《集韻》等書，敶字見于《說文·攴部》。

「三八六」三四五頁，陌，璽文作𨸏斤，

《說文》所無

今按：此字隸定作陌不確，應釋為斫。古璽硸字作𨼊，所从石旁與此字𨸏旁同，參本文「三七九」條。斫字見于《說文·斤部》。

「三八七」三四六頁，阱，璽文作𨸏艸，

《說文》所無

今按：此字可釋為陞。朱德熙、裘錫圭兩先生曾在《關于侯馬盟書的幾點補釋》一文中指出，侯馬盟書中的𨸏即陞字初文，其說可信。侯馬盟書阩（陞）字又作陞或𨼊，其作𨼊者亦从収，和此字从収同意。故此字應入三四四頁陞字條下。

「三八八」三四六頁，陞，璽文作陞，

下云：「鳫羌鐘城作[glyph]，與此偏旁形近。」《說文》所無

今按：此字應釋為陙。古文字中从𨸏之字多增土旁，參本文「三八五」條。陙字見于《玉篇》、《集韻》等書。

「三八九」三四六頁，陛，璽文作[glyph]，《說文》所無

今按：此字應釋為阱。古文字中从𨸏之字多增土旁，參本文「三八五」條。陛（阱）字在原璽中常用作姓氏（《彙》二三二七、二三二八），當讀作古璽和漢印中習見的郱氏之郱（看《彙》一九〇一及《漢徵》六·二十三）。河南溫縣北平皋東周郱（邢）丘遺址所出陶文中的「郱公」之郱既作[glyph]、[glyph]，又作[glyph]（《文物》一九八二年七期），可為其證。郱氏之郱典籍多作邢。阱字見于《說文·井部》。

「三九〇」三四六頁，萬，璽文四四七八等號作[glyph]，下云：「璽文『千万』万字如此。」

今按：此字應釋為丏。丏字甲骨文作[glyph]（《甲》二七八頁寅字所从），金文作[glyph]、[glyph]、[glyph]、[glyph]、[glyph]（《金》三四五頁賓字所从），古璽作[glyph]、[glyph]（一三八頁賓、寅二字所从），皆與此字同。萬、丏古同屬明母元部，可知古璽「千萬」之萬作[glyph]乃是借丏為萬。本條下注語過簡，似應作進一步說明。

「三九一」三四九頁，㠱，璽文作[glyph]，《說文》所無

今按：此字應釋為己。古文字从口不从口往往無別。長沙楚帛書紀字作[glyph]，古璽紀字作[glyph]（參本

文「五〇〇」條），改字作鈢（參本文「一五五」條），所从己旁均加口作㠯，和此字同。故此字應入三四九頁己字條下。

「三九二」三五三頁，已，璽文作巳

今按：本條字首所錄小篆作㠯誤，應改為𢀳。㠯是㠯（以）字，小篆𢀳（巳）和㠯（㠯）是兩個完全不同的字。

「三九三」三五三頁，未，璽文三九一〇號作朱、〇三六七號作朱

今按：此二字釋未皆誤。未字从商代金文一直到戰國金文均作未、未形（《金》七七五頁），從未見有中間橫畫拉平作朱、朱形的。古璽未字作未（《彙》二四九三，本書未錄，《古璽彙編》誤釋為朱），亦和金文同。三九一〇號璽文朱《古璽彙編》釋為朱是正確的。朱字金文或作朱（《金》三一二頁），古璽或作朱（一二三頁），皆與此字同。〇三六七號璽文朱亦可釋為朱。古璽朱字或作朱（一二三頁），邾字所从之朱或作朱（《彙》一五六六），下部均與此字下部同。原璽全文作「右朱貞鍴」，右朱應讀作右廚。戰國時廚字往往借朱或从朱得聲之字為之，如陶文中有「朱（廚）」、「朱（廚）器」（《中原文物》一九八二年二期），銅器中有「公朱（廚）左官」（《文物》一九六五年七期）、「右脒（廚）」（《三代》二·五十三·五）、「𦥑貝脒（廚）」（《三代》二·五十四·一）、「上樂床（廚）」（《三代》二·五十三·四）等等。貞可讀作鼎，戰國沖子鼎以貞為鼎（《三代》三·七·八），三斗鼎鼎字作鎮（《三代》二·五

十四·二），均其證。「右朱（廚）貞（鼎）鍴」璽當是用于右廚所有銅鼎或陶鼎之璽。原璽從風格上可以確定為燕璽。前舉璽文朱字亦出自燕璽。故此二字皆應入一二三頁朱字條下。

「三九四」三五三頁，申，璽文〇八七六號作，下云：「矢方彝、矢尊申字與此同。」

今按：注語中的「矢方彝」、「矢尊」乃「夨方彝」、「夨尊」之誤。

「三九五」三五四頁，酉，璽文三四四七號作

今按：此字應復原成後隸定為，或釋為酴，參本文「〇九七」條。酴字見于《說文·酉部》。

「三九六」三五四頁，戍，璽文作

今按：本條字頭隸定作戍誤，應隸定為戌。戍字小篆作，戌字小篆作，兩者在隸定上絕不能相混。

古璽文編合文

「三九七」三五九頁，公孫，璽文三九一八號作

今按：此字原有合文符號＝，因鈐打不慎而被湮沒，故應據原璽復原成後入本條下。

「三九八」三六一頁，鮮于，璽文四〇二二號作

今按：此字釋「鮮于」合文可疑。古文字中魚及从魚之字極多，從未見有魚作形的。本條所錄其他璽文「鮮于」合文作、，

即與此字明顯不同。故此字應暫入附錄，字待考。

「三九」三六二頁，其母，璽文作□，下云：「其母即文獻上之綦母。元和姓纂：左傳晉大夫綦母張。」

今按：複姓「丌（其）母」在文獻中既作「綦母」，又作「綦母」，而作「綦母」者佔絕大多數。漢印所見「丌（其）母」複姓皆作「綦母」，不作「綦母」（看《漢徵》十二．十六及十三．四）。《左傳．成公二年》中的晉大夫綦母張亦不作「綦母張」。故注語應略作修改。

「四〇〇」三六二頁，下池，璽文四〇五八號作□、四〇五九號作□、四〇六〇號作□。

今按：四〇五八號璽文□形體不全，左下角被割去。原璽全文作「□旗」，很顯然，「下池」合文中的池字原从土，編者將它割去是錯誤的。戰國人除經常在用作地名、姓氏的文字上加注邑旁外，也常常在用作地名、姓氏的文字上加注土旁，例極多，參本文「〇五七」條。故此□字應復原成□後入本條下。四〇五九號璽文□和四〇六〇號璽文□形體亦不全，左側被割去。原璽全文分別作「□忻」、「□□」，我們從古璽中又有「王忻」（《彙》〇三八二、〇三八三）、「肖（趙）忻」（《彙》〇九七三）、「孖（孫）忻」（《彙》一五二二）、「鄟（重）忻」（《彙》二〇一一）、「椁（郭）忻」（《彙》二四二三）、「右行忻」（《彙》四〇六六）、「公孫□」（《彙》五五七四）等璽來看，四〇五九、四〇六〇兩璽中的「糸」旁應屬「下池」合文而不屬「忻」、

「□」二字，編者將□字中的糸旁分别和忻、□二字捏合到一起編入本書附録（四〇六頁第一欄、四一〇頁第三欄）是錯誤的。故此二□字應復原成□、□後隸定為「下□」。「下□」仍可釋為「下池」，古文字中的形聲字聲符往往繁簡不一，例不勝舉。當然，這樣解釋也衹能算是一種推測，□字或許還可以有其他釋法。但不管怎樣，糸旁絕不屬「忻」、「□」二字是可以肯定的。

「四〇一」三六三頁，敬事，璽文四一九七號作□

今按：此「敬事」二字雖都省作，但從原璽看，將它們視為合文則根據不足。故此□字應分成□、□二字，左側□入二二九頁敬字條下，右側□入六六頁事字條下。

「四〇二」三六四頁，悊之，璽文四三一〇號作□、四三〇五號作□、四六七九號作□、四六八〇號作□

今按：從原璽看，將四三一〇號璽文□和四三〇五號璽文□視為合文根據不足，應分成兩字，右側□、□入二六一頁悊字條下或二三頁哲字條下，右側□、□入一三一頁之字條下。四六七九號璽文□和四六八〇號璽文□釋「悊之」合文誤，應釋為悊、尔二字。古文字中之字疊出繁見，從未見有作□形的。二璽同文，原璽全文即作「□」，□字顯然是朩（尔，讀作璽）字簡體。古璽中「悊尔（璽）」格言璽亦習見，看《古璽彙編》四三二一—四三三〇號璽。故此□、□二字皆應分成□、□二字，左側□、□

入二六一頁悊字條下或二三頁哲字條下，右側↑、↑入三一九頁璽（⿱爾土）字條下。

⿱乘車

「四〇三」三六四頁，乘車，璽文作⿱乘車

今按：此字釋「乘車」合文毫無根據，應釋為⿱乘車（輮）。⿱乘車（輮）字見于《集韻》。

⿹司坴

「四〇四」三六五頁，句丘，璽文作⿹司坴

今按：原璽全文作「⿹司坴關」，于豪亮先生曾在《古璽考釋》一文中將⿹司坴釋為「句句丘」，讀作「句瀆丘」，指出即《春秋·桓公十二年》中的宋邑穀丘，也即《左傳》中的句瀆之丘。我們認為，于先生把⿹司坴字中的＝號看成重文符號雖然不一定準確，但他認為⿹司坴即《春秋》中的穀丘則是可以相信的。實際上，于先生在文中已舉出很多例子證明句、穀古通，所以將⿹司坴釋為「句丘」合文，直接讀作「穀丘」也是很合適的。穀丘在今河南省商丘縣東南四十里，戰國時當屬韓或魏。故依本書「丌母」合文字頭作「其母」（三六二頁）、「馬帝」合文字頭作「馬適」（三六二頁）、「厶尔」合文字頭作「私璽」（三六四頁）、「相如」合文字頭作「相女」（三六四頁）之例，本條字頭亦可作「穀丘」，不過最好的辦法還是在璽文下加注語說明。

古璽文編附錄

「四〇五」三六八頁第一欄，⿱艹坮

今按：此字形體不全，下部被剷去。原璽全文作「⿱艹坮麦笋鉨」，⿱艹坮應復原成⿱艹坮後隸定為薹。薹壺墓字作□（《中》七五頁），與此字同。墓字不見于後世字書，疑即蒿字異體。

「四〇六」三六八頁第二欄，□

今按：此字从艸从乇，應釋為芢。古璽芢字作□（九頁）或□（參本文「〇〇七」條），正與此字極近。□字在原璽中用作姓氏，古璽和漢印中芢氏亦屢見，參本文「〇〇七」條。故此字應和一二頁莕字條下□併入九頁芢字條下。

「四〇七」三六八頁第四欄，□

今按：此字从艸从兇，可隸定為茪。茪字不見于後世字書。

「四〇八」三六八頁第五欄，□

今按：此字从艸从公，丁佛言在《說文古籀補補》中釋為芯，甚是。戰國文字中□、□之形往往互譌，齊陶文中複姓「公孫」之公既作□，又作□（《季》三九·一〇、一二），古璽複姓「公石」之公作□（《彙》〇二六六），皆其確證，參本文「一六一」、「八八八」條。芯字見于《集韻》。《集韻》又謂□芯或作菘。菘字見于《玉篇》。

「四〇九」三六九頁第二欄，□

今按：此字从艸从末，應釋為茉。金文末字作□或□（《金》三一二頁），與此字□旁同。古璽末下加點作□，猶如朱字或作□（一二三頁及三〇八頁絑字所从），東字或作□（一三〇頁），未字或作□（《彙》二四九三）。茉字見于馬王堆漢墓帛書《六十四卦》（《文物》一九八四年三期），亦見于後世字書。

［四一〇］三六九頁第五欄，蒏

今按：此字从艸从胃，應釋為蒏。隨縣曾侯乙墓二十八宿青龍白虎漆箱蓋中的宿名「胃」作胃（《文物》一九七九年七期），中山王兆域圖方壺「遂定君臣之謂（位）」中的謂字所从之胃作胃（《中》六七頁），皆與此字胃旁同。蒏字見于《廣韻》、《集韻》等書。《集韻》謂畁字或作蒏。畁字見于《說文·米部》。

［四一一］三七〇頁第一、二欄，蓮 蓮

蓮

今按：此字吳大澂在《說文古籀補》一書中釋為範，甚是。範字《說文》謂「从車范省聲」，古璽作蓮，則是从車范省聲。範字在原璽中皆用作姓氏，應讀作典籍和漢印中習見的范氏之范（看《漢徵》一·十八及《漢補》一·六）。需要說明的是，本條下所錄二二八三號璽文蓮及《古璽彙編》三六四六號「蓮口口」璽中的蓮和蓮字並不完全相同，吳氏雖然將它們都釋為範，但未作任何解釋。林澐先生曾指出，蓮字實際上是从邑从範，即範字異體，字中的巳旁是邑和範的公用偏旁。我們从侯馬盟書□字或作□（口旁公用），長沙楚帛書𪊨（皆）字作𪊨（西旁公用），古璽踦字作𡓝（廿旁公用，四九九頁第六欄）來看，林先生說甚是。古文字中類似的借偏旁、借筆畫之例還有很多，詳拙作《古漢字中的借筆字》。戰國人亦往往在用作地名、姓氏的文字上加注邑旁，參本文「一三五」條。範字見于《說文·車部》。

〔四一二〕三七〇頁第三欄，□

今按：此字从艸从虘（擄），應隸定為蘆，釋為蘆。□即盧，齊莒邦殘刀篇（蘆）字所从之盧作□（《發展史》八二頁），古陶蘆（蘆）字所从之盧作□或□（《夢及《孴錄》附編十五「蘆「閭」丘遷」），皆可證。古璽戲（二九三頁）、處（三三五頁）等字所从的虍旁作□或□，亦與此字□旁相近。古陶有□字（《鐵》四三·三），丁佛言在《說文古籀補補》中引吳大澂說釋為蘆。我們認為，吳氏釋□為蘆是非常正確的，可惜他既未加論證，又將和□字顯係一字的□字誤釋為藨。古陶又有□字（《鐵》一七·三），即□字所从之□。□字从又从盧，應隸定為虘，釋為擄（參本文〔一〇〇〕條）。蘆从盧聲，而盧、虘等字又都从盧得聲，故□字可釋為蘆。古璽盧氏之盧或作□（《季》二五·九「擄〔盧〕魮」），瀘字作□（參本文〔三〇五〕條），《古文四聲韻》引《王存乂切韻》盧字作□（下从又，下同），《六書通》引《升菴索隱》及古文奇字盧字作□、□，這都說明戰國時盧及从盧得聲之字可以借虘（擄）為之或用虘（擄）作聲符。既然□字可釋蘆，那末古璽□字也應釋為蘆。古璽中又有□（《彙》〇六五六，本書未錄）、□（四〇八頁第三欄）、□（四五五頁第四欄及五三四頁第三欄）等字，依□字之例，應分別釋為臚、纑、爐。蘆、臚、纑、爐四字中除爐字見于《玉篇》外，餘皆見于《說文》，而且都是常用字。這也說明我們釋□為蘆是正確的。戰國齊陶文中又有□（《季》五三·四)、□(《季》四五·五，或作□，《季》七九·六)、□(《季》一五·一〇，或作□，《季》一五·一一，吴大澂誤釋為羅)、□(《季》一二·九，丁佛言誤釋為羅)等字，顯然應釋為攎、蘆、纑、慮(慮本从盧聲，參本文「五九一」條)。此外，齊陶文中還見有□(《季》四五·八及四五·(一)、□(《季》六〇·一二，或作□、□·《季》三九·二及三九·四)二字。從辭例上看，□字等于□(看《季》四五頁)，故□、□二字很可能就是蘆字異體，皆从櫨聲(櫨字見于《說文》)。如此釋可以成立，那未見于古璽中的□字(五七八頁第五欄)可能就是籚或纑之異體(籚字亦見于《說文》)，而□字(一〇〇頁策)則可能是蘆或櫨之異體(參本文「〇九九」條)。總之，□應釋為蘆是可以肯定的。蘆字見于《說文·艸部》。

「四一三」三七一頁第二欄，□

今按：此字从艸从周省，應釋為[艹周]。周字古璽或作□(二九頁)，如省去日旁，即與此字□旁同。古璽賙(一四一頁賙)、綢(三〇九頁)、鵰(五一四頁第四欄)等字所从的周旁□作□或□，是其確證。[艹周]字見于《玉篇》、《集韻》等書。

「四一四」三七一頁第四欄，□

今按：此字應和三七〇頁第四欄□同列一欄。

「四一五」三七二頁第三欄，□

今按：此字从艸从壴，可隸定為[艹壴]。古璽壴和壴旁作□、□、□形(一〇六頁)，與此字□旁極近。

古璽壴字作□或□，猶如古陶豆字作□或□（《季》七九、八〇頁）。壴字不見于後世字書。

「四一六」三七二頁第四欄，□

今按：此字从艸从幸，可隸定為莘。古璽幸字作□（二五七頁），睪（二五七頁）、斁（七五頁）等字所从的幸旁作□，皆與此字□旁同。莘字不見于後世字書。

「四一七」三七二頁第五欄，□

今按：此字从邑从亮，應隸定為□，釋為亮。古璽亮字作□或□（四九七頁第四欄），與此字□旁同，參本文「七〇八」條。□字在原璽中常見的亮氏之亮的異體（看《彙》一六九二、一六九三、一六九五）。[redacted]戰國人往往在用作地名、姓氏的文字上加注邑旁，例極多，參本文「一三五」條。故此字應和四九七頁第四欄□同列一欄，併釋為亮。亮字見于漢印（《漢徵》八・二十）及《廣韻》、《集韻》等書。今本《說文》無亮字，段玉裁《說文解字注》依《六書故》所據唐本補于《說文・儿部》。

「四一八」三七二頁第六欄，□

今按：此字从邑从芳，應隸定為□。古璽芳字作□（一七〇頁），與此字□旁同。□字在原璽中皆用作姓氏，應即古璽中習見的芳氏之芳的異體（看《彙》三一六六—三一六九），參本文「一三五」條。故此字可入一七〇頁芳字條下。

「四一九」三七三頁第一欄，□ □

今按：此字从邑从范省，應隸定為□，釋為范。古璽有□字（《彙》三四一七），或作□（《彙》五三四八），李學勤、李零兩先生在《平山三器與中山國史的若干問題》一文中根據舒蚉壺「殜（世）殜（世）母（毋）犯」之犯作□（《中》五〇頁），指出即范字省體，其說可信。此字所从的□或□旁和□無疑是同一個字。𨛍字在原璽中皆用作姓氏，應即古璽和漢印中習見的范氏之范的異體（看《彙》三四一七「□［范］口厶［私］尔［璽］」、五三四八「□［范］子」及《漢徵》一・十八、《漢補》一・六），參本文［一三五］條。需要進一步指出的是，范氏之范作□或□是三晋璽的寫法，燕璽則作□或□（借範為范，參本文［四一二］條），和三晋璽不同。范字見于《說文・艸部》。

［四二〇］三七三頁第二欄，□

今按：此字从邑从𩫏（犢），曹錦炎同志在《釋𩫏——兼釋續、瀆、竇、鄪》一文中認為即犢或𧷏字異構，其說甚是，參本文［〇一二］條。𨛍字在原璽中皆用作姓氏，應即古璽所見𩫏（犢）氏之𩫏（犢）的異體（看《彙》三二六四），參本文［一三五］條。故此字應和四六三頁第五欄□、四八六頁第二欄□同列一欄，併釋為犢。犢字見于《說文・牛部》。

［四二一］三七三頁第三欄，□ □

今按：此字从邑从强省，應隸定為𨝫，釋為强。古璽「武强」之强作□（《彙》〇三三六，參本文［三三］條），□、□即□之省變。𨝫字在原璽中皆用作姓氏，應即典籍和漢印中習見的强氏之强的異體（看《漢徵》十三・七），參本文「一三五」條。故此字應和三〇二頁弨字條下[illegible]同列一欄，併釋為强。强字見于《說文·虫部》。又《古璽彙編》二一八六號「[illegible]同」璽中的[illegible]字也應隸定為𢐗，釋為强，本書未錄。

「四二二」三七三頁第四欄，[illegible]

今按：此字从邑从弓，應隸定為邔，釋為弓。古璽强字所从之弓或作[illegible]、[illegible]形（參本文「三三三」、「四二一」條），與此字[illegible]或[illegible]旁同。邔字在原璽中皆用作姓氏，應即古璽和漢印中習見的弓氏之弓的異體（看《彙》三一三九及《漢徵》十二·十九），參本文「一三五」條。故此字應和一六〇頁弨字條下[illegible]同列一欄，併入三〇〇頁弓字條下。

「四二三」三七三頁第六欄，[illegible]

今按：此字从邑从丙，丁佛言在《說文古籀補補》中釋為邴，甚是。丙字金文作[illegible]或[illegible]（《金》七四九頁），古璽或作[illegible]（《彙》〇七四七），皆與此字[illegible]旁極近。[illegible]字在原璽中用作姓氏，古璽和漢印中邴氏亦習見（看《彙》二〇九八—二一〇〇及《漢徵》六·二十四）。故此字應入一四九頁邴字條下。

「四二四」三七四頁第二欄，[illegible]

今按：此字从邑从昜省，丁佛言在《說文古籀補補》中隸定為鄒，謂：「陳簠齋（引者按：即陳介祺）曰昜即昜古省。」李學勤先生亦認為此字「似即鄒」（一九八二年十一月三十日致筆者信）。本條下所錄〇〇一〇號璽文[illegible]和〇一五九號璽文[illegible]原璽全文分別作「[illegible]都司徒」、「[illegible]𨛭市（師）鍴」，二璽从風格上可以確定為燕璽，□皆為地名（「□都」亦即「□」，燕璽往往在地名后加一「都」字）。春秋時燕有陽邑，《春秋·昭公十二年》：「齊高偃帥師納北燕伯于陽」，《左傳》「陽」作「唐」，杜注謂：「陽即唐，燕別邑。中山有唐縣。」其地在今河北省完縣西，唐縣東北。由此可見釋□為⿰昜阝是正確的。陽邑之陽本應作昜，戰國人往往在用作地名、姓氏的文字上加注邑旁，故又作⿰昜阝（參本文「一六〇」條）。燕印戳陶文中有「陽都□王□」（《季》三一·六），其陽字作▨昜（昜），正可證。故此字應和一五八頁⿰昜阝字條下□同列一欄併入二四二頁昜字條下。

「四二五」三七四頁第五欄，□

今按：此字从邑从囟，應隸定為⿰囟阝，釋為囟。囟字甲骨文作□（《甲》四九九、五〇〇頁），金文作□（《金》六五六、六五七頁），皆與此字□旁同。⿰囟阝字在原璽中均用作姓氏，應即囟氏之囟的異體，參本文「一三五」條。《路史》謂：「東樓公之後，有丙氏。」丙為囟之俗體，丙氏即囟氏。囟字見于《說文·七部》。

「四二六」三七五頁第一欄，□□

今按：此字从邑从希，應隸定為郗，釋為希。希字金文作□（看《金》三〇頁蔡字條下），□、□即□之變。希字由□變□、□、□，正和犬字由□、□變□、□相類似（看《金》卷十犬部及本書卷十犬部）。郗字在原璽中皆用作姓氏，應即希字異體，參本文「一三五」條。郗（希）在用作姓氏時，當讀作典籍和漢印中習見的蔡氏之蔡（看《漢徵》一・十六）。在先秦古文字資料中，蔡字均借希或从希之字為之，例不勝舉。故此字可和五五四頁第三欄[古文字形]同列一欄併釋為希。希字《說文》立為部首。又《古璽彙編》二一九〇號「[古文字形]口」璽中的[古文字形]字也應隸定為⿰希阝，釋為希，本書未錄。

「四二七」三七五頁第五欄，[古文字形]

今按：此字从邑从希，應和三七五頁第一欄[古文字形]同列一欄併隸為⿰希阝，釋為希，參本文「四二六」條。原璽全文作「⿰希阝（希）己信鉨」，⿰希阝（希）應讀作典籍和漢印中習見的蔡氏之蔡（看《漢徵》一・十六）。希字《說文》立為部首。

「四二八」三七六頁第二欄，[古文字形]

今按：此字从邑从女，應隸定為⿰女阝，釋為女。原璽從文字風格上可以確定為燕璽，而燕璽奻字作[古文字形]（《彙》〇一九〇），安字作[古文字形]或[古文字形]（《彙》〇〇一二、三九〇〇），纓（纕）字作[古文字形]或[古文字形]（參本文「三四〇」條），所从女旁皆與此字女旁同。燕璽女字作[古文字形]（《彙》三五八〇），亦與此字女旁同。⿰女阝字在原璽中用作姓氏，應即古璽和漢印中習見的女氏之女的異體（看《彙》三五八〇、三七二三及《漢徵》十二・十一），參本文「一三五」條。故此字可入二八九頁女字條下。

「四二九」三七六頁第三欄，[古文字形]

今按：此字从邑从鳥，應釋為鄔（鄥）。古璽中鳥旁作[古文字形]形者習見，參本文「二七七」條。《字彙補》謂鄔字同鄥。《史記・仲尼弟子列傳》

「鄗單」，徐廣注：「一作鄡單。」鄡字見于《說文·邑部》。

「四三〇」三七七頁第一欄，□

今按：此字从邑从匋，應和三七四頁第五欄□同列一欄，併隸為□，釋為匋，參本文「四二五」條。

「四三一」三七七頁第三欄，□

今按：此字从邑从孚，《古璽彙編》釋為郛，甚是。古璽孚字作□或□（六四頁），浮（二七二頁）等字所从之孚作□或□，皆與此字□旁極近。故此字應入一四四頁郛字條下。

「四三二」三七七頁第四欄，□

今按：此字从邑从者，朱德熙先生在《戰國匋文和璽印文字中的「者」字》一文中釋為都，其說甚是。故此字應入一四三頁都字條下。

「四三三」三七八頁第一欄，□

今按：此字从邑从毛，應隸定為□，釋為毛。毛字金文作□（《金》四七八頁），古璽作□（二二〇頁），漢印或作□（《漢徵》八·十七），皆與此字□旁極近。□字在原璽中用作姓氏，應即古璽和漢印中習見的毛氏之毛的異體（看《彙》三二四七、三九四二及《漢徵》八·十七、《漢補》八·五），參本文「一三五」條。故此字可入二二〇頁毛字條下。

「四三四」三七八頁第三欄，□

今按：此字从肉从隹，應釋為脽。古璽□（八六頁）、□（三三八頁）等字所从的隹旁或作□，與此字□旁同。古璽進字作□（三九七頁第四欄），所从隹旁兩邊亦加飾點。此字下部月處視似是邑旁，但實際上它是肉旁。因為原璽是明確無疑的三晉璽，而三晉璽中的邑旁一般都作□、□、□形（看本書卷六邑部），和此字月旁明顯不同。原璽全文作「長脽」，古璽中又有「吳脽」（《彙》一一六五）、「事（史）脽」（《彙》一七四五）、「□脽」（《彙》四一二八），可見古人確有以「脽」為名的。故此字應入九一頁脽字條下。

「四三五」三七八頁第四欄，□

今按：此字應和三七五頁第三欄□同列一欄。在戰國文字中，日旁往往訛成田，例極多，參本文「二四八」、「八四六」條。□、□二字在原璽中皆用作姓氏，必為一字無疑。

「四三六」三七九頁第四欄，□

今按：此字可能已經編者加工。原璽全文作「□（稍殘）□閔」，裘錫圭先生在《戰國貨幣考（十二篇）》一文中曾據古璽「□（下）西閔」（《彙》三〇七七）、「上東門尔（璽）」（《彙》〇一六九）等璽，將此璽釋為「下南閔（門）」，其說甚是。故此□字實際上是下、南二字，右側□應原成「□」後入二頁下字條下，左側□應入一三五頁南字條下。

「四三七」三八〇頁第一欄，□

今按：此字从邑从凿，可隸定為□。凿字甲骨文作□（《甲》七六九頁，舊不識），侯馬盟書作□或□（鑿字所从），皆與此字□

旁同。凿字不見于《說文》，《說文》謂鑿字「从金𣫔省聲」，又謂𣫔字「从毇丵聲」。我們從侯馬盟書鑿字既作⿰金𣫔，又作⿰金凿來看，鑿、𣫔二字可能都是从凿得聲。⿰凿阝字不見于後世字書。

「四三八」三八〇頁第四欄，⿰負阝

今按：此字从邑从負，應隸定為⿰負阝，釋為負。負字小篆作負，《說文》謂：「負，恃也。从人守貝，有所恃也。一曰受貸不償。」此字負旁上部所从的∧即人旁。戰國文字中人旁作∧形者習見，如侯馬盟書及字作，古璽脂字作（四三四頁第一—三欄）等等，例不勝舉（參裘錫圭《戰國璽印文字考釋三篇》）。⿰負阝字在原璽中為地名用字，應即負字異體，參本文「一六〇」條。戰國布幣中有地名⿰負阝，字亦作⿰負阝（《東亞》四・二六），當和古璽⿰負阝是同一個字。負字見于《說文・貝部》。

「四三九」三八〇頁第六欄，⿰⿱日巾阝

今按：此字从邑从⿱日巾，可隸定為⿰⿱日巾阝。古璽⿱日巾字作（四七六頁第二欄），▨與此字⿱日巾旁同。⿰⿱日巾阝字在原璽中用作姓氏，應即⿱日巾字異體，參本文「一三五」條。故此字可和四七六頁第二、三欄⿱日巾同列一欄，併釋為⿱日巾。⿱日巾字不見于後世字書。

「四四〇」三八一頁第二欄，

今按：此字从邑从堇，丁佛言在《說文古籀補補》中釋為鄞，甚是。鄞字見于《說文・邑部》。

「四四一」三八一頁第四欄，

今按：此字从邑从艸，可隸定為⿰艸阝。

□即折字所从之艸，金文作屮屮或□（《金》三一頁），古璽作□（一〇頁），《說文》籀文作□。原璽全文作「□司工」，□為地名，疑即折字異體。古璽悊字往往省作□（二六一頁及二四頁哲「悊」），可參看。

「四四二」三八一頁第五欄，□□□

今按：此字从邑从毛，應隸定為□，釋為毛。毛字金文作□或□（《金》四七八頁），古璽作□或□、□（二〇頁及一一二頁毦字所从），皆與此字所从的毛或□、□同。□字在原璽中皆用作姓氏，應即古璽和漢印中習見的毛氏之毛的異體，參本文「四三三」條。故此字應和三七八頁第一欄□同列一欄併入二二〇頁毛字條下。

「四四三」三八二頁第二欄，□

今按：此字从邑从吕，應隸定為郘，釋為邶。古文字从口不从口往往無別。原璽全文作「郘国」，古璽中又有「邶（昭）佗」（《彙》二一四五），郘、邶顯係一字。故此字應入一四六頁邶字條下。

「四四四」三八二頁第六欄，□

今按：此字从邑从呈（呈下原有泐痕），應釋為郢。古璽郢字或作□（一四八頁），正與此字同。故此字應入一四八頁郢字條下。

「四四五」三八三頁第二欄，□

今按：此字从邑从肖，應釋為□。□可隸定為肖，即肖字異體。肖本从小聲，但因小、少古音同字通，故肖又可从少聲作。侯馬盟書肖字或作□，趙字所从之肖或作□，皆其確證。

鄦字見于《說文·邑部》。

「四四六」三八四頁第四欄，鄦

今按：此字从邑从無，我們從它在原璽中皆用作姓氏這一點來看，應是無字（即此字所从之無）異體。戰國人往往在用作地名、姓氏的文字上加注邑旁，古璽所見無字既有作地名的（《彙》〇三三二「無陽坤「市」」），又有作姓氏的（《彙》一九三六「無隊「衪」」、一九三五「蕪髮」），可知鄦、無必為一字之異，參本文「一三五」、「一六〇」條。故此字可和五一二頁第二欄無同列一欄，字待考。

「四四七」三八四頁第五欄，郬

今按：此字在原璽中用作姓氏，裘錫圭先生在《戰國璽印文字考釋三篇》一文中隸定為郬，指出即胡氏之胡的專用字，其說甚是，參本文「一三五」條。古璽胡氏之胡作□（《彙》一三〇一、一三〇二），正與此字□旁同。故此字可入九二頁胡字條下。又《古璽彙編》三六二四號「□鼻」璽中的□字也應隸定為郬（䣾），釋為胡，本書未錄。

「四四八」三八五頁第一欄，□

今按：此字从邑从婁省，應釋為⿰婁阝。中山王嚳鼎「方譕（數）百里」、「刺（列）城譕（數）十」之譕作□（《中》七七頁），所从婁旁亦省作□，和此字□旁同，參本文「〇五四」條。故此字應和一五七頁⿰婁阝字條下□同列一欄，併釋為⿰婁阝，⿰婁阝字見于《說文·邑部》。

「四四九」三八五頁第二欄，□

今按：此字从邑从希，應隸定為郗，釋為希。中山王譻鼎「毋（毋）大而㣇（肆）」之㣇作𢑚（《中》五五頁），所从希旁正與此字旁極近。郗字在原璽中用作姓氏，當即希字異體，應讀作典籍和漢印中習見的蔡氏之蔡，參本文「四二六」、「四二七」條。故此字應和三七五頁第一欄郗、三七五頁第五欄郗同列一欄併隸為郗，釋為希。希字《說文》立為部首。

「四五〇」三八五頁第六欄，郢

今按：此字从邑从足或疋，可隸定▨為郢或郢。廿年距末距字所从之足作𤴓（《金》九五頁），仰天湖楚簡綻字所从之疋作𤴔（《仰》第二、六簡），皆與此字疋旁同（參本文「〇三六」條）。戰國文字口、廿二形往往不分，古璽足（足）字作𤴓，猶如尚字或作㝍（一七、一八頁），呈字或作𡈼（一四八頁郢字所从），兄字或作𠑵（二二二頁）。郢、郢皆不見于後世字書。如隸定為郢，則可入一六二頁郢字條下。

「四五一」三八六頁第一欄，郗郗

今按：本條下所錄〇〇九七號璽文郗和〇三〇九號璽文郗，原璽全文分別作「下郗宮大夫」、「下郗截（織）𥁕（纕）」，葉其峰先生在《戰國官璽的國別及有關問題》一文中根據鄂君啟節「下蔡」之蔡作▨，將此▨字釋為蔡，並據史書所記下蔡地望定此二璽為楚官璽，其說可信。郗、郗本从邑从希，應隸定為郗，釋為希。希字金文作𡗜（看《金》三〇頁蔡字條下），上似「大」形，楚國大字一般都作仌（看《彙》〇一〇二「□□大夫之鉨」、〇一二七「大賡〔府〕」等楚璽），可知⿱亼羊、⿱亼羊即大府之變。戰國人往往在用作地名、姓氏的文字上加注邑旁，而在先秦古文字資料中，蔡字均借杀或从杀之字為之，故「下蔡」之蔡可作⿰杀阝，參本文〔一六〇〕、〔四二六〕條。故此字應和三七五頁第一欄⿰⿱夂羊阝、三七五頁第一欄⿰⿱夂羊阝、三八五頁第二欄⿰⿱夂羊阝同列一欄，併隸為⿰杀阝，釋為杀。杀字《說文》立為部首。

〔四五二〕三八六頁第二欄，⿰周阝 ⿰⿱冃大阝

今按：此字从邑从周省，應隸定為郮，釋為周。古璽綢字作⿰糸周（三〇九頁），鵰字作⿰周鳥（五一四頁第四欄），蒟字作⿱艸周（三七一頁第二欄），所从周旁皆與本條下所録二一八一號璽文⿰周阝所从的周旁極近，而本條下所録二一八〇號璽文⿰⿱冃大阝所从的⿱冃大旁又無疑是周之變。古璽中又有一個从糸从⿱冃大的⿰⿱冃大糸字（《彙》五六八〇，本書未録），舊亦不識，如把它和⿰周阝、⿰⿱冃大阝二字聯係起來看，無疑應釋為綢。⿰⿱冃大糸字在原璽中為人名，古璽中又有「長綢（⿰⿱冃大糸）」（《彙》〇七七三）、「司馬綢（⿰周糸）」（《彙》三七八六），可見古人確有以「綢」為名的。周字既作⿵冂丰，又作⿱冃大，當和「悊尔（璽）」格言璽中的尔字既作木（《彙》四三二二—四三二七），又作太（《彙》四三二八—四三三〇）同例。本書三二四頁璽字條下所録〇二九七號璽文鉨作⿰金太，亦可參看。《說文》周字古文作𠁁，很可能就是从⿱冃大譌變而來的。郮字在原璽中皆用作姓氏，應即古璽和漢印中習見的周氏之周的異體（看《彙》一一八六—一一九三、一

一九五——一二〇一、三〇二六——三〇三二及《漢徵》二·七），參本文「一三五」條。故此字可入二九頁周字條下。鄙字亦見于《玉篇》、《廣韻》、《集韻》等書。

「四五三」三八六頁第四欄，⿰甾阝

今按：此字从邑从甾，我們從它在原璽中用作姓氏這一點來看，應是甾字異體。戰國人往往在用作地名、姓氏的文字上加注邑旁，參本文「一三五」條、而古璽中的甾字也正都是姓氏用字（看《彙》四一〇一——四一二五），故知⿰甾阝、甾必為一字之異，參本文「一三五」條。故此字可和四九四頁第五欄——四九五頁第一欄甾同列一欄，字待考。

「四五四」三八六頁第六欄，仝=

今按：本條重出，參本文「二七五」條。

「四五五」三八七頁第二欄，⿱吅貝

今按：此字从貝从吅，應隸定為⿱吅貝，釋為賂。吅即鄰字古文，甲骨文作吅（《乙編》五八二三），《古文四聲韻》引《古老子》作○○，皆象兩城邑相並為鄰形。漢孫根碑「至子東鄰」之鄰作吅，猶存古形。在戰國秦漢文字中，吅（鄰）字又往往加注「文」聲作⿱吅文。如中山王譽鼎「鄰邦難新（親）」之鄰作⿱吅文（《中》四八頁），馬王堆漢墓帛書乙本《老子》「猶兮若畏四鄰」、「鄰國相望」等鄰字作⿱吅文。鄰、吝古通，馬王堆漢墓帛書《六十四卦》中的吝字或作⿱吅文（鄰），銀雀山漢簡《晏子》中的「吝嗇」、「吝愛」等吝字作鄰或粦（《社會科學戰線》

一九八四年一期）。⿱吅貝字从貝吅（鄰）聲，應該就是見于《玉篇》、《廣韻》、《集韻》等書中的賂字。《玉篇》謂：「賂，貪也，難也，或作遾。」遾字《說文》訓為「行難也」。原璽全文作「賂口」，賂為姓氏，應即遾氏。《萬姓統譜》：「遾，古文吝字，見《纂要》。」遾字見于《說文·辵部》。

「四五六」三八七頁第三欄，⿸广貝 ⿸广貝

今按：此字从貝从府省，裘錫圭先生在《戰國璽印文字考釋三篇》一文中釋為賡（府），甚是。古璽庫字或作⿸广車（二三四頁），所从广旁與此字⿸广貝旁同。⿸广貝字亦可分析為从广負聲（參本文「四三八」條）。負、付古音相近，府字可以用負聲代付聲。故此字應入二三三頁府字條下。

「四五七」三八八頁第三欄，⿰蒷卜

今按：從原璽看，此字應和三八七頁第五欄⿰蒷卜同列一欄，字待考。

「四五八」三八八頁第五欄，⿰貝市

今按：此字从貝从市，裘錫圭先生在《戰國文字中的「市」》一文中隸定為賗，釋為市，其說甚是。故此字應和一四〇頁賗字條下⿰貝市同列一欄併入一一八頁市字條下。

「四五九」三八九頁第二欄，鈠

今按：此字从金从及，裘錫圭先生在《戰國璽印文字考釋三篇》一文中釋為鈠，甚是，參本文「三〇四」條。古璽金字或作金（《彙》三四六九），金旁或作金（三三五頁釓、釿等字所从），皆與此字金旁同。鈠字見于《說文·金部》。

「四六〇」三八九頁第三欄，□

今按：此字从攴从苟省，應釋為敬。邾公牼鐘「用敬卹盟祀」之敬作□（《金》五一八頁），正與此字極近。敬字由□省作□，猶如戰國「敬命」、「敬丌（其）上」格言璽中的敬字由□、□省作□、□（看《彙》四二二八、四二二九、四七一七、四七一九等璽）。故此字應入二二九頁敬字條下。

「四六一」三八九頁第四欄，□

今按：此字从攴从區省，應釋為毆（驅）。古璽區和區旁往往省二口作□、□形，與此字□旁同，參本文「三二八」條。毆即驅字古文，《說文》謂：「驅，馬馳也。从馬區聲。毆，古文驅从攴。」驅字見于《說文·馬部》。

「四六二」三八九頁第五欄，□

今按：此字从攴从昔，應隸定為散，釋為措。中山王譽方壺「進賢（賢）散（措）能」之散（措）作□（《中》五七頁），正與此字同。散即措字異體，古攴、手二旁通，如《說文》扶字古文作□，揚字古文作□，播字古文作□，皆其證。措字見于《說文·手部》。

「四六三」三九〇頁第二欄，璽文三七三四等號作□ □、二一一二號作□

今按：三七三四等號璽文□、□和二一一二號璽文□左下方明顯不同，故應分列。

「四六四」三九〇頁第五欄，璽文四一〇八號作□、二八一四號作□

今按：四一〇八號璽文□和二八

一四號璽文𪐗右下方明顯不同，故應分列。

「四六五」三九一頁第一欄，㡀

今按：此字从㡀省从古文鞭，應隸定為㡀鞭，釋為㡀。《說文》謂：「㡀，敗衣也。从巾，象衣敗之形。」㡀字不見于璽文，甲骨文有𢼄、𢼄、㡀等字（《甲》三三七頁），舊釋為敝，如可信 則其所从的㡀或㡀，㡀即㡀字，「象衣敗之形」。魏圓肩橋形方足布中有尚字（《發展史》一二三、一二四頁），舊誤釋為尚，李家浩同志在《戰國貨幣文字中的「㡀」和「比」》（《中國語文》一九八〇年五期）一文中改釋為㡀，讀作幣，其說甚是。㡀、鞭古音極近，㡀字作㡀，當是在象形的㡀（可視為尚省）上又加注音符「鞭」。古文字中與此類似的注音形聲字是很常見的，詳拙作《古文字中形聲字類別的研究——論「注音形聲字」》。㡀鞭（㡀）字在原璽中或用作姓氏（《彙》三三八〇），或為人名（《彙》四〇五七），春秋時齊有「敝無存」（《左傳·定公九年》），漢印中則有「張敝」（《漢徵》七·二十三），可知古璽中的㡀鞭（㡀）字皆應讀作敝。㡀字《說文》立為部首。

「四六六」三九一頁第六欄，𨘢

今按：此字从辵从巽省，丁佛言在《說文古籀補補》中釋為選，可信。隨縣曾侯乙墓編鐘巽字作巺（《音樂研究》一九八一年一期），所从卪旁與此字㔾旁同。《說文》謂選从巽聲，巽从卪聲，此字从辵卪（巽省）聲，仍保存了基本聲符卪。選字見于《說文·辵部》。

「四六七」三九二頁第三欄，□

今按：此字从辵从反，應釋為返。魏「甫（蒲）反（坂）」布中的反字作□（《發展史》一二七頁），與此字□旁同。又旁作□是燕文字的特有寫法，燕璽得字作□（四二頁），𢦏（受）字作□（五一六頁第四欄及五四五頁第五欄），所从又旁皆作□（詳拙作《釋「受」並論盱眙南窖銅壺和重金方壺的國別》，本文附錄六）。返字見于《說文·辵部》。

「四六八」三九三頁第四欄，□ □

今按：此字从辵从斤，應釋為近。□即斤，戰國文字中斤旁作□形者習見，參本文「〇四六」條。近字見于《說文·辵部》。

「四六九」三九五頁第六欄，□ □

今按：此字从辵从丮，應釋為迅。金文丮字作□（《金》五九四頁），與此字□旁同。迅字見于《說文·辵部》。

「四七〇」三九六頁第二—四欄，璽文一一五五等號作□ □、〇八〇五號作□

今按：一一五五等號璽文□、□从辵从畜，舊釋為遖，可信。金文畜字作□（《金》六九七頁），與此字□或□旁同（□旁兩側八當是飾筆，無意義）。戰國行氣玉佩遖字作□（《三代》二十·四十九·一），亦與此字同。遖字見于《玉篇》。〇八〇五號璽文□和一一五五等號璽文□、□顯非一字，故應分列。古璽遛字作□（三九頁），疑□即□之變，也應釋為遛。

「四七一」三九六頁第五欄，𨓈

今按：此應釋為逾、止二字。上部𨓈从辵从俞省，即逾字。俞本从舟余聲，但戰國時俞旁往往省作「舟」（參本文「四八四」條）。原璽為燕璽，而燕文字中舟旁作由形者亦習見，故𨓈字可釋為逾（參拙作《釋「受」並論盱眙南窯銅壺和重金方壺的國別》）。下部止顯然應釋為止。原璽全文作「喬生逾止」，喬是姓氏，逾止是人名。在戰國姓名私璽中，祇有燕璽往往在姓氏後綴一「生」字，例極多。我們認為，這個「生」字應和金文人名中的「某生」之生一樣，讀如典籍所見人名中的「某甥」之甥。氏後綴一「生（甥）」字，表明這個氏是其母家的氏（參林澐《琱生毀新釋》，《古文字研究》第三輯）。《古璽彙編》將包括此璽在內的一大批「某生」私璽歸入複姓私璽類是十分錯誤的，應予糾正。故此𨓈字應分成𨓈、止二字，上部𨓈釋逾，逾字見于《說文・辵部》；下部止釋止入三一頁止字條下。

「四七二」三九六頁第六欄，後

今按：此字應和三九二頁第四欄後、後同列一欄。本條下所錄二六二一號璽文後原璽全文作「後徙」，三九二頁第四欄下所錄二六二二號璽文後和二六二〇號璽文後原璽皆與此璽同文，可見後、後、後必為一字無疑。

「四七三」三九七頁第一欄，𨑡

今按：此字从辵从之，應釋為𨑡（徙）。古璽𨑡（徙）字作𨑡（三六頁），正與此字同。𨑢（徙）字小篆作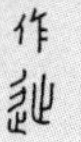《說文》謂「从辵止聲」，古璽作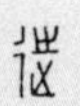，當是以之聲代止聲，參本文「〇二三」條。故此字應入三六頁𨑢（徙）字條下。

「四七四」三九七頁第三欄，璽文一五九二等號作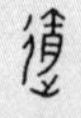、〇二六三號作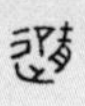

今按：一五九二等號璽文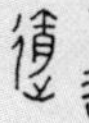和〇二六三號璽文明顯不同，故應分列。

「四七五」三九七頁第四欄，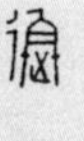

今按：此字从辵从隹，應釋為進。古璽雝字作（八五頁及一九一頁廱字所从），雒字作（三八頁），所从隹旁皆與此字旁同。進字見于《說文・辵部》。

「四七六」三九八頁第一欄，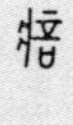

今按：此字从言从爿，可隸定為⿰爿言。考叔⿰爿言湖⿰爿言字作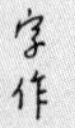（《江漢考古》一九八〇年二期），長沙楚帛書「民祀不⿰爿言（莊）」之⿰爿言作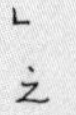，皆與此字同。⿰爿言字不見于後世字書，應是从爿得聲。

「四七七」三九八頁第二欄，璽文五五七一號作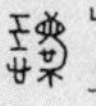

今按：此字孫貫文、趙超兩先生在《由出土印章看兩處墓葬的墓主等問題》（《考古》一九八一年四期）一文中釋為慶、忌二字，其說甚是。原璽全文作「王慶忌」，秦陶文中有人名「慶忌」（《文物》一九八二年三期），漢印中有「王慶忌」、「田慶忌」、「楊慶忌」、「劉慶忌」、「夏侯慶忌」（《漢徵》十・十七），可見古人常以「慶忌」為名。故此字應分成、

二字，右側□釋慶入二六二頁慶字條下，左側□釋忌入二六三頁忌字條下。又本條下璽文號碼「五五七一」乃「五五八七」之誤。

「四七八」三九八頁第三欄，璽文二〇〇七號作□、一八〇二等號作□□

今按：二〇〇七號璽文□从言从前，應釋為諭（譾）。右側□从止从舟，即前字。古璽俞字作□或□（二二一頁及一二三頁榆字所从），所从舟旁亦作□，可為其證。《正字通》謂：「譾，本作諭（諭）。」譾字見于《史記》、《正韻》等書。

一八〇二等號璽文□和二〇〇七號璽文□右上方明顯不同，編者將它們同列一欄是錯誤的。□字从言从□，似應隸定為請，釋為[言舟]。舟屬章母幽部，之屬章母之部，舟旁作□，當是在象形的□上又加注音符「之」。古璽譙、鄦（焦）等字所从的焦旁常加注「小」聲作□，與此同例（參本文「〇四七」、「一四八」條及拙作《古文字中形聲字類別的研究——論「注音形聲字」》）。古璽中又有□字（四一〇頁第六欄），戰國三孔布中有□字（據王貴忱先生所藏拓本），依□字之例，應分別釋為輈、洀。[言舟]字見于《玉篇》、《集韻》等書，輈字見于《說文．車部》，洀字見于甲骨文（《甲》四四五頁）、金文（啟尊，《文物》一九七二年五期）及《玉篇》、《集韻》等書。

「四七九」三九八頁第六欄，璽文三三〇四號作□

今按：璽文號碼「三三〇四」誤，待覈。

「四八〇」三九九頁第二欄，璽文一八〇三等號作□□、〇八四四號作□

今按：一八〇三等號璽文詿、識和〇八四四號璽文詿左旁明顯不同，故應分列。

〔四八一〕四〇〇頁第三欄，計

今按：此字應和三九九頁第二欄詿、識同列一欄。古文字从口不从口往往無別，而在戰國文字中，𠆢形又往往加飾筆作⺊或ㄚ（參本文〔六三〇〕條及裘錫圭《戰國璽印文字考釋三篇》），故知計、詿、識乃一字之異。

〔四八二〕四〇〇頁第四欄，⿰言足

今按：此字从言从足，應隸定為⿰言足，釋為請，參本文〔一八四〕、〔二二八〕條。請字見于《說文·言部》。

〔四八三〕四〇〇頁第六欄，⿰古水

今按：此字从水从古，應釋為沽。古璽沽字作⿰古水形者習見（二七〇頁），可為其證。故此字應入二七〇頁沽字條下。

〔四八四〕四〇一頁第二欄，璽文二四〇七號作柚

今按：此字从木从俞省，應釋為榆。俞本从舟余聲，但戰國時俞旁往往省作「舟」，如三晉璽中的榆氏之榆既作⿰木舟（《彙》二四〇六），又作⿰舟木（《彙》二四一〇），三晉渝布中的渝字作⿰由水或⿰水舟（裘錫圭先生釋，詳其著《戰國貨幣考（十二篇）》）。原璽為燕璽，而燕文字中舟旁作由形者亦習見，故柚字可釋為榆，參拙作《釋「受」並論盱眙南窯銅壺和重金方壺的國別》。柚字在原璽中用作姓氏，古璽中又有「榆平」（《彙》二四〇六）、「榆青」（《彙》二四一〇），可見

古有榆氏。《姓觿》卷二「榆」字條下引《姓苑》謂：「炎帝裔孫子分居榆，後滅於晉，因氏。」《正字通》謂：「榆，姓，後漢將軍榆棘。」故此字應入一二三頁榆字條下。又《古璽彙編》二四〇八號「柚津」璽中的柚字也應釋爲榆，本書未錄。

「四八五」四〇二頁第二欄，𣐺

今按：此字从木从口，應釋爲某。《說文》謂：「某，酸果也。从木从甘闕。槑，古文某从口。」侯馬盟書某字作𣐺，古陶謀字所从之某作𣐺（《𦥑錄》三·一），皆與此字同，亦與《說文》「古文某从口」之說合。某字在原璽中用作姓氏，似應讀作典籍和漢印中常見的梅氏之梅（看《漢徵》六·一）。《說文》梅字或體作楳，正从某聲。某字見于《說文·木部》。

「四八六」四〇二頁第三欄，木⊗、木⊗

今按：此字从目从木，應釋爲相。古璽相字所从之目往往作⊗形，如《說文古籀補補》四·一相字條下所錄古璽「孟相如」之相作木⊗，封泥「中坊（市）之相」相字作木⊗（看裘錫圭《戰國文字中的「市」》），皆與此字相同或相近（參本文「二三九」、「七〇二」條）。古璽相字亦往往加一橫作木⊗（八二頁），和本條下所錄三九二四號璽文木⊗同。三九二四號璽文木⊗原璽全文作「公孫相如鉩」，古人以「相如」爲名者習見（看《彙》〇五六五、〇五六六、〇七八八、一〇〇五、一八五九——一八六一、二〇四一及《漢徵》四·二）。故此字應入八二頁相字條下。

「四八七」四〇三頁第二欄，□
今按：此字从木从某，應釋為楳（梅）。古璽某字作□（四〇二頁第二欄），與此字某旁同，參本文「四八五」條。楳字見于《說文·木部》，即梅字或體。

「四八八」四〇三頁第三欄，□
今按：此□字應復原成□後和四三五頁第一欄□同列一欄，參本文「〇七九」條。

「四八九」四〇三頁第四欄，□
今按：此字从木从兆，應釋為桃。金文有□字（《金》一〇〇〇頁），舊釋為姚，其所从的□旁正與此字□旁同。漢印兆字作□（《漢徵》二·二），桃字作□（《漢徵》六·二），古文字□（止）、□二形往往互譌，□字很可能就是從□字演變而來的，參本文「二二二」條及拙作《戰國貨幣銘文中的「刀」》。中山兆窆圖逃字作□（《中》四四頁），所从□旁是□（相當于□旁中的□）和□的結合體，也就是說，中間的□畫是□和□公用的，可參看。□字在原璽中皆用作姓氏，典籍和漢印中桃氏亦習見（看《漢徵》六·二及《漢補》六·一）。桃字見于《說文·木部》。

「四九〇」四〇三頁第五欄，□
今按：此字應和四〇一頁第五欄□同列一欄。原璽全文作「□戮」，四〇一頁第五欄下所錄二四一一號璽文□原璽全文作「□隶」，□皆用作姓氏。

「四九一」四〇四頁第二欄，□

今按：此字應釋為喪。洹子孟姜壺喪字作□或□（《三代》十二·三十三），如省去下部，即與此字同。牆盤遽字所从之喪作□（《文物》一九七八年三期），免簋瞏（爽）字所从之喪作□（《金》一八一頁），亦與此字極近。原璽全文作「喪梃（楚）」，漢印中有「喪章」、「喪貴」、「喪延年」（《漢徵》二·八），可見古有喪氏。喪字見于《說文·哭部》。

「四九二」四〇四頁第四欄，璽文一三〇〇號作□

今按：此字从宀从木，應釋為宋。侯馬盟書中宀旁作∧形者習見，古璽室（一八一頁）、安（一八二頁）、客（一八五頁）等字所从的宀旁亦往往作∧，與此字∧旁同。故此字應入一八五頁宋字條下。

「四九三」四〇四頁第六欄，□

今按：此字从木从畐，應釋為榀。古璽福字或作□（《彙》三七五三），所从畐旁與此字□旁同。榀字見于《說文·木部》。

「四九四」四〇五頁第二欄，□

今按：從原璽全文看，此字右側豎畫似是界欄而不是文字筆畫。原璽為朱文璽，朱文璽中有界欄者雖不多見，但也並非絕無僅有，如《古璽彙編》一五二九、三四六九、三八二四、三八九〇等號朱文璽中就有界欄。故此□字應復原成□後釋為絽。古璽中糸旁作□形者亦習見，看本書卷十三糸部及三〇三頁孫字條。絽字見于《集韻》、《類篇》等書。

「四九五」四〇五頁第三欄，璽文一九三二號作[illegible]、二二四九號作[illegible]

今按：一九三二號璽文[illegible]和二二四九號璽文[illegible]右上方明顯不同，故應分列。

「四九六」四〇五頁第五欄，[illegible]

今按：此字从糸从雁，可隸定為⿰糸雁。戰國楚器銘文中雋、集（集）等字所从的隹旁作[illegible]或[illegible]（《金》二〇一、九六八頁），與此字[illegible]旁同。故此字應入三一三頁維字條下。

「四九七」四〇五頁第六欄，[illegible]

今按：此字从人从絲，可隸定為⿰亻絲或⿰亻䜌，參本文「〇八四」、「三四八」條。⿰亻絲（⿰亻䜌）字不見于後世字書。

「四九八」四〇六頁第一欄，[illegible]

今按：此[illegible]字應復原成[illegible]後和四四七頁第六欄——四四八頁第一欄[illegible]同列一欄併釋為忻，參本文「四〇〇」、「五八三」條。忻字見于《說文·心部》。

「四九九」四〇六頁第四欄，[illegible]

今按：此字从糸从西，應釋為⿰糸西。古璽西字作[illegible]（三五四頁），與此字[illegible]旁近似。⿰糸西字見于《玉篇》、《集韻》等書。《集韻》謂⿰糸頁字或體作⿰糸西。⿰糸頁字見于《說文·糸部》。

「五〇〇」四〇六頁第五欄，[illegible]

今按：此字从糸从吕，應釋為紀。古璽己字作[illegible]或[illegible]（《彙》一四七五、三六三八），忌字所从之己或作[illegible]（參本文「四七七」條），魏三體石經古文己字作[illegible]（《石刻》一四·二二），杞字所从之己作王（《石刻》六·二），《說文》己字古文作王，皆與此字吾旁所从之王相同或相近。古文字从口不从口往往無別，長沙楚帛書紀字作絽，正與此字同。絽字在原璽中用作姓氏，典籍和漢印中紀氏亦習見（看《漢徵》十三·一、二）。故此字應和三〇七頁紝字條下紝同列一欄，併釋為紀。紀字見于《說文·糸部》。

［五〇一］四〇七頁第一欄，䜌偣

今按：此䜌偣字應分成䜌、偣二字，上部䜌稍殘，應復原成䜌後▨釋䜌入五三頁䜌字條下，下部偣待考。

［五〇二］四〇七頁第三欄，璽文三五五三號作𢆶

今按：此字从丝（茲）从才，應隸定為孳，釋為茲。古璽在字作𡉈（三一九頁，疑是杜「士」字），所从才旁與此字弋旁同。茲、才古音同屬精系之部，茲字作𢆶，當是在88（茲）上又加注音符「才」。趙「茲氏」布中的茲字既作88，又作88才（《辭典》四六五、四六三），是其確證（參拙作《古文字中形聲字類別的研究——論「注音形聲字」》）。原璽全文作「孳（茲）綜」，新鄭所出十七年鄭令戈中的鄭令名「𦙶（茲）恆」（《文物》一九七二年十期），可見古有茲氏。孳字亦屢見于中山王䀇諸器，字作𢆶，除用作「茲」字外，還借為「慈」和「哉」（《中》四二頁）。茲字見于《說文·玄部》。又璽文號碼「三五五三」乃「三三五三」之誤。

［五〇三］四〇八頁第一欄，𦅫

今按：此字从糸从毀，應和四〇八頁

第二欄[illegible]、三〇九頁緐字條下[illegible]同列一欄併隸為綴，釋為纕，參本文「五〇四」、「三四〇」條。纕字見于《說文·糸部》。

「五〇四」四〇八頁第二欄，[illegible] [illegible]

今按：此字从糸从叕，應隸定為綴，釋為纕。從原璽格式和文字風格上看，本條下所錄璽文[illegible]、[illegible]和四〇八頁第一欄下所錄璽文[illegible]皆出自齊璽。特別是本條下所錄三〇八一號璽文[illegible]在原璽中和[illegible]（馬）字共出，而馬字作[illegible]正是齊文字的特有寫法，不見于他國（參本文「二七五」條）。齊璽叕字作[illegible]（四四七頁第四欄），如省去攴旁（叕本不从攴），正與此字[illegible]旁同，參本文「五八二」條。纕字从襄得聲，襄又从叕得聲，故綴字可釋為纕。戰國燕文字中纕字作[illegible]或[illegible]，亦从糸叕聲，可參看（詳本文「三四〇」條）。故此字應和四〇八頁第一欄[illegible]、三〇九頁緐字條下[illegible]同列一欄併隸為綴，釋為纕。纕字見于《說文·糸部》。

「五〇五」四〇八頁第三欄，[illegible]

今按：此字从糸从膚（攎），應隸定為[illegible]，釋為纑，參本文「四一二」條。纑字見于《說文·糸部》。

「五〇六」四〇八頁第六欄，璽文一五六〇號作[illegible]、三八七〇號作[illegible]

今按：一五六〇號璽文[illegible]和三八七〇號璽文[illegible]右旁明顯不同，故應分列。一五六〇號璽文[illegible]應和四〇九頁第五欄[illegible]同列一欄。

「五〇七」四〇九頁第一欄，[illegible] [illegible]

今按：此字从糸从[illegible]（犢），曹錦炎同志在《釋韋——兼釋續、瀆、竇、鄭》一文中釋為續，其說甚是，參本文「〇一二」條。續字見于《說文·糸部》。

「五〇八」四一〇頁第三欄，𦃃

今按：此字右側𢆶應割去，參本文「四〇〇」條。

「五〇九」四一〇頁第六欄，輴

今按：此字从車从𢍏，可隸定為𨏋，釋為輴，參本文「四七八」條。輴字見于《說文·車部》。

「五一〇」四一一頁第一欄，斬

今按：此字應和一七〇頁旅字條下䡞同列一欄。䡞字本書編者釋為旅，頗可疑。

「五一一」四一二頁第三欄，𢼸

今按：此𢼸字應復原成中（稍殘）後入六頁中字條下，參本文「一〇七」條。

「五一二」四一三頁第二欄，騎

今按：此字从馬从奇，丁佛言在《說文古籀補補》中釋為騎，甚是。原璽從風格上可以確定為齊璽，而齊璽中的馬字均作𠂇，正與此字𠂇旁同，參本文「二七五」條。奇即奇，秦十二年上郡戈騎字所从之奇作奇（《實踐》一九七九年四期），古璽騎字所从之奇作奇（四五頁），漢印奇字作奇（《漢徵》五·五），騎字所从之奇或作奇（《漢徵》十·二），皆其確證。故此字應入二四六頁騎字條下。

「五一三」四一四頁第二欄，陭

今按：此字从𠂤从青，應隸定為隋（?）入三四五頁隋字條下，字待考。

「五一四」四一五頁第一欄，⿰金杏

今按：此字从金从杏，應釋為鈦。古文字从口不从口往往無別，裘錫圭先生曾在《戰國文字中的「市」》一文中將齊陶文和齊刀幣中的杏字釋為大，其說可信。本條下所錄〇三一二、〇〇一九號璽文⿰金杏皆出自齊璽，故可釋為鈦。鈦字見于《說文·金部》。

「五一五」四一五頁第二欄，⿰金□

今按：此字从金从喪，可隸定為⿰金喪。古璽喪字作□或□（四〇四頁第二欄、四七一頁第四欄），與此字□旁極近，參本文「四九一」、「六三八」條。⿰金喪字不見于後世字書，疑即見于《集韻》的鎟字異體（參于省吾先生《甲骨文字釋林·釋桑》）。

「五一六」四一五頁第三欄，⿰金□

今按：此字从金从茍（苟）或羌，可隸定為⿰金苟或⿰金羌。古璽中讀作「敬」的茍（苟）字或作□（二三二頁敬），與此字□旁同。戰國時茍（苟）、羌二旁往往不分，如敬字中山王嚳諸器作□，中山侯鉞作□（《中》六四頁），古璽既作□，又作□（二三〇、二三一頁）。參本文「〇七七」條。⿰金苟字不見于後世字書。⿰金羌字見于《玉篇》、《五音集韻》等書。

「五一七」四一六頁第二欄，⿰食□

今按：此字从食从舟，可隸定為舟+食（餅）。戰國朝歌右庫戈朝字作□（《金》三六五頁），所从舟旁與此字□旁同。古璽中又有□（四七五頁第五欄）、□（五〇一頁第六欄）二字，顯然應釋為明和趙。餠字不見于後世字書，疑即餡或飭之異體，參本文「二〇一」條。餡字見于《廣韻》、《集韻》等書。飭字見于《集韻》，即《說文》饕字異體。

「五一八」四一六頁第三欄，□

今按：此字从食从亘，應隸定為□，釋為館。古璽食旁既作□，又作□（看本書卷五食部），作□者與此字□旁同。亘、官古音同隸元部，故館字可用亘聲代官聲。中山兆窆圖借宣為官，借桓為棺，是其證（參朱德熙、裘錫圭《平山中山王墓銅器銘文的初步研究》）。故此字應和一一三頁館字條下□同列一欄，併釋為館。館字見于《說文·食部》。

「五一九」四一七頁第五欄，□

今按：此字从水（稍殘）从乘省，應釋為溗。金文乘字或作□（《金文編》三〇八頁），或作□（乘父士□盨，《山東文物選集「普查部份」》），□即□或□之省。戰國公乘鈁乘字作□（《中日》九七二），古璽複姓「乘馬」合文和複姓「公乘」合文中的乘字作□（《彙》四〇〇八、四〇〇九、四〇六八、四〇六九），皆與此字□旁同。溗字見于《廣韻》、《集韻》等書。

「五二〇」四一八頁第三欄，□

今按：此字从水从𡴀（犢），曹錦炎同志在《釋𡴀——兼釋續、瀆、竇、□》一文中釋為瀆，其說甚是，參本文「〇一二」條。瀆字見于《說文·水部》。

〔五二一〕四一九頁第二欄，渚

今按：此字从水从者，應釋為渚。侯馬盟書者字作者或者，戰國「高都」、「中都」布中的都字所从之者作者或者（《辭典》二〇三及《文物》一九七二年四期），古璽書字所从之者或作者（《彙》三九五一），皆與此字者旁相同或相近。原璽全文作「五渚正璽」，《史記·蘇秦列傳》蘇代約燕王曰：「……漢中之甲，乘船出於巴，乘夏水而下漢，四日而至五渚。……」《集解》謂：「《戰國策》曰：『秦與荊人戰，大破荊，襲郢，取洞庭、五渚』，然則五渚在洞庭。」《水經·湘水注》：「凡此四水（引者按：指湘水、資水、沅水、澧水）同注洞庭，北會大江，名之五渚。《戰國策》曰『秦與荊▨戰，大破之，取洞庭、五渚』者也。」可知五渚在洞庭，戰國時屬楚。「正」是官長的意思，典籍習見，「五渚正鈢」當是管理五渚的官長所用之璽。原璽中「鈢」字作鈢，正是典型的楚文字寫法。渚字見于《說文·水部》。

〔五二二〕四一九頁第四欄，津

今按：此字从水从聿，丁佛言在《說文古籀補補》中釋為津（津），甚是。侯馬盟書書字作聿、聿、聿，中山王譽方壺書盡（盡）字所从之書作聿（《中》六九頁），兆域圖書遠字所从之書作聿（《中》四四頁），皆與此字聿旁相同或相近。津（津）字見于《說文·水部》。

〔五二三〕四一九頁第五欄，汅

今按：此字从水从弓，可隸定為汅。

古璽發字作□（《彙》三七一六），彊（强）字作□（三七三頁第三欄），弜（弓）字作□（三七三頁第四欄），所从弓旁皆與此字□旁極近。者汈鐘中有□字（《金》五七八頁汈），舊亦隸定為汈，可參看。汈字不見于後世字書。

「五二四」四二〇頁第二欄，□

今按：此字从水从觱，朱德熙、裘錫圭兩先生在《關于侯馬盟書的幾點補釋》一文中疑是「觱沸」（見《詩·大雅·瞻卬》，泉水涌出貌）之觱的專字，同時又根據《說文》誖字籀文作□，認為此字也可能是渤字異體，其說甚有據。我們從侯馬盟書觱字或作□，誖字作□（宗盟類一：五九，舊不識）來看，此字亦可釋為浡，浡也通渤。浡字見于《玉篇》、《廣韻》、《集韻》等書。渤字亦見于《廣韻》、《集韻》等書。

「五二五」四二〇頁第三欄，□

今按：此字从水从舟，裘錫圭先生在《戰國璽印文字考釋三篇》一文中釋為洀，甚是。古璽朝字作□（一六九頁），所从舟旁正與此字□旁同。洀字見于《玉篇》、《集韻》等書。

「五二六」四二〇頁第六欄，□ □

今按：本條下所錄五二二二等號璽文□、□原璽全文即作「□」、「□」（《彙》五二二四同文），裘錫圭先生在《釋柲》（《古文字研究》第三輯）一文中釋為「必正」，其說甚是。東周文字弋、弋之形往往互譌，新出吳配兒鉤鑃「□（□）龏（恭）威（畏）惎（忌）」之□所从的必旁譌作炗（《考古》一九八三年四期），可和五二二二等號璽中的忲、忠對照起來看。古璽正字或作⊗、㐫形（三三頁），亦可證五二二二等號璽中的(士)、〔以〕必為正字無疑。裘先生在上引文中已指出「必正」是戰國格言璽，戰國格言璽中又有「中正」（《彙》四五三一、四五三二）、「正行」（《彙》四三六四——四三七三）、「正行亡（無）ム（私）」（《彙》四七六三——四七九二、四九一四）、「士正亡（無）ム（私）」（《彙》四八八一——四八八三）、「正下」（《彙》四五二九、四五三〇）、「可以正下」（《彙》四八五二——四八五九、四八六二、四八六三）、「正」（《彙》五〇九四、五〇九五、五四〇〇、五七〇三）等等，可參看。故此(士)忲（〔以〕忲）字應分成忲（忠）、(士)（〔以〕）二字，右側忲（忠）釋必，必字見于《説文・八部》，左側(士)（〔以〕）釋正入三三頁正字條下。

〔五二七〕四二一頁第三欄，䵻

今按：此字从又从戠，裘錫圭先生在《戰國貨幣考（十二篇）》一文中隸定為戠，讀作職。原璽為齊官璽，全文作「左攻（工）帀（師）戠（職）泰（漆）帀（師）鉨」，裘先生指出「職泰師當是左工師屬下專管漆工的工師」，其說甚是。齊官璽中又有䵻、䵻、䵻等字（《彙》〇一五六、〇三一四、〇一五四），舊皆不識，其實也應隸定為戠，讀作職，如《古璽彙編》〇一五四號齊「職內帀（師）鉨」璽中的職字即作䵻。職內是官名，見于《周禮・天官》，其主要職責是掌邦賦收入，為司會之副。楚璽戠字作戠，正與戠、戠、戠、戠等字所从的戠、戠、戠極近。參本文「三二五」條。戠（戠）字可以釋為擳，齊璽攎字作𢆶（虞，參本文「四一二」條），與此同例。擳字作戠或戠、戠，當是齊文字的特有寫法。擳字見于《集韻》。

「五二八」四二一頁第四欄，戠

今按：此字从戈从音，石志廉先生在《戰國古璽考釋十種》一文中釋為戠，甚是。戠字金文或作戠（《金》六四九頁），古璽或作戠（參本文「三二五」條），皆與此字相近。故此字應和二九五頁戠字條下戠同列一欄併入同頁戠字條下。又《古璽彙編》三七五九號「后戠口鉩」璽中的戠字也應釋為戠，本書未錄。

「五二九」四二一頁第五欄，成

今按：此字應釋為成。須簋成字作成（《金》七五二頁），曾伯瑚盛字所从之成作成（《金》二七〇頁），皆與此字極近。原璽為單字璽，古璽中「成」單字璽亦屢見，看《古璽彙編》五二九二、五五〇四等號璽。故此字應入三四九頁成字條下。

「五三〇」四二二頁第五欄，戠 戠

今按：此字从又从戠，應和四二一頁第三欄戠同列一欄併隸為戠，釋為擳（讀作職），參本文「五二七」條。擳字見于《集韻》。又《古璽彙編》〇一五六號齊「口陵口戠筲市（師）」璽中的戠字也應隸定為戠，釋為擳，本書未錄。

「五三一」四二三頁第二欄，成

今按：此字應釋為成。盛季壺盛字所从之成作成（《金》二七一頁），古璽成字或作□（三四九頁），皆與此字極近。□字兩側八當是飾筆，無意義。原璽為單字璽，古璽中「成」單字璽亦常見，參本文「五二九」條。故此字應和四二一頁第五欄□同列一欄，併入三四九頁成字條下。

「五三二」四二三頁第五欄，⿸疒及

今按：此字从疒从及，裘錫圭先生在《戰國璽印文字考釋三篇》一文中釋為⿸疒及，其說甚是，參本文「三〇四」條。⿸疒及字見于《說文・疒部》。

「五三三」四二四頁第一欄，⿸疒□

今按：此字从疒从肥，應釋為⿸疒肥。□即肥，馬王堆漢墓帛書《戰國縱橫家書》中的肥字作□，當由此演變而來。古璽中又有□字（四三八頁第一欄），也應釋為⿸疒肥。漢印肥字既作□，又作肥（《漢徵》四・十三），是其確證。《說文》謂肥字「从肉从卩」，戰國秦漢文字中的肥字作□、□、□形者，疑是从肉巳聲，參本文「四一九」、「四一一」條。⿸疒肥字見于《玉篇》和《廣韻》，兩書皆謂和痱字同。痱字見于《說文・疒部》。

「五三四」四二四頁第二欄，⿰爿立

今按：此字从爿从立，可隸定為⿰爿立。⿰爿立字不見于後世字書。

「五三五」四二四頁第六欄，⿸疒丙

今按：此字从疒从丙，《古璽彙編》釋為病，甚是。古璽「郪（重）病巳」之病作⿸疒丙（《彙》二〇三九），正與此字同。故此字應入一九〇頁病字條下。

「五三六」四二五頁第六欄，□

今按：此字从疒从峇，應隸定為瘔，釋為疫。殳字小篆作𡳿，《說文》謂「从又屮」，此字所从岢旁中的岢即殳。古文字从口不从口往往無别，故𤸃字可釋為疫。古璽丙字或作冏（參本文「〇三九」條），病字作痞（一九〇頁及四二四頁第六欄）。與此同例。疫字見于《集韻》。

「五三七」四二六頁第三欄，𤹪

今按：此字从疒从蒲，可隸定為𤹪，參本文「一九三」、「五三八」條。𤹪字不見于後世字書。

「五三八」四二六頁第四欄，𤹪

今按：此字从疒从蒲，可隸定為𤹪。蒲即萑，小篆作萑，《說文》謂：「鴟屬，从隹从𦫳，有毛角，所鳴其民有旤。……讀若和。」𤹪字不見于後世字書。

「五三九」四二九頁第二欄，頁

今按：此字从百从人，丁佛言在《說文古籀補補》中釋為頁，甚是。百字長沙楚帛書作百，信陽楚簡作百（《類編》一四〇頁），皆與此字百旁極近。古璽頡字所从之頁作頁（二二五頁），是其確證。頁字《說文》立為部首。

「五四〇」四二九頁第四欄，𩑋

今按：此字从頁从舟或俞省，可隸定為頫或顩，參本文「四七一」、「四八四」條。頫或顩皆不見于後世字書。

「五四一」四二九頁第五欄，㤘

今按：此字从心从卲，可隸定為怊。原璽從風格上可以確定為楚璽，楚璽邵氏之邵既作□，又作□（四三二頁第二欄），作□者與此字□旁同。望山一號楚墓竹簡中的墓主「悊（昭）固」之悊作□或□（《中山大學學報》哲學社會科學版一九七八年四期），亦與此字極近。原璽全文作「悊鼻」，悊為姓氏，應讀作典籍和漢印中習見的昭氏之昭（看《漢徵》七·一及《漢補》七·一），參本文「五四五」條。悊字不見于後世字書。

「五四二」四三一頁第一欄，□

今按：此字从人从昔，應釋為借。中山王譽諸器昔字作□或□（《中》三三頁），古璽散（措）字所从之昔作□（參本文「四六二」條）。昔作□、□形者上部與此字□旁上部同，作□形者下部與此字□旁下部同。故此字應和二一二頁借字條下□同列一欄，釋為借。借字見于《說文·人部》。

「五四三」四三一頁第二欄，□

今按：此字从人从堇，丁佛言在《說文古籀補補》中釋為僅，甚是。金文堇或堇旁作□、□、□、□等形（《金》六九二、六九三頁），古璽堇旁或作□（參本文「三二四」條），皆與此字□旁極近。僅字見于《說文·人部》。

「五四四」四三一頁第四欄，□

今按：此字从禾从人，應釋為休。休字金文或从禾作□（《金》三一八、三一九頁），古璽作□或□（二二七頁），皆與此字同。故此字應入一二七頁休字條下。

「五四五」四三二頁第二欄，□□

今按：此字从尸从召，應釋為卲。卲字楚卲王簋作佋，楚王戈作卲（《金》五一二頁），望山一號楚墓竹簡作卲或卲（恖字所从，《中山大學學報》哲學社會科學版一九七八年四期），皆與此字極近。卲字在原璽中均用作姓氏，而且又都出自楚璽，可知應讀作典籍和漢印中習見的昭氏之昭（看《漢徵》七·一及《漢補》七·一）。楚鄂君啟節中的「大司馬卲𨜏（陽）」之卲《戰國策》作昭，是其明證。卲字見于《說文·尸部》。

［五四六］四三二頁第三欄，⿰亻告

今按：此字从人从告，應釋為⿰亻告（⿱與告）。楚陳旺戟銘文云：「陳旺之歲，⿰亻告寶（府）之戟。」（《録遺》五七八），⿰亻告字湯餘惠同志釋為⿰亻告，讀作造（其文待刊），其說甚是。新出楚𨛬陵君三器中的⿰告攵（造）字所从之告或作吾（《文物》一九八〇年八期），正與此字吾旁同。原璽全文作「⿰亻告寶（府）」，⿰亻告也應讀作造，參本文「七四二」條。此璽從文字風格上亦可確定為楚璽。⿰亻告字見于《集韻》，《集韻》謂⿰亻告字同⿱與告。⿱與告字見于《說文·告部》。

［五四七］四三二頁第五欄，⿰臣卓

今按：劉釗同志謂此應釋為公、子、耳三字，其說甚是。原璽全文作「卬公子耳」，東周曹公子戈銘文作「曹公子沱之鋯（造）戈」（容庚先生所藏拓本），蔡公子果戈銘文作「蔡公子果之用」（《三代》十九·四十六·二），可見古時有公子身份的人可自稱為「某公子某」。故此⿰臣卓字應分成公、子、耳三字，右上方公釋公入一八頁公字條下，右下方子釋子入三五一頁子字條下，左側[illegible]釋耳入二八五頁耳字條下。或可將左側公子釋為「公子」二字合文入本書合文部份。

「五四八」四三三頁第二欄，[illegible]

今按：此字从耳从㞢，可隸定為⿰耳㞢。原璽為燕璽，燕璽㞢字作[illegible]（一三三頁），匡（匡）字所从之㞢作[illegible]（二九九頁），皆與此字[illegible]旁同。⿰耳㞢字不見于後世字書。

「五四九」四三三頁第三欄，[illegible]

今按：此字从耳从壬，應和二八八頁⿰耳土字條下[illegible]、⿰耳壬字條下[illegible]同列一欄，併入二八六頁聖字條下。參本文「三一四」、「三一五」條。又《古璽彙編》五六四九號「衛[illegible]」璽中的[illegible]字也應釋為聖（或聽），本書未錄。

「五五〇」四三三頁第五欄，[illegible]

今按：此字从耳从峇，可隸定為⿰耳峇（⿰耳支），參本文「五三六」條。⿰耳峇（⿰耳支）字不見于後世字書。

「五五一」四三三頁第六欄，[illegible]

今按：此字从彖从吕，可隸定為⿰彖吕。古璽為字作[illegible]（參本文「二五五」條），所从彖旁與此字[illegible]旁同。吕疑即雝（古璽作[illegible]或[illegible]，八五頁）字所从之吕。⿰彖吕字不見于後世字書，疑與古璽中的[illegible]、[illegible]（⿰爲吕，《彙》二六八一——二六八七）和蔡侯鐘中的[illegible]（[illegible]，《金》一三六頁）是同一字，參本文「二一四」條。

「五五二」四三四頁第一——三欄，[illegible]

[illegible] [illegible] [illegible]

今按：此字从肉从𠂤，丁佛言曾在《說文古籀補補》中釋為胎，但無說。裘錫圭先生在《戰國璽印文字考釋三篇》一文中進一步全面論證了丁氏的看法，並指出古璽中的胎氏即典籍中常見的閻氏，其說甚是。胎字見于《說文·肉部》。

「五五三」四三四頁第四欄，

今按：此字从肉从多，應釋為胗。夕即夕，參本文「一九五」條。《說文》謂：「多，重也。从重夕，夕者相繹也，故為多。重夕為多，重日為疊。……，古文多。」此字所从羽旁作二夕並列形，正與《說文》多字古文同。胗字見于《廣韻》、《集韻》等書。

「五五四」四三四頁第五欄，

今按：此字从肉从反，應釋為版。原璽為燕璽，燕璽返字所从之反作𠂆（參本文「四六七」條），𠂆即𠂆之變。版字見于《集韻》。

「五五五」四三五頁第二欄，

今按：此字从肉从雈，可隸定為脽，參本文「五三八」條。脽字不見于後世字書。

「五五六」四三五頁第五欄，

今按：此字从口从胃，應釋為喟。古璽胃字所从之胃作（三六九頁第五欄），與此字旁同，參本文「四一〇」條。原璽全文作「事（史）喟」，漢印中有「輿喟」（《漢徵》二·五），可見古人有以「喟」為名的。喟字見于《說文·口部》。

「五五七」四三五頁第六欄，

今按：此字稍殘，應復原成□後釋為鵑。左側□即鳥旁，參本文「二七七」條。右側□應釋為肙，信陽楚簡絹字作□（《類編》二四二頁），是其確證。古璽中又有□（四六〇頁第二欄）、□（《彙》五六〇八，本書未録）二字，也應釋為鵑。古璽中所見的鵑字皆用作人名。鵑字見于《玉篇》、《廣韻》《集韻》等書。

「五五八」四三八頁第一欄，□

今按：此字稍殘，應復原成□後釋為⿸疒肥。古璽肥字作□（四三八頁第四欄），正與此字□旁同，參本文「五六〇」條。故此字應和四二四頁第一欄□同列一欄併釋為⿸疒肥。⿸疒肥字見于《玉篇》和《廣韻》，兩書皆謂和痱字同。痱字見于《說文·疒部》。

「五五九」四三八頁第三欄，□

今按：此字稍殘，應復原成□後和四三八頁第四欄□同列一欄，併釋為肥，參本文「五六〇」條。肥字見于《說文·肉部》。

「五六〇」四三八頁第四欄，□

今按：此字从肉从卪，應釋為肥。肥字小篆作□，《說文》謂：「多肉也。从肉从卪。」此字也正是从肉从卪，和《說文》所說同。肥字見于《說文·肉部》。

「五六一」四三八頁第五欄，璽文三六五八號作□、三五〇二號作□

今按：三六五八號璽文□和三五〇二號璽文□明顯不同，故應分列。三五〇二號璽文□應和四三八頁第二欄□同列一欄，疑从宀从骨省。

「五六二」四三八頁第六欄，□

今按：此字从肉从丰，應釋為肨。古璽邦字所从之丰或作□（一四二頁），《說文》封字籀文所从之丰作□，皆與此字□旁同。肨字見于《玉篇》、《廣韻》、《集韻》等書。

「五六三」四三九頁第一欄，□

今按：此字从肉从巽，應釋為⿰月巽。《說文》謂：「巽，具也。从丌巳聲。□，古文巽。□，篆文巽。」巽字隨縣曾侯乙墓編鐘作□或□（《音樂研究》一九八一年一期），楚蟻鼻錢作□（《發展史》一一七三頁），古璽作□或□（五〇八頁第四、五欄），皆與此字□旁相同或相近，參本文「一六一」、「七三五」、「七三六」條。⿰月巽字見于《釋名》、《廣韻》、《集韻》等書。

「五六四」四三九頁第二欄，□

今按：此字从肉从复，《上海博物館藏印選》釋為腹，甚是。腹字侯馬盟書作□或□，古璽作□（九一頁），皆與此字相同或相近。侯馬盟書復字所从之复或作□，亦與此字□旁極近。故此字應入九一頁腹字條下。

「五六五」四三九頁第三、四欄，□ □ □

今按：此字从月从少，丁佛言在《說文古籀補補》中釋為肖（趙）無疑是正確的，惜無說。肖字小篆作□，《說文》謂：「骨肉相似也。从肉小聲。不似其先，故曰不肖也。」

其實，從古文字來看，《說文》謂肖字从肉是完全錯誤的。肖字西周早期金文作[字形]（《金》四一九頁宵字所从），侯馬盟書作[字形]，古璽作[字形]或[字形]（九一頁），皆从月或夕，不从肉。在先秦古文字中，月、肉二字是有明顯區別的，一般不混，本條下所錄璽文[字形]从月亦甚明，參本文「〇二四」條。[字形]字所从的[字形]即少字，作[字形]、[字形]者▨是其變體。肖本从小聲，但因少、小二字音同字通，故肖字又可以从少聲作。侯馬盟書中的肖、趙二字或作[字形]、[字形]，楚郢太府銅筲中的筲字作[字形]（《文物》一九七八年五期，裘錫圭先生釋，見《文物》一九七八年十二期），皆其確證。肖字在原璽中大多用作姓氏，即典籍和漢印中習見的趙氏（看《漢徵》二·八、九及《漢補》二·二）。侯馬盟書趙氏之趙既作趙，又作肖，是其明證。[字形]字皆出于燕璽，當是燕文字的特有寫法，和三晉璽中的肖（趙）氏之肖作[字形]形者風格迥異。《古璽彙編》將十枚[字形]氏璽歸入複姓私璽類▨是錯誤的。故此字應入九一頁肖字條下。

「五六六」四三九頁第五欄，[字形]

今按：此字从土从市，裘錫圭先生在《戰國文字中的「市」》一文中已考定為市（隸定作坤），其說甚確。原璽全文作「青堵坤（市）」，青堵當是三晉地名。故此字應和四一頁往字條下[字形]、一三三頁坒字條下二八六八等號璽文[字形]、[字形]同列一欄，併入一一八頁市字條下。

「五六七」四三九頁第六欄，[字形]

今按：此字朱德熙、裘錫圭兩先生

在《戰國文字研究（六種）》一文中已釋為夌（陵），並指出從字形上看似應釋為垂，其說可信。原璽全文作「江⿱夌土（陵）行宮大夫鉨」，江陵即楚都郢，地在今湖北省江陵縣。此璽從風格上也完全可以確定為楚璽。在戰國楚文字資料中，以「垂」、「陲」為「陵」是很常見的，如鄂君啟節中的「襄陵」之陵作⿰阝⿱夌土，長沙楚帛書中的「山陵」之陵作⿰阝⿱夌土，郮陵君三器中的陵字既作⿰阝⿱夌土，又作⿱夌土（《文物》一九八〇年八期）。雖然目前我們還不能解釋楚文字中的陵字為甚麼寫成「垂」或「陲」，但它們都當「陵」字用是無可懷疑的。也許⿱夌土、⿰阝⿱夌土二字本來就是夌和陵，是楚文字的特殊寫法，和垂、陲二字毫無關係。本書編者將楚璽中用作「陵」的⿱夌土、⿱夌土等字釋為垂，故此字亦可入三二五頁垂字條下。

「五六八」四四〇頁第四欄，□

今按：此字从土从⿸虍田，黃賓虹先生在《賓虹草堂鉨印釋文》中釋為壚是正確的，但他把它分析為「从虍从墨」則不準確。□字應分析為从土⿸虍田聲。壚从盧聲，而盧又从⿸虍田得聲，故□字可釋為壚。原璽全文作「壚尚」，壚為姓氏，應讀作典籍和漢印中習見的盧氏之盧（看《漢徵》五·八及《漢補》五·二）。典籍中壚、盧相通之例亦常見。壚字見于《說文·土部》。

「五六九」四四〇頁第五欄，⿱萬土

今按：此字从土从萬，應隸定為⿱萬土，釋為萬。金文萬字或作□、□，邁字所从之萬或作□（《金》七三九—七四五頁），皆與此字□

旁極近。⿱萬土即萬字異體，鄦公鈓鐘和鄦公牼鐘「萬年」之萬作⿱萬土（《金》七四五頁），是其證。故此字應入三四六頁萬字條下。

「五七〇」四四一頁第二欄，[illegible] [illegible]

今按：此字从土从几，可隸定為⿰土几。[illegible]字皆出于燕璽，而燕璽乘字作[illegible]（五〇七頁第一欄），所从几旁正與此字[illegible]旁同，參本文「七三〇」條。⿰土几字不見于後世字書，疑是畿字異體。畿字見于《說文·田部》。

「五七一」四四一頁第三欄，[illegible]

今按：此字从高省从壬，可隸定為⿱高壬。古璽高字作[illegible]（一一六—一一八頁），如將口旁省去，即與此字[illegible]旁同。古璽⿱高壬字既作[illegible]（四九七頁第一欄），又作[illegible]（四九七頁第二欄），可為其證。⿱高壬字不見于後世字書。

「五七二」四四一頁第四欄，⿰士月

今按：此字从士从爿，吳大澂在《說文古籀補》一書中釋為壯，甚是。古璽臧字所从之爿既作[illegible]，又作[illegible]（七一頁及七二頁臧字所从），作[illegible]者與此字[illegible]旁同。壯字見于《說文·士部》。

「五七三」四四二頁第二欄，[illegible]

今按：此字从土从昔，應隸定為⿰土昔。古文字中昔字作[illegible]、[illegible]、[illegible]、[illegible]、[illegible]形者習見，皆與此字[illegible]旁相同或相近，參本文「二二五」、「二四八」、「四六二」條。古璽中又有[illegible]字（四四四頁第四欄），當和[illegible]是同一字，也應隸定為⿰土昔。⿰土昔字在原璽中皆用作姓氏，應即典籍和漢印中所見的昔氏之昔的異體（看《漢補》七·一）。戰國人除經常在用作地名、姓氏的文字上加注邑旁外，也常常在用作地名、姓氏的文字上加注土旁，例極多，參本文「〇五七」條。昔字見于《說文·日部》。

「五七四」四四二頁第三欄，⿱八⿱酋土 ⿱八⿱酋土

今按：此字从土从奠省，應隸定為⿱奠土，釋為奠。古陶有⿱八⿱酋土字（《𦨹錄》六·四），丁佛言在《說文古籀補補》中釋為奠（鄭），甚是。⿱八⿱酋土、⿱八⿱酋土必為一字無疑。古璽鄭字所从之奠往往省作酋（一四五頁），正與此字酋旁同。⿱八⿱酋土字下部土旁兩側的八、當是飾筆，無意義。古璽丘（丘）字或作⿱北土（二一四頁及三六五頁「句丘」合文），與此同例。⿱奠土字在古璽和古陶中皆為地名或姓氏用字，可知其即奠字異體。戰國人除在用作地名、姓氏的文字上加注邑旁外，也常常在用作地名、姓氏的文字上加注土旁，參本文「〇五七」條。鄭字亦由奠字孳乳而來，古璽中所見的奠氏（《彙》一六一七、三〇三三、五五六八）即典籍和漢印中習見的鄭氏（看《漢徵》六·二十一）。故依本書體例，此字既可入一〇二頁奠字條下，亦可入一四五頁鄭字條下。

「五七五」四四二頁第五欄，⿱日土

今按：此⿱日土字《上海博物館藏印選》釋為甘、士二字，甚是。原璽全文作「甘士市」，甘士是複姓。《通志·氏族略》「以邑系為氏」條下謂：「甘士氏，周甘平公為王卿士，因氏焉。」故此⿱日土字應分成日、土二字，上部日釋甘入一〇

四頁廿字條下，下部土釋士入五頁士字條下。

「五七六」四四三頁第四欄，

今按：此字从土从奠省，應和四四二頁第三欄同列一欄，併入一〇二頁奠字條下或一四五頁鄭字條下，參本文「五七四」條。

「五七七」四四三頁第五欄，

今按：此字从土从者，黃賓虹先生在《賓虹草堂鉨印釋文》中釋為堵，甚是。金文者字作、、、、等形（《金》一九四、一九五頁），皆與此字旁極近。故此字應入三一八頁堵字條下。

「五七八」四四四頁第三欄，

今按：此字从高省从立，可隸定為⿱亠⿱口立，參本文「五七一」條。⿱亠⿱口立字不見于後世字書。

「五七九」四四四頁第四欄，

今按：此字从土从昔，應和四四二頁第二欄同列一欄，併隸為⿰土昔，釋為昔，參本文「五七三」條。昔字見于《說文·日部》。

「五八〇」四四五頁第一欄，

今按：此字从宀从袁省，應隸定為⿱宀袁，釋為寰。中山王譽方壺「慈孝⿱宀袁（宣）惠」之⿱宀袁作（《中》六六頁），即之省。古璽䍜（一五一頁）、繯（三〇八頁）、鐶（三三四頁）等字所从的睘旁皆可省。作，與此同例。古璽中又有字（四五六頁第二欄），當和是同一字，也應隸定為⿱宀袁。⿱宀袁字在原璽中皆為人名，西周銅器中有寰盤、師寰簋（《金》四二七頁），可見古人有以「袌」為名的。袌字不見于後世字書，舊釋為褱，似可信。《說文》謂褱字「从目袁聲」雖不一定可靠，但說明了袁、褱古音近。金文環字既作瞏，又作□（《金》二一頁），可為其證。褱字見于《說文·宀部》新附及《廣韻》、《集韻》等書。

〔五八一〕四四六頁第四欄，□

今按：此字从口从坙，應釋為哩。金文經字所从之坙作□或□（《金》六六九頁），古璽經字所从之坙作□或□（五五頁），皆與此字□旁極近。哩字見于《集韻》。

〔五八二〕四四七頁第四欄，□ □

今按：朱德熙先生在《戰國文字中所見有關廄的資料》一文中將本條下所錄〇一九五號璽文▨□逕釋為襄是一個很好的釋法，不過朱先生未作任何說明。我們認為，嚴格說來，□、□等字還都不能直接釋為襄，它們衹是襄字所从的聲符毀。當然，在古文字資料中，毀字是可以當襄字用的。從原璽格式和文字風格上看，□、□等字皆出于齊璽，那末，毀字作□或□應是▨戰國齊文字的特有寫法▨是可以肯定的。春秋晚期的齊叔夷鎛「毀（襄）公」之毀作□（《大系》錄二四二頁），如省去土旁，即與此字極近（毀字甲骨文作□，既不从土，也不从攴，故▨戰國文字中毀字省土省攴者習見，參于省吾先生《甲骨文字釋林·釋毀》）。至于下部□（人）形變成□（女）形，這也是古文字形體演變中的通例，例不勝舉。齊璽中又有一個□字，應該就是从糸从㲉的綴字，可釋為纕（參本文「五〇四」、「五〇三」條）。這也是釋□、□為㲉的一個有力證據。戰國燕文字中的綴（纕）字作□或□（參本文「三四〇」條），可參看。故此字應入三一頁㲉字條下。又《古璽彙編》五七〇六號齊「輔口□封」璽中的□字也應釋為㲉（似應讀作纕），本書未錄。這裡我們再附帶談一個問題。陳財簋銘文中有「□龏愧忌」一語，□字郭沫若先生釋為㲉，他說：「㲉字原作□，余初釋為虔，因叔夷鐘虔字作□也。或釋為畢，均不類。諦審與薛侯盤之□實是一字，即㲉字所从出，故今改釋為㲉，字在此乃讀為讓。」（《兩周金文辭大系圖錄考釋·陳財𣪕》）因邾公華鐘和邾公牼鐘銘文中也有「□龏威忌」一語，故有同志根據郭沫若先生的說法，提出兩鐘中的□字並連同郘鐘中的□字也都應和□字一樣，改釋為㲉。其實，□、□、□等字仍應以釋畢為是，不能釋為㲉。第一，□或□從字形上看，和金文中大家公認的畢字作□、□、□、□（《金》二一一頁）形者是相近的。隨縣曾侯乙墓二十八宿青龍白虎漆箱蓋上的宿名「縪」所从之畢作□（《文物》一九七九年七期），亦與此字近。至于从艸，過去學者象孫詒讓等已根據和畢字同隸《說文·華部》的□（糞）、□（棄）二字也从艸作了很好的解釋。漢印畢字既作畢（《漢徵》四·十），又作□（《漢徵》附錄二），可為其證。或將□字釋為數字異體（數字見于《說文·攴部》）。第二，清代出土子山西榮河縣漢后土祠旁河岸中的郘鐘銘文謂：「隹王正月初吉丁亥，郘黛曰：余□公之孫、郘白（伯）之子……。」□字王國維釋畢，他在《郘鐘跋》中說：「郘即《春秋左氏傳》晉呂錡之呂也。……呂錡既亡，地為魏氏所有，此郘伯、郘□（黛）皆魏氏也。……魏錡稱呂錡，錡子魏相亦稱呂相，亦稱呂宣子，皆其證也。……魏氏出於畢公，此器云『畢公之孫、郘伯之子』，其為呂錡後人所作，彰彰明矣。」（《觀堂集林》卷十八）史書明記晉卿魏氏始祖是畢萬，畢萬是文王第十五子畢公高的後裔。故釋□為畢與史書所記若合符節，如釋為嚴（襄），則于史實不符。第三，鄦公華鐘和邾公牼鐘中的「□龔威忌」舊讀「畢恭畏忌」，文義通暢。畢或讀作「毖」（《說文》：「毖，慎也。」），或讀作「必」，皆可通。如釋為「嚴（讓）恭畏忌」則嫌不辭。新出吳配兒鉤鑃銘文中「□龔威忌」一語作「□龔威期」（《考古》一九八三年四期），這正是釋□為畢的一個硬證。至子陳䢵簋「□龔（恭）愧（畏）忌」之□則無疑是畢字的譌變形體。第四，或以戰國「□陰」圜錢中的□字來證明□應釋為嚴。但是，「□陰」圜錢是明確無疑的三晉貨幣，而我們已經知道三晉嚴字作□、□、□、□等形，襄字作□、□、□、□等形（參本文「〇四九」、「〇五〇」、「二六〇」條及《辭典》三三六等號趙「嚴（襄）垣」布），那末「□陰」圜錢舊釋「嚴（襄）陰」是令人懷疑的。三晉古璽和三晉布幣中皆有地名「襄陰」，古璽作「□陰」或「□

陰」，布幣則作「[illegible]陰」，皆與此不同（參本文「二六〇」條）。也許[illegible]字也應釋為畢。第五，前面我們已經談了齊文字中斁字作[illegible]或[illegible]、[illegible]，斁旁作[illegible]，那末齊器陳財簋中的[illegible]字和同屬齊系文字的邾公華鐘、邾公牼鐘中的[illegible]字似無再釋斁之可能。總之，郭沫若先生釋[illegible]為斁是不可信的，如再據此推衍出[illegible]、[illegible]等字也應釋為斁就更不能成立了。

「五八三」四四七頁第六欄——四四八頁第一欄，[illegible] [illegible] [illegible]

今按：此字从心从斤，應釋為忻。[illegible]即[illegible]之變，古璽悊字所从之斤或作[illegible]（《彙》四九四二、四九四三），正與此字[illegible]旁極近。[illegible]字在原璽中皆用作人名，古璽中又有「五鹿[illegible]」（《彙》三二七五，五鹿是複姓，參本文「二七六」條），[illegible]、[illegible]顯係一字，而[illegible]字應釋為忻是可以肯定的。古璽中又有一個从[illegible]的[illegible]字（《彙》三四四五），舊亦不識。其實[illegible]即兵字，从収从斤。這也是我們釋[illegible]為忻的一個有力佐證。故此字應和二六一頁悊字條下二三二二、二三二一號璽文[illegible]同列一欄，併釋為忻。忻字見于《說文·心部》。

「五八四」四四八頁第四欄，[illegible]

今按：此字丁佛言在《說文古籀補補》中釋為慶是非常正確的，惜無說。慶字小篆作[illegible]，《說文》謂：「行賀人也。从心从夊，吉禮以鹿皮為贄，故从鹿省。」其實，從古文字來看，《說文》對慶字的分析乃是據已訛變[illegible]的小篆為說，不可信。慶字甲骨文作[illegible]或[illegible]

（《合集》二四四七四），金文作□、□、□（《金》五六五頁），古陶作□、□（《補補》十·六），古璽或作□（《彙》五六七六，本書未錄），皆从心从鹿（疑从鹿得聲）。甲骨文麃字作□（《甲》四〇〇頁），金文麃旁作□、□、□、□（《金》五三八、五三九頁鑣、薦、灋等字所从），侯馬盟書麃旁作□或□（廞字所从），均其確證。上引古文字中的慶或麃字上部均有「目」形是很明顯的，而在戰國文字中，目旁往往作□形，如三十五年虒盉眂字作□（《金集》「一九七八年版」一〇〇），兆窆圖眂字作□（《中》四七頁），中山侯鉞眾字作□（《中》五三頁），侯馬盟書見字或作□，覞字或作□，覭字或作□，睪字或作□，繹字或作□，直字或作□，德字或作□，繯字或作□。故慶字可作□。隨縣曾侯乙墓編磬銘文中的濁字既作□，又作□（《文物》一九七九年七期），侯馬盟書馬字既作□，又作□，駕字既作□，又作□，與此同例。古璽「高慶忌鉨」中的慶字作□（《賓》），亦與此字同。古人名「慶忌」者習見，參本文「四七七」條。故此字應入二六二頁慶字條下。

「五八五」四四八頁第六欄，□

今按：此字从心从身，應釋為信。古璽諄（信）字所从之身或作□（五二頁），□即□（反書）之變。身、信古音同，故古璽信字往往从心从身作，參本文「二八九」條。原璽全文作「□□□鉨」，亦可證明此字應釋為信。

古璽中稱「信鉨」者習見，例不勝舉。故此字應和二六四頁身忎字條下四六五三等號璽文□同列一欄併入五一頁信字條下。

「五八六」四四九頁第一欄，□

今按：此字从心从齊，應釋為懠。二十八年、三十二年平安君鼎齍字作□（《文物》一九八〇年九期及一九七二年六期），古璽鄐（齊）字或作□（一五五、一五六頁），所从齊旁皆與此字□旁同。懠字見于《廣韻》、《集韻》等書。

「五八七」四四九頁第四欄，□

今按：此字應和四四七頁第二欄□同列一欄，字待考。

「五八八」四五〇頁第三欄，□

今按：此字稍殘，原璽全文作「辛慶□鉨」，□字顯然應復原成□後釋為忌。戰國文字中己字作□，忌字作□者習見，而古人名「慶忌」者亦習見，參本文「五〇〇」、「五八九」、「四七七」條。故此字應入二六三頁忌字條下。

「五八九」四五一頁第三欄，□

今按：此字从心从己，應釋為忌。戰國文字中己旁作□形者習見，參本文「五〇〇」條。原璽全文作「高慶忌」，古璽中又有「高慶忌（□）鉨」（《賓》）、「辛慶忌（□）鉨」（《彙》一二六九）、「王慶忌（□）」（《彙》五五八七）。「慶忌」是古人常用名，參本文「四七七」條。故此字應和四五〇頁第三欄□（稍殘）同列一欄併入二六三頁忌字條下。

「五九〇」四五一頁第五欄，□

今按：此字从心从共省，應釋為恭。《說文》謂：「恭，肅也。从心共聲。」又謂：「共，同也。从廿廾。」古璽共字或作□（六一頁），如省去艸旁，即與此字廾旁同。長沙楚帛書恭字作□，□即□之省。侯馬盟書□字或省攴作□，古文殘石與字省攴作□（《石刻》三・一四），皆與此同例。原璽為單字璽，當屬格言璽一類。戰國單字格言璽中「共（恭）」字璽習見（《彙》五一二九——五一五二），可參看。故此字應入二六二頁恭字條下。

「五九一」四五二頁第二欄，□

今按：此字从心从盧，應釋為慮。□即盧，古陶□（蘆或櫨字異體）字所从之盧作□或□（《季》三九・二、四），古璽盧字所从之盧作□（一〇九頁），皆可證。慮字《說文》謂「从思虍聲」，裘錫圭先生在《戰國貨幣考（十二篇）》一文中根據漢印「且慮丞印」慮字作□（《漢徵》十・十五），指出慮从盧聲，其說甚是。原璽全文作「慮臣」，《左傳・昭公十四年》中有「慮癸」，可見古有慮氏。慮字見于《說文・思部》。

「五九二」四五二頁第五欄，□

今按：此字从章从次从口，可隸定為□。古璽章字或作□（五八頁），正與此字□旁同。□即次，古璽□（欱）字所从之次作□（五七五頁第六欄），是其證。從戰國文字從口不从口往往無别考慮，▨字很可能是贛字的聲符。《說文》贛字小篆作□，《說文》

謂「从貝▨贛省聲」。新鄭所出十五年鄭令戈和二十年鄭令戈中有□字，郝本性先生在《新鄭「鄭韓故城」發現一批戰國銅兵器》（《文物》一九七二年十期）一文中釋為贛。我們從《說文》贛字籀文作□以及漢印贛字作□（《漢徵》六·十七）來看，郝先生釋可信（又、皆是之誤）。古璽中又有□字（《彙》五六九七，本書未錄），似與□字同，也應釋為贛。從古文字看，贛字的基本聲符應是「欠」。《說文》謂贛从贛省聲雖不可信，但說明了贛、贛古音同。《說文》贛字條下所引《詩·小雅·伐木》「贛贛舞我」一句，今本作「坎坎鼓我」，可見贛、欠古音亦近。古陶中又有一個从章从欠从鹵的□字（《鐵陶》六二·一），過去丁佛言在《說文古籀補補》中引吳大澂說釋為贛雖不正確，但吳氏把□字所从的□看成是贛字所从的「章」▨倒是可取的。□、□等字所从的□从的歕應該就是□字所从的歕。戰國時欠旁可以寫作次，如見于《說文·欠部》的欱字信安君鼎作□（人名，《考古與文物》一九八一年二期），古璽則作□（人名，《彙》二七四四）。漢印中的贛字既作□，又作□（《漢徵補》六·四），其所从的□或□旁應分別由□、□二旁演變而來。□（□）或□（□）字皆不見于後世字書。

［五九三］四五二頁第六欄，□

今按：此字从心从斤，應釋為忻。古璽新字所从之斤或作□（三三六頁），□字所从之斤或作□（二六一頁），皆與此字□旁極近。原璽全文作「競忻ㄙ（私）鉨」，古璽中名「忻」者亦習見，參本文「五八三」條。故此字應和二六一頁悊字條下二三二、二三二一號璽文及四四七頁第六欄——四四八頁第一欄同列一欄，併釋為忻。忻字見于《說文·心部》。

「五九四」四五三頁第一欄，

今按：此字从心从希，可隸定為悕。中山王譽鼎「毋（毋）大而悕（肆）」之悕作（《中》五五頁悕），正與此字同。悕字當是从心希聲，在上引中山王譽鼎中讀作「肆」，在悕子鼎（《錄遺》六二）中讀作「蔡」，但不見于後世字書。又《古璽彙編》一三五六號「孟」璽中的字也應隸定為悕，本書未錄。

「五九五」四五三頁第二欄，

今按：此字从心从俞，應釋為愉。俞字商代金文作或（《金》八二四頁），本从舟余聲（參于省吾先生《甲骨文字釋林·釋梌》）。戰國趙「榆即（次）」布和「榆即（次）半」布中的俞旁作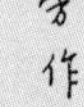或（《奇觚》十二·二十二及《東亞》三·六），所从舟旁作，正與此字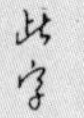旁極近。隨縣曾侯乙墓編鐘銘文中的槃字作（《音樂研究》一九八一年一期），所从舟旁亦與此字旁極近。舟字既作，又作，猶如古璽正字既作，又作，亡字既作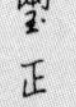，又作（參本文「〇〇七」條及拙作《釋「受」並論盱眙南窰銅壺和重金方壺的國別》）。愉字見于《說文·心部》。

「五九六」四五三頁第五欄，

今按：此字从貝省从府省，應隸

定為賔，釋為府。戰國文字中貝旁往往省作目（參本文「〇一九」條），此字所从的目旁如非目形之殘的話，當由古璽貝旁作貝形者省化而來（看三八八頁第五欄賗「市」字所从）。戰國時府字从貝作者亦習見。兆窆圖「其一從，其一䆴（藏）府」之府作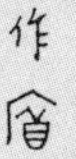（《中》六九頁），正與此字同。負、府古音近，、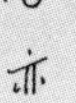亦可分析為从广負省聲，參本文「四三八」、「四五六」條。故此字應和三八七頁第三欄同列一欄併入二三三頁府字條下。

「五九七」四五四頁第一欄，

今按：此字从宀从𡏳（犢），曹錦炎同志在《釋𡏳——兼釋續、瀆、竇、鄭》一文中釋為竇，其說甚是，參本文「〇一二」、「二一三」條。竇字見于《說文·穴部》。

「五九八」四五四頁第二欄，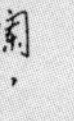

今按：此字从宀从䏿，裘錫圭先生在《戰國璽印文字考釋三篇》一文中釋為窞，其說甚是。窞字見于《說文·穴部》。

「五九九」四五四頁第三欄，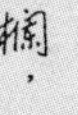

今按：此字从宀从恙，丁佛言在《說文古籀補補》中疑應隸定為寁是可信的。古璽善（五七頁）、胖（九五頁）等字所从的羊旁多作，與此字旁所从之同。寁字不見于後世字書。

「六〇〇」四五四頁第五欄，

今按：此字从宀从弓，應隸定為穹，釋為穹。古璽弓旁作形者習見，看本書卷十二弓部。宀、穴

二旁古亦通，參本文「二一三」條。穹字也見于後世字書，《正字通》謂同穹。穹字見于《說文·穴部》。又《古璽彙編》四〇〇六號「丌（棊）母（毋）」璽中的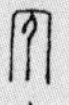字也應隸定為穹，本書未錄。

「六〇一」四五頁第一欄，

今按：此字从定从丁，應隸定為定，釋為定。定字西周金文作（《金》四〇八頁），戰國行氣玉佩作（《三代》二十·四十九·一），《說文》謂「从宀从正」（此據大徐本，段玉裁《說文解字注》依韻會本改為「从宀正聲」）。此字作，當是在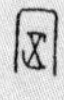上又加注音符「丁」。丁、定古音極近，侯馬盟書定字既从宀从正作，又从宀从丁聲作，是其力證。古文字中與此類似的注音形聲字是很常見的，詳拙作《古文字中形聲字類別的研究——論「注音形聲字」》。原璽全文作「定（定）遖」，漢印中有「定過」、「定曼之印」等一大批定氏印（看《漢徵》七·十四及《璽印姓氏徵》下二十五頁），可見古有定氏。定字見于《說文·宀部》。

「六〇二」四五頁第二欄，

今按：此字从宀从羔，朱德熙、裘錫圭兩先生在《關于侯馬盟書的幾點補釋》一文中釋為窯，[redacted]甚是，參本文「二一三」條。漢印窯字既作，又作（《漢徵》七·十八），可為其證。窯字見于《說文·穴部》。

「六〇三」四五頁第三欄，

今按：此字从宀从良，應釋為㝗。良字小篆作，《說文》謂「从畗省亡聲」。其實，從西周金文良字作、、（《金》三〇

三、三〇四頁）等形來看，良本不从亡聲。我們認為，西周以後良字从亡聲作完全是由于字形的逐漸演變和音理上的巧合形成的。當然，這一演變至少在春秋金文中即已開始。如齊侯匜良字作（《金》三〇四頁），下部已和亡字接近。在戰國文字中，从亡聲的良字是很常見的，如侯馬盟書良字作（舊不識），三十二年部令戈良字作（《考古學報》一九七四年一期），秦商鞅方升和商鞅戟「大良造」之良作或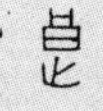（《秦選》三八、四七頁），《說文》良字古文作，《古文四聲韻》引《義雲章》良字作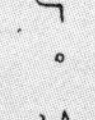。此字所从的旁顯然也是从亡聲的，和上引三十二年部令戈中的字完全相同。宸字見于《說文·宀部》。

［六〇四］四五五頁第四欄，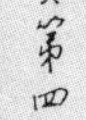

今按：此字从火从膚（攎），應隸定為爈，釋為爐，參本文［四一二］條。爐字見于《玉篇》。

［六〇五］四五五頁第五欄，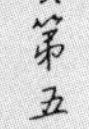

今按：此字丁佛言在《說文古籀補》中釋為寅，可信。金文寅字或作（《金》七七〇頁），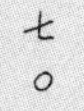即之變。侯馬盟書寅字或作，亦與此字近。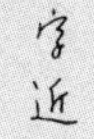字在原璽中用作人名，古璽和漢印中名「寅」者亦習見（看《彙》三八四一及《漢徵》十四·十七）。故此字應入三五二頁寅字條下。

［六〇六］四五五頁第六欄，

今按：此字从宀从胖，可隸定為㝏，參本文［五六二］條。㝏字不見于後世字書。

「六〇七」四五六頁第二欄，□

今按：此字从宀从袁省，應和四四五頁第一欄□同列一欄，併隸為寰，釋為寰，參本文「五八〇」條。寰字見于《說文·宀部》新附及《廣韻》、《集韻》等書。

「六〇八」四五六頁第三欄，□

今按：此字从宀从鬼，可隸定為⿱宀鬼，釋為廆。𡞰蚉壺蒐字所从之鬼作□（《中》六四頁），侯馬盟書醜字所从之鬼□，古璽褢字所从之鬼作□（二一七頁），魊（鬼）字所从之鬼作□（二三二頁），皆與此字□旁同。宀、广二旁古亦通，如庫字古璽作□（二三四頁），新鄭兵器作□（《文物》一九七二年十期），𢊑（府）字古璽作□（三八七頁第三欄），長陵盉作□（《文物》一九七二年六期），安字古璽既作□，又作□（一八二頁）。故□字可釋為廆。瘣字見于《玉篇》、《集韻》等書。

「六〇九」四五七頁第三欄，□

今按：此字从穴从公，應釋為容。容字小篆作□，《說文》謂：「容，盛也。从宀谷。□，古文容从公。」公廚左官鼎容字作□（《文物》一九六五年七期），古璽作□或□（一八三頁），皆从公作，和《說文》古文同。我們從古文字从穴與从宀往往無別來看，容字作□形者應該是从穴从公（从公得聲）。原璽全文作「司空容」，璽中空字所从之穴作□，正與此字□旁同。古璽公字或作□、□形（《彙》三八五三、三八九二），亦與此字□旁極近。《說文》謂容字从宀从谷乃是據已訛變的小篆形體為說，不一定可靠。故此字應入一八三頁容字條下。

〔六一〇〕四五七頁第四欄，□

今按：此字从穴从工，應釋為空。《六書通》引《碧落碑》空字作□，正與此字同。原璽全文作「司空客」，司空是複姓。《通志．氏族略》「以官為氏」條下謂：「司空氏，禹為堯司空，支孫氏焉。堯後有隰叔孫士蔿，為晉司空，亦因氏焉。晉大夫胥臣號司空季子，又有司空靖、司空督。」故此字應入一八九頁空字條下。

〔六一一〕四五八頁第四欄，□

今按：此字應釋為䧹。西周金文鷹、應、膺等字所从之䧹作□、□、□、□（《金》五三八、五三九頁），中山王嚳方壺膺字所从之䧹作□（《中》七八頁），侯馬盟書𪆂字所从之䧹作□、□、□，皆與此字極近。䧹字《說文》立為部首。

〔六一二〕四五九頁第二欄，□

今按：此字从口从犬，應釋為吠。□即犬，古璽犬旁作□形者習見，看本書卷十犬部。吠字作□，猶如古陶區字或作□（《孴錄》十二．三），古璽和字或作□（二六頁），吳字或作□（二五五頁），司字或作□（看三五七—三五九頁司馬、司工、司寇合文）。這種兩個偏旁合用一筆的現象在古文字中是很常見的，詳拙作《古漢字中的借筆字》。故此字應和二五一頁狴字條下吠同列一欄，併釋為吠。吠字見于《說文．口部》。

〔六一三〕四五九頁第三欄，[illegible]

今按：此字从鳥从毛，應釋爲毷。古璽鳥旁作[illegible]形者習見，參本文〔二七七〕條。毷字見于《廣韻》、《韻會》等書。

〔六一四〕四五九頁第六欄，[illegible]

今按：此字从鳥从區省，裘錫圭先生在《戰國貨幣考（十二篇）》一文中釋爲鷗，其說甚是，參本文〔二七七〕、〔三二八〕條。鷗字見于《說文·鳥部》。

〔六一五〕四六〇頁第二欄，[illegible]

今按：此字从鳥从肙，應和四三五頁第六欄[illegible]（原稍殘）同列一欄，併釋爲鵑，參本文〔二七七〕、〔五五七〕條。鵑字見于《玉篇》、《廣韻》、《集韻》等書。

〔六一六〕四六〇頁第三欄，[illegible]

今按：此字从心从鳴，可隸定爲⿱鳴心。古璽鳴字作[illegible]、[illegible]、[illegible]等形（八八頁），皆與此字[illegible]旁極近，參本文〔二七七〕條。⿱鳴心字不見于後世字書，疑是鳴字異體（參本文〔一七二〕條）。

〔六一七〕四六〇頁第四欄，[illegible]

今按：此字應和七八頁敄字條下[illegible]同列一欄。原璽全文作「命魚（複姓）[illegible]秦」，七八頁敄字條下〇六四三號璽文[illegible]原璽全文作「王[illegible]秦」，兩相對比，可知[illegible]、[illegible]一字。雖然本書編者將[illegible]字釋爲敄不一定可靠，但[illegible]、[illegible]一字則是可以肯定的。故此字可暫入七八頁敄字條下。

〔六一八〕四六一頁第三欄，[illegible]

今按：此字从早从㫃，應釋為倝（韓）。原璽從風格上可以確定為燕璽，而燕璽中的倝（韓）氏之倝皆作□或□，正與此字極近，參本文「六一九」條。在戰國文字中，日、田二形亦往往互譌，□、□之作□，猶如古璽借字既作□，又作□（均出燕璽，參本文「五四二」、「二四八」條），秋字既作□，又作□（一七八頁），黃字既作□，又作□（三三〇、三三一頁）。故依本書體例，此字既可入一六九頁倝字條下，亦可入一一九頁韓字條下。

「六一九」四六一頁第四欄——四六二頁第一欄，□□□□

今按：此字丁佛言在《說文古籀補補》中釋為倝（韓），甚是。倝字小篆作□，《說文》謂「从旦㫃聲」，林義光在《文源》中根據金文改為「从早㫃聲」，其說可信。驫羌鐘「倝（韓）宗」之倝作□（《金》三六四頁），三晉璽倝（韓）氏之倝作□（一一九、一二〇頁及一六九頁），皆从早从㫃聲作。□即□之變，㫃旁由□變□，猶如老旁由□變□（看《金》卷八老部）。□字在原璽中皆用作姓氏，而且都出于燕璽，可知其為燕國韓氏之韓的特有寫法。故依本書體例，此字既可入一六九頁倝字條下，亦可入一一九頁韓字條下。

「六二〇」四六二頁第二欄，□

今按：此字應釋為牛，左下方＝是常用詞符號。原璽全文作「百（□）牛（□）」（璽文自右向左橫列），古璽中「百牛」、「千牛」、「千百牛」、「千羊百牛」、「千牛百羊」等吉語璽習見，參本文「一一一」、「二五七」條。《古璽彙編》四四六一號「千羊（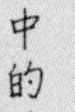）」（璽文自右向左橫列）吉語璽中的羊字左下亦有常用詞符號＝，本書已編入一七頁羊字條下，可參看。故此字應入二〇頁牛字條下。

「六二一」四六二頁第六欄，

今按：此字从𠦝从舟，高明先生在《古文字類編》中釋為朝，甚是。朝字朝歌右庫戈作（《金》三六五頁），古璽或作（一六九頁），皆與此字極近。故此字應入一六九頁朝字條下。

「六二二」四六三頁第三欄，

今按：此字从辛从自，應釋為辠。《說文》謂：「辠，犯法也。从辛从自，言辠人蹙鼻苦辛之憂。秦以辠似皇字，改為罪。」中山王𰯌鼎「死辠（罪）」之辠作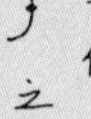（《中》六三頁），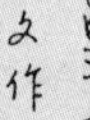即之變。《說文》自字古文作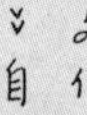，《汗簡》引《義雲章》自字作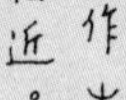，正與此字旁相同或相近。辠字見于《說文·辛部》。又《古璽彙編》三二五一號「㑄」璽中的字也應釋為辠，本書未錄。

「六二三」四六三頁第五欄，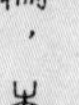

今按：此字从牛从𡴎，曹錦炎同志在《釋𡴎——兼釋續、瀆、竇、鄭》一文中釋為犢，其說甚是，參本文「〇一二」條。故此字應和二二頁犎字條下同列一欄，併釋為犢。犢字見于《說文·牛部》。

「六二四」四六三頁第六欄，

今按：此字从口从攴，應隸定為

咎，釋為支。古文字从口不从口往往無別，古璽疫字作[illegible]（四二五頁第六欄），所从支旁正與此字同，參本文「五三六」條。支字見于《說文・又部》。附帶說明一下，《金文編》一四八頁支字條下所錄喪支賓鈚中的[illegible]字應是史字壞文，喪史是職掌喪禮之官，漢印中有「宣曲喪史」（《漢徵》二・八），《周禮・春官》中有「職喪」，可參看。

「六二五」四六四頁第一欄，[illegible]

今按：此字从止从喬省，可釋為喬。喬本从高聲（詳于省吾先生《甲骨文字釋林・釋古文字中附劃因聲指事字的一例》），侯馬盟書喬字既作[illegible]，又作[illegible]，作[illegible]者實與此字同。[illegible]字在原璽中用作姓氏，古璽中喬氏亦習見（看《彙》一二二二——一二三六、一二三八——一二四八）。故此字可入二五六頁喬字條下。

「六二六」四六四頁第二欄，[illegible]

今按：此字稍殘，應復原成[illegible]，後釋為瓄，詳曹錦炎同志《釋[illegible]——兼釋續、瀆、竇、鄭》一文（參本文「〇一二」條）。瓄字見于《玉篇》、《廣韻》、《集韻》等書。

「六二七」四六四頁第四欄，[illegible]

今按：此[illegible]字應分成[illegible]、[illegible]二字，上部[illegible]不識，下部[illegible]从戈从二，應釋為式（二）。中山王嚳方壺「不貳（式貣）其心」之貳作[illegible]（《中》四六頁），所从式旁正與[illegible]字同。式即二字古文。二字《說文》立為部首。

「六二八」四六五頁第三欄，璽文三二八七號作□、三五一三號作□

今按：三二八七號璽文□和三五一三號璽文□應分列。三二八七號璽文□从口从夌，應隸定為㖫，釋為夌。夌字甲骨文作□（《甲》八一八頁，于省吾先生釋），金文作□（《金》七二九頁陵字所从），古璽作□（一六八頁睖及二四○頁陵字所从），皆與此字□旁同。古文字从口不从口亦往往無別，例不勝舉。原璽全文作「㖫（夌）擇」，夌氏應該就是漢印中所見的陵氏（看《漢徵》十四·八及《璽印姓氏徵》上三十六頁）。夌字見于《說文·文部》。三五一三號璽文□從原璽看，顯然應復原成□後隸定為睖入一六八頁睖字條下。

「六二九」四六五頁第五欄，□

今按：此字應和三七八頁第二欄□同列一欄。古文字偏旁單複往往無別，古璽秦字既作□，又作□（一七九頁），可參看。

「六三○」四六六頁第六欄，□

今按：此字應釋為叒（若）。中山王譽鼎「智（知）天叒（若）否」之叒（若）作□（《中》四三頁），兆空圖叒（若）字作□（《中》一一九頁），皆與此字同。叒（若）字《說文》立為部首。

「六三一」四六七頁第二欄，□

今按：此字舊釋為傳，可信。古文字偏旁單複往往無別，古璽傳字作□，猶如金文剛字或作□（《金》二二八頁），陸字或作□（《金》七二九頁），鑾字或作□（《上村嶺虢國墓地》

圖三四）。故此字應入二一〇頁傳字條下。

［六三二］四六七頁第三欄，闟

今按：此字从門从旅，可隸定為闟。漢開母廟石闕旅字作旅（《石刻》七·五），正與此字旅旁同。漢印闟字作闟（《漢徵》十二·五），亦與此字同。旅字本从㫃（㫃），但在戰國秦漢文字中，旅字所从之㫃往往譌成𠂉或𠤎（似衣形下部）。《古文四聲韻》引《石經》旅（借為魯）字作旅，《說文》旅字古文作旅，正揭示了這一譌變過程。雲夢秦簡《效律》中的「旅衣」合文作旅=，則是典型的將錯就錯（參李學勤《秦簡的古文字學考察》，《雲夢秦簡研究》）。原璽全文作「孟闟」，古人名「闟」者亦常見，參本文［三〇九］條。闟字不見于後世字書，裘錫圭先生在《戰國文字中的「市」》一文中認為即閭字異體，其說可從。故此字應和二八四頁閭字條下闟同列一欄，併隸為闟，釋為閭。閭字見于《說文·門部》。

［六三三］四六七頁第六欄，𢓜

今按：此字从彳从鹰，可隸定為𢓜。古璽慶字或作慶，所从鹰旁正與此字𢓜旁同，參本文［七〇二］、［七六七］條。𢓜字不見于後世字書。

［六三四］四六八頁第三欄，弜

今按：此字从弓▨从手，應釋為扫（引）。弓即弓，古璽弓旁作弓形者習見，看本書卷十二弓部。《集韻》謂引字古作扫，《古文四聲韻》引《南嶽碑》引字作扫，可為其證。引字見于《說文．弓部》。

「六三五」四六九頁第二欄，

今按：此字應釋為覍（弁）。侯馬盟書有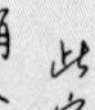字，李家浩同志在《釋「弁」》（《古文字研究》第一輯）一文中釋為覍（弁）之省體，其說可信。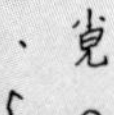、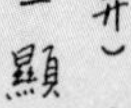顯係一字，故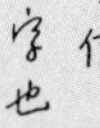字也應釋為覍（弁）。覍字見于《說文．皃部》，或體作弁。

「六三六」四六九頁第五欄，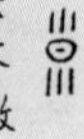

今按：此字从日从二小，吳大澂在《說文古籀補》中釋為，可信。字小篆作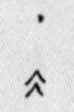，《說文》謂从白恐不可靠。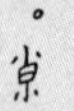字見于《說文．白部》。

「六三七」四七〇頁第五欄，

今按：此字从石从山，應釋為。古璽複姓「公石」之石作（四九二頁第五欄），與此字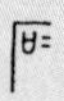旁同，參本文「六九六」條。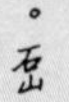字見于《說略》、《字彙補》等書。

「六三八」四七一頁第四欄，

今按：此字應釋為喪。洹子孟姜壺喪字作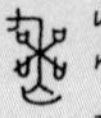（《三代》十二．三十三），正與此字極近。漢印喪字作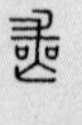、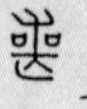形（《漢徵》二．八），即由形演變而來。喪字由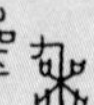變，又由變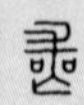、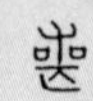的遞變痕跡是十分明顯的。原璽全文作「喪丁」，古璽和漢印中喪氏亦習見，參本文「四九一」條。故此字應和四〇四頁第二欄同列一欄，併釋為喪。喪字見于《說文．哭部》。

「六三九」四七二頁第一欄，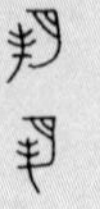

今按：此字从手从月，應釋為抈。

古璽招（引）字作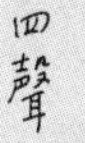（四六八頁第三欄），《古文四聲韻》引《南嶽碑》招（引）字作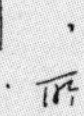，所从手旁皆與此字或旁同，參本文「六三四」條。抈字見于《說文·手部》。

「六四〇」四七二頁第三欄，

今按：此字从月从𧶠，曹錦炎同志在《釋𧶠——兼釋續、瀆、竇、⿰賣阝》一文中認為是⿰賣月字省體，其說可信，參本文「〇一二」條。⿰賣月字不見于後世字書。

「六四一」四七二頁第四欄，

今按：此字从月从必，可隸定為⿰必月。戰國「必正」格言璽中的必字作或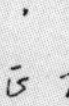，正與此字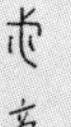旁同，參本文「五二六」條。⿰必月字不見于後世字書。

「六四二」四七二頁第六欄，

今按：此字應釋為茍（苟）或羌。古璽敬字所从之茍（羌）或作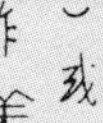（二三一頁），正與此字中間形同。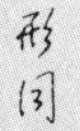字左右兩側的「、」當是飾筆，古璽茍（羌）字兩側往往贅增飾筆，參本文「〇七七」、「〇七八」、「二五〇」條。原璽為單字璽，知當讀作「敬」。古璽中「敬」單字璽極多，看《古璽彙編》五〇〇一——五〇四九號璽。古璽中又有「尚明昌」格言璽（《彙》四八八〇），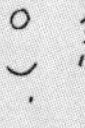字釋為茍（羌），讀作敬同樣是很合適的。金文和古璽以茍（苟）為敬是很常見的，而戰國時茍（苟）、羌二字又往往不分（參本文「〇七七」條）。故依本書體例，此字既可入二二九頁敬字條下，亦可入八

八頁羌字條下。

〔六四三〕四七三頁第三欄，璽文〇六一二號作[古文]、三五二九號作[古文]

今按：〇六一二號璽文[古文]从攴从苟省，應釋為敬。[古文]即羊，古璽羊旁作[古文]形者習見（看五七頁善及九五頁胖字所从）。敬从苟聲，而苟又从羊得聲，故知敬字作[古文]仍保存了基本聲符「羊」（參于省吾先生《釋羌、苟、敬、美》）。戰國「敬命」、「敬丌（其）上」格言璽中的敬字或省作[古文]、[古文]形（《彙》四二二九、四七一九），與此同例。原璽全文作「敬王」，當屬戰國格言璽一類。古璽中另有一枚「羌（敬）王」格言璽（《彙》〇四一三），可參看。三五二九號璽文[古文]从又从苟省，也應釋為敬。古璽敬字从又作者習見（二三〇、二三一頁）。原璽全文作「敬事」，古璽中「敬事」格言璽亦極多，看《古璽彙編》四一四二—四一七六、四一七八—四一九八號璽。故此二字皆應入二二九頁敬字條下。

〔六四四〕四七三頁第四欄，[古文] [古文]

今按：此字應釋為芍（苟）或羌。古璽敬字所从之芍（羌）或作[古文]，或作[古文]（二三一頁），正與此字同。原璽為單字璽，知當讀作「敬」，參本文〔〇七七〕條。故依本書體例，此字既可入二二九頁敬字條下，亦可入八八頁羌字條下。

〔六四五〕四七三頁第五欄，[古文]

今按：此字應釋為苟。叔夷鐘憼字所从之苟作[古文]（《大系》錄二四四），古璽敬字所从之茍或作□（二三一頁），皆與此字同。古文字中的茍字一般都用作敬。茍字《說文》立為部首。

［六四六］四七三頁第六欄，□

今按：此應釋為「北宮」二字合文。□即北，東周金文丘字所从之北既作□，又作□（《金》四六一頁），古陶丘字所从之北既作□，又作□（《季》三九下及七六上），皆其確證。古璽丘字所从之北作□形者亦常見，參本文「六四七」條。原璽全文作「北宮□（受）」，漢印中有「北宮晏印」（《漢徵》八·十一），北宮是複姓。《通志·氏族略》「以地為氏（所居附）」條下謂：「北宮氏，衛之公族也。《左傳》有北宮奢，《漢書》有北宮伯子，晉有西河太守北宮協，前涼有護軍北宮萌。」故此字應入本書合文部份。

［六四七］四七四頁第一欄，□

今按：此字應釋為丘。魏國兵器銘文中的「邨（頓）丘」之丘作□（《考古學報》一九七四年一期，又《三代》二十·二十二·一魏九年口丘令戈中的丘字亦作□），正與此字同。古璽「虗丘」複姓中的丘字既从土作□（《彙》三〇五六、三四三三），又省土作□（《賓》「虗丘寧」），亦其確證。原璽全文作「梁丘」，梁丘是春秋宋邑（見《春秋·莊公三十二年》），戰國時當屬魏。其地在今山東省成武縣東北三十里，當地今有梁丘山。《穀梁傳·莊公三十二年》云：「梁丘在曹、邾之間，去齊八百里。」此璽從風格上亦可確定為魏璽。故此字應入二一四頁丘字條下。

「六四八」四七四頁第四欄，□

今按：此字應釋為苟（茍）或羌。古璽中讀作敬的苟（羌）字或作□（《彙》五三六三——五三六八），如去掉兩側飾筆，即與此字同，參本文「二五〇」條。原璽全文作「苟（羌）身」，苟（羌）也應讀作敬（參本文「〇七七」條）。古璽中「苟（敬）身」格言璽屢見，看《古璽彙編》四二五七、四二五八號璽。故依本書體例，此字既可入二二九頁敬字條下，亦可入八八頁羌字條下。又《古璽彙編》五七〇四號「□」璽也應釋「敬身」。□（攴）即敬之省，戰國「敬中（忠）」格言璽作「□」（《彙》三三六三），與此同例。古文字中與此類似的聲符省略現象雖不多見，但也並非絕無僅有，如寶鷄竹園溝所出西周銅鬲中的「□（旅）尊」之□省作「車」，戰國大陰布中的「大陰（陰）」之陰往往省作「𠂤」（《文物》一九六五年一期）。所以古璽敬字省作「攴」也是完全可能的。□和□大概是「敬身」、「敬中」的合文。

「六四九」四七四頁第五欄，□

今按：此字應釋為羌。古璽羌字一般作□（八八頁，也即苟字，參本文「〇七七」條），但在古文字中，凡下部从「人」形之字，大多可以變成从「女」形，如中山王嚳諸器中允字从「女」作□（《中》一四頁），蒐字从「女」作□（《中》六四頁），夙字从「女」作□（《中》二四頁），故羌字亦可作□。原璽全文作「羌味」，秦有「羌瘣」

（見《史記·秦始皇紀》），漢印中有「羌孟」、「羌毋智」（《璽印姓氏徵》上三十頁），可見古有羌氏。故此字應入八八頁羌字條下。

「六五〇」四七四頁第六欄，□

今按：此字應釋為羌。古璽羌（苟）字作□（八八頁），□即□之變。□字在原璽中用作姓氏，古有羌氏，參本文「六四九」條。故此字應和四七四頁第五欄□同列一欄，併入八八頁羌字條下。

「六五一」四七五頁第一欄，□

今按：此字應釋為苟（茍）或羌。古璽中讀作敬的苟（羌）字或作□，□即□之變，參本文「〇七七」、「二五〇」條。古璽敬字所从之苟（羌）或作□（二三一頁），亦可參看。原璽為單字璽，知當讀作「敬」，參本文「〇七七」條。故依本書體例，此字既可入二二九頁敬字條下，亦可入八八頁羌字條下。

「六五二」四七五頁第四欄，□

今按：此字从言省从羊，應釋為善。古璽中又有□字（《彙》五三五三、五三五四，本書未錄），丁佛言在《說文古籀補補》中亦釋為善。古璽善字一般作□（五七頁），□、□即□之省。在戰國文字中，類似的簡省現象是很常見的，即以古璽為例，如貝字可以省作目（參本文「〇一九」條），來字可以省作□（一一九頁嗇字所从），中字可以省作由（二六一頁忠字所从），馬字可以省作□（二四五頁），慶字可以省作□（二六二頁），為字可以省作□（參本文「二五五」條），章字可以省作□（參本文

「一二四」條)，睪字可以省作□(參本文「九一二」條)。此外，彖樂字省作808(參本文「二九一」條)，乘字省作□(參本文「五一九」條)，共字省作□(參本文「五九〇」條)，事字省作□(《彙》四一九七)，攴旁省作卜(二三〇頁敬字所从)等等亦與此相彷彿。所以善字可以省作□、□形是毫不奇怪的。□、□皆出于單字璽，古璽中「善」單字璽亦多見，如《古璽彙編》五五〇一、五五八一號璽即是。故此字應入五七頁善字條下。

「六五三」四七五頁第五欄，□

今按：此字从日从舟，應釋為⿰日舟。古璽舟旁作□形者習見，參本文「五一七」條。⿰日舟字見于《玉篇》。

「六五四」四七五頁第六欄，□ □

今按：此字从日从隹，可隸定為⿱日隹。古璽隹或隹旁往往从口作□、□形，參本文「〇七三」、「一九三」條。故此字應和一六八頁⿱日君字條下□、□同列一欄併隸為⿱日隹。⿱日隹字不見于後世字書。

「六五五」四七六頁第二、三欄，璽文一六八二等號作□ □ □、二七四〇號作□

今按：一六八二等號璽文□、□从日从帝，可隸定為⿱日帝。古璽帝字作□或□、□形(三六二頁「馬帝「適」」合文及一三一頁禁字所从)，正與此字□或□旁同。⿱日帝字不見于後世字書。二七四〇號璽文□从目从帝，可隸定為⿱目帝。□和□、□等字似應分列。⿱日帝字亦不見于後世字書。又本條下三三七六號璽文彙號碼誤，待查。

「六五六」四七六頁第六欄，□ □

今按：此字从日从丁，羅福頤先生過去在《古璽文字徵》中釋為旦是正確的。《說文》謂：「旦，明也。从日見一上。一，地也。」旦字較原始的寫法見于莒縣陵陽河大汶口文化晚期遺址陶文中，字作□，象日在雲氣上或地上（《大汶口》一一八頁，于省吾先生釋）。金文旦字作□形者仍保存了這種古老的寫法，容庚先生《金文編》謂「象日初出未離于土也」（《金》三六四頁）。但是，從甲骨文旦字作□（《甲》二八八頁）來看，旦字也確實從很早起就由表意結構轉向「从日丁聲」的形聲結構了。侯馬盟書旦字作□或□（助字所从），古璽或作□（一六八頁及一六四頁郢字所从），皆从日丁聲，和此字同。旦字由□變□，猶如良字由□變□（變从亡聲，參本文「六〇三」條），呈字由□變□（變从壬聲，看《金》三五五頁郢字所从及本書二七頁呈、一四八頁郢字所从），朝字由□變□（變从舟聲，看《金》三六五頁及本書一六九頁）。古文字中類似的由表意結構轉向形聲結構的字還有很多，此不備舉。故此字應入一六八頁旦字條下。

「六五七」四七七頁第二欄，□

今按：此應釋為「余子」二字合文，右下方=為合文符號。□即余，商夨余磬余字作□（《石刻》二·五），與此字同。不過從古璽余字一般都作□、□形（二〇頁）來看，□字應該是余之省。侯馬盟書俞字所从之余作亼或亼，古璽俞字所从之余作亼（《彙》三三一六），皆與此字極近（俞从余聲，參本文「五九五」條）。原璽全文即作「余子（⿰子全）」，古璽中又有兩枚「左邑余子嗇夫」璽和一枚「余子嗇夫」璽（《彙》〇一〇九—〇一一一），前者「余子」二字合文作⿰糸余=、⿰糸余=，本書未錄。余子即餘子，典籍中的餘子既相對嫡子而言，即凡支庶俱謂之餘子，又指嫡子之同母弟，有時也作官名。《戰國策·秦策》：「臣亦嘗為子，為子時不憂，今亡汝南，乃即與為梁餘子同也，臣何為憂。」注：「餘子，支庶也。」《呂氏春秋·報更》：「張儀，魏氏餘子也。」這裡的餘子皆指支庶之子。《左傳·宣公二年》：「又宦其餘子，亦為餘子。」杜注：「餘子，嫡子之母弟也，亦治餘子之政。」可見前一「餘子」是指「嫡子之母弟」，後一「餘子」則是官名。典籍中「餘子」之稱習見。如《周禮·地官·小司徒》：「凡國之大事，致民；大故，致餘子。」《逸周書·糴匡》：「成年，餘子務藝；儉年，餘子務穡；大荒，餘子倅運。」《管子·問》：「餘子父母存不養而出離者幾何人？餘子之勝甲兵有行伍者幾何人？」《莊子·秋水》：「壽陵餘子學行於邯鄲。」《呂氏春秋·離俗》：「齊、楚相與戰，平阿之餘子亡戟得矛。」《說苑·立節》：「佛肸用中牟畔，城北餘子田基獨後至。」從典籍看，有些餘子的身份是較低的，《商君書·墾令》：「均出餘子之使令，以世使之，又高其解舍，令有甬（庸）官食槩，不可以辟（避）役，而大官未可必得也，則餘子不游事人，則必农。」裘錫圭先生認為這「顯然是針對餘子大量依附私家為徒的現象而發的」（《戰國時代社會性質試探》，《中國古史論集》）。上引三枚「余（餘）子嗇夫」璽即是主管役使餘子的嗇夫所用之璽。此璽僅作「余（餘）子」二字，似是「治餘子之政」（《左傳・宣公二年》杜注）的餘子所用之璽，但還不能十分肯定。戰國印戳陶文中亦有僅作「冢子」二字的（《季》一七・四），情形與此同（參李家浩《戰國時代的「冢」字》，《語言學論叢》第七輯）。故此字應入本書合文部份。

「六五八」四七七頁第三欄，□

今按：此字从支从𠂤省，朱德熙先生在《戰國匋文和璽印文字中的「者」字》和《戰國文字中所見有關廏的資料》二文中釋為毁，讀作廏，其說甚是，參本文「〇六八」條。故此字應和七四頁敀字條下□、□、□同列一欄，併釋為毁。毁即𣪘字，金文用作簋。𣪘字見于《說文・殳部》，簋字見于《說文・竹部》。

「六五九」四七七頁第四欄，□

今按：原璽全文作「榀□」，古璽中又有「榀□」（《彙》三一〇二），□、□皆為人名。李家浩同志在《戰國時代的「冢」字》一文中將□字釋為「冢子」二字合文，將□字釋為「塚（冢）子」二字合文，其說可信。□字右下方尚有合文符號＝。在戰國文字中，冢字一般作□（《侯馬盟書》）或□（《中》五二頁），但有時也可以將豕旁省去作丁，如平山戰國中山王墓器物銘文中的「之冢（重）」合文作□（《中》七九頁），而二十八年平安君鼎中的「之冢（重）」合文則作□（李學勤先生釋，參其著《秦國文物的新認識》，《文物》一九八〇年九期）。所以□、□二字中的一和丁顯然也是冢字的省體（後者丁上部還結合了土旁）。李家浩同志在上引文中同時考得近十件戰國銘刻中的「冢（或作塚）子」之稱，其中作合文者▨四見，除上述兩枚古璽外，還有三十二年平安君鼎「冢子」合文作□（《三代》四．二十．一，又新出二十八年平安君鼎「冢子」合文作□或□，《文物》一九八〇年九期）和梁上官鼎「塚（冢）子」合文作□（《三代》二．五十三．三）。因這些銘刻中的「冢子」除私名外，有的前面冠以地名，有的前名冠以機構名稱，故李家浩同志認為「似皆為職官名……與文獻裡稱太子為冢子的冢子名同而實異」。太子稱冢子見于《左傳．閔公二年》，原文謂：「大（太）子，奉冢祀社稷之粢盛，以朝夕視君膳者也，故曰冢子。」可知古璽人名「冢子」或「塚（冢）子」和古璽中的常見人名「馬重（童）」、「余（餘）子」等一樣，原來也是一種身份名稱，參本文「二五四」、「六五七」、「六六四」、「七一五」條。故此字應入本書合文部份。

這裡附帶談一下，《古璽彙編》五六七八號「口□」璽中的□字从土从冢，應釋為塚（冢），本書未錄。李家浩同志在上引文中已將春成侯鐘中的□（《三代》十八．十九．三）和二年寧鼎中的□（《三代》三．二十四．八）釋為塚，□、□、□顯係一字之變。塚字在原璽中用作人名，古璽中又有「水丘（複姓）塚（𡐓）」（《彙》三五〇八，李家浩同志釋），可見古人確有以「塚」為名的。塚字見于後世字書，即冢字異體。冢字見于《說文·勹部》。

［六六〇］四七七頁第五欄，𡥜

今按：此字从古从子，可隸定為𡥜。古璽胡（九二頁）、固（一三六頁）等字所从之古多作𠷎，與此字𠷎旁同。𡥜字不見于後世字書。

［六六一］四七八頁第一欄，𫮃

今按：從原璽看，此字右下方原有合文符號＝，是很明顯的，編者將其割成-，是不妥當的。原璽全文作「福𫮃」，𫮃字李家浩同志在《戰國時代的「冢」字》一文中釋為「塚（冢）子」二字合文，其說可信，參本文［六五九］條。故此𫮃字應復原成𫮃後和四七七頁第四欄𫮃同列一欄，併入本書合文部份。

［六六二］四七八頁第二欄，𠑊

今按：此應釋為「君子」二字合文。在這裡，君字所从之口是借用了子（𠂒）字的上半部份，雖然它們原非同形，但因形近，所以也就不妨借用。古文字中與此類似的借筆合文並不罕見，如曹公子戈「公子」合文作八子=，公子裙傚壺「公子」合文作八𠂒=（《金》四一頁），古璽「公孫」合文作𢆶=或𢆶=，皆與此同例，詳拙作《古漢字中的借筆字》。原璽全文作「計君子」，君子是人名。戰國銅器中有智君子鑑（《錄遺》五一九、五二〇），可見古人有以「君子」為名的。故此字應入本書合文部份。這裡我們再附帶談一個與此類似的三字合文。舊傳陝西出土的伯家父作孟姜簋銘文云：「伯家父作⿱八⿱子皿姜媵簋，其子子孫孫永寶用。」（《三代》七．三十六．一）與此同銘的還有伯家父作孟姜鬲（《三代》五．三十．四，銘中「簋」作「鬲」）。關于銘文中的⿱八⿱子皿字，舊均釋為孟，如容庚先生《金文編》即收于卷十四孟字條下，似無異議。但也從未有人談過⿱八⿱子皿字釋孟有何根據。其實，⿱八⿱子皿字釋孟是錯誤的，應釋為「公子孟」三字合文。在這裡，子字的上半部份是借用了公字所从的○（厶），這和前舉曹公子戈和公子裙徵壺中的「公子」合文作⿱八子=或⿱八子=是相同的，而孟字所从的子則又借用了「公子」合文中的子。因此，銘文前半段應讀為「伯家父作公子孟姜媵簋」。在古代，諸侯等貴族之女也可稱公子，即女公子。如《左傳．桓公三年》：「凡公女，嫁于敵國，姊妹，則上卿送之，以禮於先君；公子，則下卿送之。於大國，雖公子，亦上卿送之。」《公羊傳．昭公三十一年》：「孝公幼，顏淫九公子于宮中，因以納賊，則未知其為魯公子與？邾婁公子與？」又如《戰國策．中山策》：「魏文侯欲殘中山。常莊談謂趙襄子曰：『魏併中山，必無趙矣。公何不請公子傾以為正妻，因封之中山，是中山復立也。』」公子傾是魏文侯之女，則戰國時仍有此稱。凡此皆可證伯家父作孟姜簋和伯家父作孟姜鬲這兩件媵器中的「⿱八⿱子皿姜」應釋為「公子孟姜」。雖然在其他媵女銅器中尚未見有稱「公子」之例，但稱「子」或「元子」者則多見。我們相信在以後發現的媵女銅器中還會出現「公子」之稱。總之，將□釋為「公子孟」三字合文，無論[redacted]從字形上看，還是從文義上看，都是可以成立的。這也反過來說明「君子」合文作□是毫不奇怪的。

〔六六三〕四七八頁第三欄，□

今按：此字應釋為㱿。朱德熙、裘錫圭兩先生曾在《平山中山王墓銅器銘文的初步研究》一文中，根據三體石經㱿字古文作□（《石刻》三．二四），將長沙楚帛書中的□字釋為㱿，其說可信。□、□一字無疑。㱿字見于《說文．殳部》。

〔六六四〕四七八頁第四欄，□

今按：此應釋為「余子」二字合文，右下方＝為合文符號。古璽余字作□或□（二〇頁），□即□之省。在戰國文字中，上下重疊式合文中的上字往往省作，如古璽「司馬」合文或作□（三五七頁），「司工」合文或作□（參本文〔〇九三〕條），「□（淳）于」合文或作□（《彙》三一九四、三一九五、四〇二四）。故「余子」合文可作□。□字在原璽中皆用作人名，古璽中又有「左余（□）子（□）」（《彙》一六五一，璽文自右向左橫列），可見古人有以「余子」為名的。余子即典籍中習見的餘子，原是一種身份名稱，參本文〔六五七〕條。故此字應和四七七頁第二欄□同列一欄，併入本書合文部份。

〔六六五〕四七九頁第二欄，□

今按：此字从石从子，應釋為□。

古璽「公石」複姓中的石字作□（《彙》

○二六六），與此字所旁同，參本文「六九六」條。矷字見于《玉篇》、《五音集韻》等書。

「六六六」四七九頁第四欄，□

今按：此字丁佛言在《説文古籀補補》中釋為余，甚是。古璽余字或作□（二〇頁及四二頁□字所从），□即□之省。原璽全文作「□藏」，古璽和漢印中余氏亦習見（看《彙》一二八六——一二九一及《漢徵》二·二）。故此字應入二〇頁余字條下。

「六六七」四七九頁第五欄，□

今按：此□字應分成□、□二字。右側□从艸省巳聲，應釋為范。參本文「四一九」條。范字見于《説文·艸部》。左側□應釋為子，應入三五一頁子字條下。原璽全文即作「范子」，古璽中又有「黃子」（《彙》一二四九）、「事（史）子」（《彙》一七七三）、「君（尹）子」（《彙》五六六八）、「司馬子」（《彙》三七八二）等璽，可參看。

「六六八」四七九頁第六欄，□

今按：此字應釋為巳。中山王嚳方壺「以祀先王」之祀作□（《中山》三六頁），古璽配字作□（五一九頁第二欄），所从巳旁皆與此字極近。原璽全文作「司馬巳」，漢印中有「孔巳」、「許巳」、「臣巳」（《漢徵》十四·十八及《漢徵補》十四·五），可見古人有以「巳」為名的。故此字應入三五三頁巳字條下。

「六六九」四八〇頁第二欄，□

今按：此字从頁从羽，應釋為䎎。古璽頁字或作（四二九頁第二欄）、頡（二二五頁）、顏（《二百蘭亭齋古銅印存》「顏「顏」何」）等字所从的頁旁作，皆與此字旁同。䎎字見于《說文·頁部》。

「六七〇」四八〇頁第五欄，

今按：此字稍殘，如可復原成的話，應釋為闇。即聞，陳侯因資錞「朝聞（問）諸侯」之聞作（《三代》九·十七·一），古璽聞字或作（四九七頁第六欄）、（《匋齋藏印》第二集），皆其證。聞、昏古音同，金文借聞為昏習見，故闇字可以用聞聲代昏聲，參本文「三一七」條。闇字見于《說文·門部》。

「六七一」四八一頁第三欄，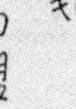

今按：此字應釋為㶳。侯馬盟書㶳及盡（盡）字所从之㶳作或㶳，中山王譽方壺「渴志盡（盡）忠」之盡（盡）所从的㶳旁作（《中》六九頁），皆與此字同。㶳字見于《說文·聿部》。

「六七二」四八二頁第二欄，

今按：此字應和四一三頁第六欄同列一欄。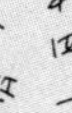、在原璽中皆用作姓氏，而且都出于燕璽，必為一字無疑。

「六七三」四八二頁第三欄，

今按：此字从爪从舟，可隸定為舀。古璽舟字或作（《彙》一八五五，本書未錄），舟旁或作（參本文「四七八」條），皆與此字旁同。舀字不見于後世字書，疑即

受字省體。《說文》謂受字「从受舟省聲」，戰國平安君鼎和燕國銅器、璽印中的舟字皆省作「𠬪」，故舟字也有可能是受字省體，參拙作《釋「受」並論盱眙南窯銅壺和重金方壺的國別》。又《古璽彙編》二七八三號「肖（尹）」璽中的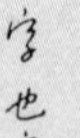字也應隸定為舟，本書未錄。

〔六七四〕四八三頁第四欄，

今按：此字似應釋為鑄。鑄字楚銅器作或（《金》七〇九頁），三晉「鑄（注）」亦作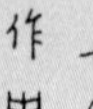（《辭典》三二三等號），皆與此字極近。鑄字見于《說文·金部》。

〔六七五〕四八三頁第六欄，璽文一九九一等號作、三二四一號作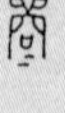

今按：一九九一等號璽文和三二四一號璽文下部明顯不同，故應分列。

〔六七六〕四八四頁第三欄，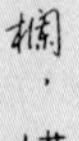

今按：此字从手从革，應釋為揮。即手，參本文〔六三四〕、〔六三九〕條。革字鄂君啟節作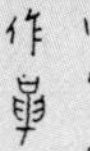，古璽作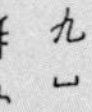（六二頁），皆與此字旁同。揮字見于《玉篇》、《集韻》等書。

〔六七七〕四八五頁第二欄，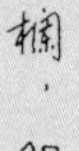

今按：此字从禾从旻，可隸定為稈。稈字不見于後世字書，疑是秋字異體。

〔六七八〕四八五頁第四欄，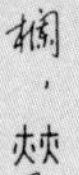

今按：此字从二火从禾，應釋為𤑻。𤑻字見于《玉篇》。

〔六七九〕四八五頁第五欄，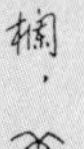

今按：此字从禾从蔑，應釋為穫。《說文》謂：「蔑，勞目無精也。从苜，人勞則蔑然，从戍。」金文蔑字作□或□（《金》二〇五頁），穫字作□或□（《金》二〇六頁）。雖然從金文看，蔑字不一定是从戍的，但其所从的□下部是「人」形則是可以肯定的。此字上部□即蔑字所从的苜。苜旁作□，猶如慶字或作□，蜀字或作□，眂字或作□（參本文「五八四」條）。下部□則是戍旁和禾旁的結合體。在這裡，禾旁中間的丨畫是借用了戍旁所从的丨（人），或者可以說是借用了□旁下部的「人」形部份。雖然它們本非同形，但因相近，所以也就不妨借用。類似的借筆現象在古文字中是很常見的，詳拙作《古漢字中的借筆字》。金文中穫字習見，皆用作「蔑曆」之蔑。穫字見于《說文·禾部》。

「六八〇」四八六頁第一欄，□

今按：此字从口从和，應隸定為和，釋為和。古璽秋字或作□（五五〇頁第五欄），所从禾旁亦加口作□，與此字□旁同，參本文「八四三」條。禾旁作□當和古文字从口不从口往往無別有關。原璽金文作「□（□）□」，古璽中名「和」者亦習見（看《彙》一〇四三、三一七九、二二九二）。故此字應入二六頁和字條下。

「六八一」四八六頁第二欄，璽文〇八六〇等號作□，〇三五三號作□

今按：〇八六〇等號璽文□从牛从𠧪，曹錦炎同志在《釋𦍒——兼釋續、瀆、竇、𧸘》一文中釋為犢，其說甚是，參本文「〇一二」條。故此字應和四六三頁第五欄□、二二頁罕字條下□同列一欄，併釋為犢。犢字見于《說文·牛部》。〇三五三號璽文□原璽全文作「□五都□」，曹錦炎同志在上引文中將□釋為「句犢」二字合文，並指出此「句犢」即《左傳·桓公十二年》「句瀆之丘」之「句瀆」，其說可信。編者將□割成□後編入本條下顯然是不妥當的。不過曹文根據舊說認為句瀆「在今山東菏澤北，春秋時屬魯」則不正確。《左傳·桓公十二年》出「句瀆之丘」的那段文字原文如下：「公欲平宋、鄭。秋，公及宋公盟于句瀆之丘。宋成未可知也，故又會于虛；冬，又會于龜。宋公辭平，故與鄭伯盟于武父，遂帥師而伐宋，戰焉，宋無信也。」我們從《左傳》所述之事及原璽風格來看，舊說句瀆之丘為宋邑是正確的。其地在今河南省商丘縣東南四十里，戰國時當屬韓或魏。故此□字應復原成□後和五六三頁第六欄□同列一欄，併入本書合文部份。

「六八二」四八六頁第五欄，□□

今按：此字應釋為市。古璽市字作□或□（《彙》三二〇五、三二〇六），□、□即□、□之變。古陶平字既作□，又作□（《孴錄》五·二），古璽平字既作□（一〇五頁），又作□（四八六頁第六欄），皆與此同例，參本文「六八三」條。□字在原璽中皆用作姓氏，古璽中又有「市（□）昃」（《彙》三二〇五）、「市（□）胋」（《彙》三二〇六）、「□（市·□）□」（《南皮》），可見古有市氏。在戰國文字中，以币為師是很常見的，古璽中的币氏實際上就是典籍和漢印中習見的師氏（看《漢徵》六．十三及《璽印姓氏徵》上六頁）。故依本書體例，此字既可入一三四頁币字條下，亦可入一三四頁師字條下。

「六八三」四八六頁第六欄，□ □

今按：此字舊釋為平是正確的。平字加飾筆作□或□是齊文字的特有寫法。戰國齊陶文中平字作□、□形者習見（看《孴錄》五．二），可為其證。本條下所錄○○六二號璽文□原璽全文作「平昜（陽）信司馬鉨」，山東臨淄所出齊明刀背文中亦見地名「平昜（陽）」，其[redacted]平字作□（《起源》圖版叁陸．四，裘錫圭先生釋，參其著《戰國貨幣考（十二篇）》）。東周時期山東境內有兩個平陽。一個在今山東新泰縣西北，即《春秋．宣公八年》「城平陽」之平陽，也就是漢東平陽縣。另一個在今山東鄒縣城，即《左傳．哀公二十七年》「盟于平陽」之平陽，也就是杜注所說的西平陽。古璽和齊刀中的「平昜（陽）」可能是指新泰縣西北的東平陽，戰國時屬齊。本條下所錄○三一三號璽文□原璽全文作「平陸（阿）左稟（廩）」，葉其峰先生在《戰國官璽的國別及有關問題》一文中曾引《史記．田敬仲完世家》和《呂覽．離俗》高誘注考定此「平陸（阿）左稟（廩）」璽是齊官璽，其說可信。（不過葉文將《彙》○三一七楚「坪[平]阿」璽和此璽混為一談是錯誤的，參本文「八五九」條）。此外，古璽中還見有「平陸（陵）緒左稟（廩）鉨」，其平字作

[illegible]（《全集》二七·二〇·三）。平陵亦屢見于齊陶文中，其平字作[illegible]或[illegible]（《孴錄》五·二）。平陵為戰國齊邑，《說苑》：「齊桓公之平陵，見家人有年老而自養者。」漢置東平陵縣，故城在今山東省歷城縣東。凡此皆說明釋[illegible]、[illegible]為平是正確的。故此字應入一〇五頁平字條下。

「六八四」四八八頁第一欄，[illegible]

今按：此字从厂从削，可隸定為⿸厂削。戰國文字从刃从刀往往無別，如中山王嚳諸器中的刺、解等字从[illegible]（《中》四五、六六頁），則、型等字既从[illegible]，又从[illegible]（《中》四五、四六頁）。故此字[illegible]旁可隸定為削，參本文「六八五」條。⿸厂削字不見于後世字書。

「六八五」四八八頁第二欄，[illegible]

今按：此字从刃（刀）从龍者，可隸定為削或⿰龍刂，參本文「〇五二」、「三〇七」、「六八四」條。削（⿰龍刂）字不見于後世字書。

「六八六」四八八頁第三欄，[illegible]

今按：此字及其變體習見于戰國銘刻中，舊釋為治，可從。治字見于《說文·部》。

「六八七」四八九頁第二欄，[illegible]

今按：此字應和四六二頁第三欄[illegible]同列一欄，字待考。

「六八八」四八九頁第六欄，[illegible]

今按：此字稍殘，應復原成[illegible]後隸定為⿱自廾。古璽⿱自廾字作[illegible]（六〇頁），[illegible]、[illegible]顯係一字。在戰國文字中，収旁中間往往加兩横，如中山王譽諸器中戒（《中》二六頁）、弃（《中》二七頁）、送（《中》四四頁）、弇（《中》四六頁）、朕（《中》四八頁）、與（《中》六六頁）、彝（《中》七五頁）等字所从的収旁即作□。古璽共字既作□，又作□（六一頁），亦與此同例。故此字應入六〇頁昇字條下，字待考。

「六八九」四九〇頁第一欄，□，應釋為棄。

今按：此字从𠫓从収从口，□字出于燕璽，而燕璽兵（六〇頁）、興（六二頁）、共（參本文「〇五三」條）、奠（三五四頁）等字所从的収旁正作廾，與此字廾旁同。棄字中山王譽鼎作□（《中》二七頁），古璽作□（八九頁），《說文》古文作□，皆从収从𠫓（倒子），和此字所从的□同。古文字从口不从口往往無別，棄字从口作□，猶如金文與字从口作□，古璽共字从口作□，參本文「〇五三」條。故此字應入八九頁棄字條下。

「六九〇」四九〇頁第三欄，□

今按：此字从収从舍，應隸定為𢍰，釋為捨。廾即収，參本文「〇五三」、「六八九」條。舍字中山王譽鼎作□（《中》四〇頁），古璽作□或□（一一三頁），皆與此字□旁極近。𢍰字不見于後世字書，應即捨字異體。古从収與从手同意，金文擇字皆作𢍰（《金》一二三頁），與此同例。捨字見于《說文·手部》。

「六九一」四九一頁第一欄，□

今按：此字原作□，編者既已將

它編入六〇頁巟字條下，這裡不應重出。

「六九二」四九一頁第四欄，□

今按：此字从广从林，應釋為麻。溫縣盟書「麻夷非是」之麻作□或□、□（《文物》一九八三年三期）。正與此字極近。原璽全文作「麻緣（紕）」。漢印中有「麻賜」、「麻敞之印」（《漢徵》七·十三），可見古有麻氏。麻字《說文》立為部首。

「六九三」四九一頁第五欄，□

今按：此字从石从旦，應釋為砠（墠）。左側□即石旁，參本文「三七九」、「六九六」條。右側□和侯馬盟書助字所从之旦作□形者同，參本文「六五六」條。砠即墠字異體，漢武梁碑「前設礑（壇）墠」之墠作砠（《隸辨》一五七頁），可為其證。墠字見于《說文·土部》。

「六九四」四九一頁第六欄，□

今按：此字从貝从府，應隸定為䝚，釋為府。ㄟ即人，參本文「四三八」條。戰國文字中府字从貝作者亦習見。故此字應和三八七頁第三欄□、四五三頁第五欄□同列一欄，併入二三三頁府字條下。

「六九五」四九二頁第三欄，璽文〇五七九號作□，三一〇六號作□

今按：〇五七九號璽文□和三一〇六號璽文□上部不同，似應分列。〇五七九號璽文□應和五五六頁第二欄□同列一欄。三一〇六號璽文□應和五二八頁第一欄□同列一欄。

「六九六」四九二頁第五欄，

今按：此字丁佛言在《說文古籀補補》中釋為石，其說甚是。古文字中的石或石旁往往加兩小橫作，如《金文》礪（厲）字所从之石作（《金》五二六頁），《汗簡》石字作，石旁作，皆與此字同。原璽全文作「公石不口鉨」，公石是複姓。《通志·氏族略》「以字為氏」條下謂：「公石氏，姬姓，悼公子堅字公石之後也。」故此字應入二三七頁石字條下。

「六九七」四九三頁第四欄，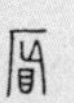

今按：此字从貝省从辰，應釋為賑。戰國文字貝旁省作目形者習見，參本文「〇一九」條。長沙楚帛書「日月星辰」之辰作，與此字旁極近。賑字見于《說文·貝部》。

「六九八」四九三頁第五欄，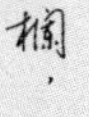

今按：从字从貝省从市，應隸定為⿰貝市，釋為市。目即貝，戰國文字中的貝旁往往省作目，參本文「〇一九」條。裘錫圭先生曾在《戰國文字中的「市」》一文中將三晉璽中的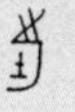和齊璽中的分別隸定為⿰土市和⿰貝市，釋為市，那末此字應隸定為⿰貝市，釋為市也是可以肯定的，參本文「〇三五」、「一二七」、「一三一」、「四五八」條。故此字應和一四〇頁⿰貝朱字條下、三八八頁第五欄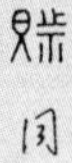同列一欄併入一一八頁市字條下。

「六九九」四九四頁第三欄，

今按：此字从貝省从府省，應隸定為⿸府貝，釋為府。長陵盉「少府」之府作（《文物》一九七二年

六期），中府戈鐓和三年錯銀鳩杖首中的「中府」之府作□或□（《三代》二十・五十九・三及十八・三十一・二），皆與此字同。□或□字亦可視為从宀負聲，參本文「四三八」、「四五六」、「五九六」條。故此字應和三八七頁第三欄□、四五三頁第五欄□、四九一頁第六欄□同列一欄，併入二三三頁府字條下。

「七〇〇」四九四頁第四欄，□

今按：此字从貝省从折省，應釋為䝂。古璽新字所从之斤作□或□（三三六頁），與此字□旁所从之□極近。䝂字侯馬盟書或作□，邯丘戈作□（《考古》一九七三年三期），皆與此字同，參本文「一二九」條。原璽全文作「鄭（齊）䝂」，古璽中又有「肖（趙）䝂（□）」（《彙》一〇四四）、「敀䝂（□）」（《彙》三二一一），可見古人有以「䝂」為名的。故此字應和一三八頁質字條下□同列一欄，併釋為䝂。䝂字見于《廣韻》。

「七〇一」四九四頁第五欄——四九五頁第一欄，璽文四一〇三等號作□、□、〇七五六號作□、一六七〇號作□

今按：四一〇三等號璽文□、□和〇七五六號璽文□明顯不同，和一六七〇號璽文□也明顯不同，故應分列。四一〇三等號璽文□在原璽中皆和□字相配構成複姓「□□」，而〇七五六號璽文□和一六七〇號璽文□不僅在字形上和□、□等字不類，而且在辭例上亦無法證明它們和□、□等字同。因此，編者將它們視為一字是不可信的。

［七〇二］四九五頁第二欄，㦽㦽

今按：此字从心从鹰，應釋為慶。慶字甲骨文作□或□，金文作□、□、□，古陶作□，或作□，古璽或作□，或作□，㦽、㦽即□、□之變，參本文［五八四］條。古璽相字既作□，相（八二頁），又作□、□（參本文［四八六］條），與此同例。本條下所錄一二六九號璽文㦽原璽全文作「辛㦽忌鉨」，古璽中又有「高㦽忌」（《彙》一一四六），「慶忌」是古人常用名，古璽和漢印中習見，參本文［四七七］、［五八九］條。故此字應和四四八頁第四欄□同列一欄併入二六二頁慶字條下。

［七〇三］四九五頁第四、五欄，尚 尚

今按：此字从上从尚，應和三〇頁尚字條下□同列一欄併隸為堂，釋為上入二頁上字條下，參本文［〇二〇］條。

［七〇四］四九五頁第六欄，□

今按：此字从手从尚省，丁佛言在《說文古籀補補》中釋為掌是正確的，惜無說。□即手，《說文》手字古文作□，正與此字□旁同。金文捧（拜）字既作□（《金》六〇六頁），又作□（洹子孟姜壺，《三代》十二·三十三）或□（《金》二八四頁捧食［□］字所从），品式石經捧字古文作□（《石刻》一二·一〇），《汗簡》捧字既作□，又作□，《古文四聲韻》引《義雲章》捧字作□，引《說文》捧字作□或□，亦可證□即古文手。□即尚之省，古从尚得聲之字尚旁往往省口作□。漢印掌字既作□（《漢徵》十二·七），又作□（《漢徵》附錄七），是其確證。原璽全文作「掌事」，漢印中有「掌世」、「掌安漢」、「掌强之印」（《漢徵》十二·七），可見古有掌氏。又洛陽古城所出戰國陶簋銘文云：「此亓（綦）毋（毋）絅口□」（《考古通訊》一九五五年創刊號），□字釋為掌也很合適。掌字見于《說文·手部》。

〔七〇五〕四九六頁第一欄，□

今按：此字从立从尚省，可隸定為坣或堂。鄂君啟節有□字，古璽有□字（三一九頁堂），舊釋為堂。□和□、□顯係一字，皆从尚得聲。原璽全文作「坣城付坓（府）」，坣城是地名，應即漢當城縣。上引鄂君啟節中的坣字和楚「旆比（幣）」、「四比（幣）坣（□）折（釿）」、「坣（□）折（釿）」布（《發展史》一三二、一三四頁）中的坣字也正讀作當。漢當城縣在今河北省蔚縣東，戰國時當屬趙。原璽從風格上亦可確定為三晉璽。故此字應和三一九頁堂字條下五四二一、五四二二號璽文□同列一欄，併隸為坣或堂，究竟是否「从土尚聲」的堂字還有待于新材料的進一步證明。

〔七〇六〕四九七頁第一欄，□□

今按：此字从高从上，可隸定為□。古璽高字作□（一一六——一一八頁），與此字□旁同。□字不見于後世字書。

〔七〇七〕四九七頁第二欄，□

今按：此字从高省从上，應和四九七頁第一欄□同列一欄併隸為亯，參本文「七〇六」條。亯字不見于後世字書。

「七〇八」四九七頁第四欄，□□

今按：此字从儿从高，應釋為亮。古璽高字作□（一一六——一一八頁），上部正與此字□旁同。漢印高字作□（《漢徵》五·十三），亮字作□（《漢徵》八·二十），是其確證。亮字在原璽中皆用作姓氏，《通志·氏族略》：「亮氏、盎氏，並見《姓苑》。」亮字除見于漢印外，還見于《廣韻》、《集韻》等書。今本《說文》無亮字，段玉裁《說文解字注》依《六書故》所據唐本補于《說文·儿部》。又《古璽彙編》一六九五號「□亡（無）魂（畏）」璽中的□字也應釋為亮，本書未錄。

「七〇九」四九七頁第五欄，□

今按：此字从高省从立，應和四四四頁第三欄□同列一欄併隸為亶，參本文「五七八」條。亶字不見于後世字書。

「七一〇」四九七頁第六欄，□

今按：此字應釋為聞。陳侯因資錞「淖（朝）聞（問）者（諸）侯」之聞作□（《三代》九·十七·一），正與此字同，參本文「三一七」、「六七〇」條。故此字應和二九〇頁婚字條下□同列一欄併入二八七頁聞字條下。

「七一一」四九八頁第二欄，□□

今按：此字从高省从乇，舊釋為亳，可信。古璽高字作□（一一六—

一一八頁），如將口旁省去，即與此字□旁同。□即乇，蔡侯申盤銘字所从之乇作□（《壽縣》圖版叁捌），可為其證。毫字見于《說文·高部》。

「七一二」四九八頁第四欄，□

今按：此字筆畫似有漏刻，應復原成□後釋為毫。古陶毫字或作□（《中原文物》一九八一年一期），正與此字極近。故此字應和四九八頁第二欄□同列一欄併釋為毫。毫字見于《說文·高部》。

「七一三」四九九頁第五欄，□

今按：此字从口从古文鞭，應隸定為䩲，釋為鞭。鞭字《說文》古文作□，古璽作□（六三頁），皆與此字□旁同。古文字从口不从口往往無別，例不勝舉。故此字應入六三頁鞭字條下。

「七一四」四九九頁第六欄，□

今按：此字从足从奇，應釋為踦。古璽足字或作□（五三八頁第三欄），與此字□旁同，參本文「四五〇」條。踦字作□是因奇旁所从之口借用足旁上部廿造成的。《汗簡》□（詔）字作□，與此同例（《古文四聲韻》引《裴光遠集綴》□「借為招」字作□，可參看）。古文字中類似的借筆現象是很常見的，詳拙作《古漢字中的借筆字》。原璽全文作「奇踦」，漢印中有「王踦」、「趙踦」、「藥踦」、「守踦之印」、「靃踦之印」、「臣踦」等姓名私印（《漢徵》二·二十及《漢補》二·五），可見古人常以「踦」為名。踦字見于《說文·足部》。

「七一五」五〇〇頁第二欄，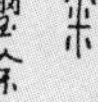
今按：此字應釋爲余。古璽余字或作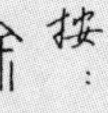（二〇頁），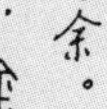即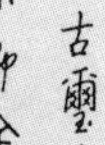之變。金文平字既作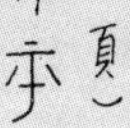，又作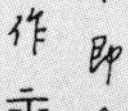（《金》二六一頁），與此同例。原璽全文作「左余子」，余子即餘子。古璽中名「余（餘）子」者習見，參本文「六六四」條。故此字應和四七九頁第四欄同列一欄，併入二〇頁余字條下。

「七一六」五〇一頁第二欄，
今按：此字从止从尔，應釋爲迩。古文字从辵之字往往省成从止。如侯馬盟書所見从辵之字大多可从止。《説文》謂爾从尔聲，《説文》中从爾得聲之字古文字多从尔作，參本文「二五八」條。故此字應入三八頁迩字條下。

「七一七」五〇一頁第四欄，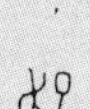
今按：此字从走从已，應釋爲起。古陶起字作（《孴録》二·二），與此字同。起字見于《説文》走部。

「七一八」五〇一頁第五欄，
今按：此字从走从巳，應和五〇一頁第四欄同列一欄，併釋爲起，參本文「〇三〇」、「七一七」條。起字在原璽中皆用作人名，漢印中名「起」者亦習見（看《漢徵》二·八）。起字見于《説文》走部。

「七一九」五〇一頁第六欄，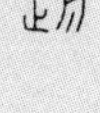
今按：此字从走从舟，應釋爲趙，參本文「〇三〇」、「五一七」條。趙字見于《廣韻》、《集韻》等書。

「七二〇」五〇二頁第一欄，□

今按：此字从土从市，裘錫圭先生在《戰國文字中的「市」》一文中隸定為坾，釋為市，其說甚是。故此字應和三二九頁垛字條下□同列一欄併入一一八頁市字條下。

「七二一」五〇三頁第一、二欄，□ □

今按：此字裘錫圭先生在《戰國文字中的「市」》一文中釋為市，其說甚是。故此字應入一一八頁市字條下。

「七二二」五〇三頁第三欄，□

今按：此字从宀从正，應釋為定。侯馬盟書定字既作□，又作□，作□者與此字完全相同。定字見于《說文．宀部》。

「七二三」五〇三頁第六欄，□ □ □

今按：此字應和五〇三頁第四、五欄□同列一欄。本條下所錄四〇七〇號璽文□=和四〇七一號璽文□原璽全文分別作「□=（下方=是常用詞符號或合文符號，參本文「二五七」條）陰（陰）𥁕」、「□陰（陰）旂」，「□陰」無疑問是複姓。古璽中又有「□陰（陰）瘂」（《彙》四〇七二），可見□、□必為一字之異（□字編者已編入五〇三頁第四、五欄□字條下）。

「七二四」五〇四頁第一欄，□

今按：此字从火从石，應釋為庶。《說文》謂：「庶，屋下眾也。从广炗。炗，古文光字。」庶字甲骨文作□（《珠》九七九），西周金文作□（《金》五二三頁），皆从火石聲（參于省吾先生《甲骨文字釋林・釋庶》)。春秋金文庶字作[illegible]或[illegible](《金》五二三頁),正與此字相近似。故此字應入二三四頁庶字條下。

「七二五」五〇四頁第三欄,[illegible]

今按:此字朱德熙、裘錫圭兩先生在《戰國文字研究(六種)》一文中釋為異,其說甚是。故此字應入六一頁異字條下。

「七二六」五〇四頁第四欄,[illegible] [illegible]

今按:此字从火从脂,裘錫圭先生在《戰國璽印文字考釋三篇》一文中隸定為熘,釋為焰,其說甚是。焰字見于《玉篇》、《廣韻》、《集韻》等書。《廣韻》謂焰本作爓。爓字見于《說文・火部》。

「七二七」五〇四頁第六欄,[illegible]

今按:此字應釋為鑄。原璽從風格上可以確定為楚璽,而楚鄂君啟節鑄字作[illegible],上部[illegible]正與此字極近。侯馬盟書鑄字作[illegible],下不从皿,可為其證。原璽全文作「鑄巽客鉨」,鑄巽客當是楚國主掌「巽」幣鑄造之官。戰國楚貨幣中「巽」字幣極多,舊稱「蟻鼻錢」或「鬼臉錢」,亦見有鑄造這種貨幣時所用的銅範(看《發展史》一七三頁及《文物》一九八一年一期)。楚官名中稱「客」者亦習見,如楚銅器中有「鑄客」(《三代》三・十九・五、六),楚璽中有「郢粟客鉨」(《彙》五五四九)、「郡粟客鉨」(《彙》〇一六〇)、「羊坒(府)諹客」(《彙》五五四八)、「右□客鉨」(《彙》〇一六二)等。故此字應和四八三頁第四欄[illegible]同列一欄,併釋為鑄。鑄字見于《說文・

金部》。

「七二八」五○六頁第三欄，□

今按：此字从斗从瞿，可隸定為𨰸。漢印䂄字作□（《漢補》附二），與此字同。䂄字不見于後世字書，在古璽和漢印中皆用作人名。

「七二九」五○六頁第六欄，□ □

今按：此字朱德熙、裘錫圭兩先生在《戰國文字研究（六種）》一文中釋為虞（虡），讀作遽，其說甚是，參本文「三五六」、「二一二」條。虞（虡）字見于《說文．虍部》。

「七三○」五○七頁第一欄，□

今按：此字北文先生在《秦始皇「書同文字」的歷史作用》一文中釋為乘，並指出乘字作□是燕文字的寫法，其說甚是。《說文》乘字古文作□，《說文》謂「古文乘从几」。乘父士杰盨乘字作□（《山東文物選集「普查部份」》），鄂君啟節乘字作□，皆从几作，和此字同。故此字應入一二○頁乘字條下。

「七三一」五○七頁第五欄，□

今按：此字吳大澂在《說文古籀補》中釋為周，甚是。古璽周字或作□（二九頁），□、□顯係一字。周字加點作□，也許是保留了西周金文周字作□的遺風。在同銘的七件善夫克鼎（即小克鼎）中，周字既作□，又作□（《金》五七頁），與此同例。□字在原璽中皆用作姓氏，從這一點看，把它釋為周也是很合適的。故此字應入二九頁周字條下。

「七三二」五〇七頁第六欄，□□

今按：此字應釋為周。古璽周字或作□，或作□（二九、三〇頁），皆與此字極近。本條下所録三五〇七號璽文□原璽全文作「周克」，古璽中周氏亦習見（看《彙》一一八六——一一九三、一一九五——一二〇一、三〇二六——三〇二八）。故此字應和五〇七頁第五欄□同列一欄併入二九頁周字條下。

「七三三」五〇八頁第一欄，□

今按：此字从口从同，應釋為哃。古璽同字作□（二〇三頁），與此字□旁同。哃字見于《玉篇》、《廣韻》、《集韻》等書。

「七三四」五〇八頁第二欄，□

今按：此字从口从青，舊釋為青，可信。古璽青字作□、□、□（一一一頁），精字所从之青作□（一一八〇頁），皆與此字極近。本條下所録四六四七等號璽文□原璽全文作「□中」（《彙》四六四四、四六四七——四六五〇同文），古璽中又有「□（或作□，青）中」（《彙》三一五五——三一五八、四六四三、四六四五、四六四六、四六五一、四六五二），從辭例上看，□字也應釋為青。「青中」應讀作「精忠」，屬戰國格言璽一類。或據秦「中精外誠」格言印（《故宮博物院藏古璽印選》四七七）讀「青中」為「中精」不確。《古璽彙編》五三八五號「青中」格言璽中的青、中二字合文作□（本書未録），可證應以讀「精忠」為是。故此字應入一一一頁青字條下。

「七三五」五〇八頁第四欄，□

今按：此字从丌从𢀩，應釋為巽。巽字小篆作巺，《說文》謂：「具也。从丌𢀩聲。巺，古文巽。巽，篆文巽。」楚「蟻鼻錢」中巺字習見（《發展史》一七三頁），駢字騫同志在《試釋楚貨幣文字「巽」》（中國古文字研究會一九七九年年會論文）一文中據舊說釋為巽，其說甚是。巺和巺無疑是同一個字。隨縣曾侯乙墓編鐘銘文中的巽字作巺或巺（《音樂研究》一九八一年一期），所从𢀩旁亦與此字吅旁極近。在戰國文字中，卩、ㄖ之形互譌是很常見的，巺字所从之开也即丌。古璽旗字所从之丌既作丌，又作开（一六九頁），是其確證。巽字見于《說文·丌部》。

「七三六」五〇八頁第五欄，巺

今按：此字从丌从𢀩，應釋為巽。《說文》巽字古文作巺，篆文作巺，所从丌旁皆與此字丌旁同。吅即𢀩，參本文「七三五」、「五六三」條。原璽全文作「鑄巽客鉨」，鑄巽客是楚國主掌「巽」幣鑄造之官，參本文「七二七」條。故此應和五〇八頁第四欄巺同列一欄併釋為巽。巽字見于《說文·丌部》。

「七三七」五〇九頁第一欄，ㄩ

今按：此字應釋為厶。古璽「厶（私）鉨」之厶或作ㄩ（《彙》〇二七五），與此字同，參本文「〇一四」條。故此字應和二二頁口字條下〇二七五號璽文ㄩ同列一欄併釋為厶。厶字《說文》立為部首。

「七三八」五〇九頁第三欄，

今按：此字从口从魚，應釋為魯。

魯字甲骨文作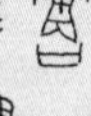（《甲》一六五頁），西周金文作（《金》一九三頁），古璽或作（八三頁），皆从口作。魯侯壺魯字作（《金》一九四頁），所从口旁變成，和本條下所錄〇五六三號璽文相近似。本條下所錄〇五六四號璽文和〇五六三號璽文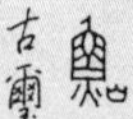原璽同文，金文作「王魯」，古璽中又有「楊魯」（《彙》二三九二），漢印中有「許魯」（《漢徵》四·三），可見古人有以「魯」為名的。故此字應入八三頁魯字條下。

「七三九」五〇九頁第五欄，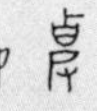

今按：此字應釋為皮。卣即覍（弁）之省，詳李家浩同志《釋「弁」》一文。皮字西周金文作（《金》一六四頁），戰國𡥁蚉壺作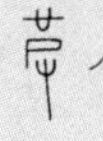（《中》一九頁），古璽或作（七三頁），皆為表意結構。此字作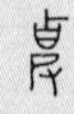，當是戰國人的一種有意識改造，即將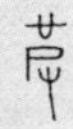字上部廿改造成从覍聲，這是因為一來廿和卣在形體上比較接近，二來覍、皮二字在聲音上也很相近，覍屬並母元部，皮屬並母歌部，所以字可以改造成从卣以取其聲。古文字中類似的由表意結構轉向形聲結構的字還可以舉出一些，如何字由變成从可聲作何（看《甲》二一二、二一三頁及《金》四四七頁），朝字由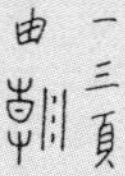變成从舟聲作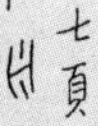，旦字由變成从丁聲作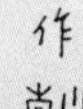，良字由變成从亡聲作，呈字由變成从壬聲作等等即是，參本文「六五六」條。原璽全文作「周皮」，古璽中又有「甘皮」（《彙》三〇八九），漢印中有「田皮」（《漢徵》

三·二十），可見古人有以「皮」為名的。故此字應入七三頁皮字條下。

「七四〇」五一〇頁第一欄，[illegible]

今按：此字从齒从乞，丁佛言在《說文古籀補補》中釋為齕，甚是。𠙵即齒，《說文》齒字古文作[illegible]，牙字古文从齒作[illegible]，皆其證。戰國邪布中的邪字所从之牙作[illegible]（《起源》圖版貳壹·二），古璽牙字作[illegible]（四四頁），所从齒旁正與此字𠙵旁同。古璽齒字从之作[illegible]（四四頁）形者是在象形的𠙵上又加注音符「之」，詳拙作《古文字中形聲字類別的研究——論「注音形聲字」》。原璽全文作「肖（趙）齕」，漢印中名「齕」者亦習見（看《漢徵》二·十九）。齕字見于《說文·齒部》。

「七四一」五一〇頁第二欄，[illegible]

今按：此字从死从乞，應隸定為⿰死乞，釋為氣（刏）。《說文》死字古文作[illegible]，兆域圖「死亡（無）若（赦）」之死作[illegible]（《中》二三頁），䣄盗壺⿰死亖（辜）字所从之死作[illegible]（《中》五七頁），皆與此字[illegible]旁同。古死、歺二旁通，如殂字《說文》古文作⿰死乍，小篆則作殂，而《汗簡》既作⿰死乍，又作⿰歹乍，殪字《說文》古文作⿰死壹，小篆則作殪，辜字《說文》古文和䣄盗壺作⿰死古，《六書統》則作⿰歹古。故氣字可作⿰歹氣。氣字見于《玉篇》、《集韻》等書。《玉篇》謂：「氣，古文刏。」刏字見于《說文·刀部》。

「七四二」五一〇頁第三欄，[illegible]

今按：此字从攴从告，湯餘惠同志

隸定為敨，釋為造（其文待刊），其說甚是。[illegible]字出于楚璽，而楚鄂陵君三器中的造字或作[illegible]（《文物》一九八〇年八期），正與此字同。原璽全文作「敨（造）寶（府）之鉨」，「造府」之稱亦見于楚陳旺戟和楚璽中，參本文「五四六」條。造字見于《說文·辵部》。

「七四三」五一一頁第六欄，[illegible]

今按：此字應釋為者。[illegible]字出于燕璽，而燕璽中的都字皆作[illegible]（一四三、一四四頁），所从者旁正與此字同。原璽全文作「者彊」，者為姓氏，應讀作典籍和漢印中習見的諸氏之諸（看《漢徵》三·三、四）。陳侯因資錞和中山王譽方壺中的「諸侯」之諸皆作者（《三代》九·十七·一及《中》四〇頁），可為其證。者字見于《說文·白部》。

「七四四」五一二頁第三欄，[illegible]

今按：此字應和五一二頁第二欄[illegible]同列一欄。原璽全文作「[illegible]毄」，五一二頁第二欄下所錄一九三六號璽文[illegible]原璽全文作「[illegible]隊（祉）」，古璽中又有「[illegible]興」（《彙》三二八八），[illegible]、[illegible]、[illegible]皆為姓氏，顯係一字之異，參本文「四四六」條，字待考。

「七四五」五一二頁第四欄，[illegible]

今按：此字在原璽中用作姓氏，應和五一二頁第二欄[illegible]、五一二頁第三欄[illegible]同列一欄，參本文「七四四」條，字待考。

「七四六」五一二頁第六欄，[illegible]

今按：此字从日从冉（古文終），丁佛言在《說文古籀補補》中釋為冬，並指出這是倒文，其說甚是。《說文》謂：「冬，四時盡也。从仌从夂。夂，古文終字。𠔦，古文冬从日。」冬字陳騂壺作𠔦（《金》五八六頁），長沙楚帛書作𠔦，三體石經作𠔦（《石刻》一一．一九），《古文四聲韻》引《道德經》作𠔦，皆从日从夂（古文終），與此字同。古璽日旁作㗊形者亦習見，參本文「〇〇九」條。冬字在原璽中為人名，古璽人名倒書者亦屢見，如《古璽彙編》三三七〇、三三七一等號璽中的人名即倒書（參看《彙》一六六六、三三七二）。冬字見于《說文．仌部》。

「七四七」五一四頁第四欄，鵰

今按：此字从鳥从周省，黃賓虹先生在《賓虹草堂鉩印釋文》中釋為鵰，甚是，參本文「二七七」、「〇一九」條。鵰字見于《說文．隹部》，即雕之籀文。

「七四八」五一五頁第二欄，脽

今按：此字从肉从隹，應釋為脽。楚酓忓鼎、酓胐鼎等器中的隻、集（集）等字所从之隹作隹、隹形（《金》二〇一、九六八頁），正與此字隹旁同。鄂君啟節所見人名「脽」作脽，亦與此字同。故此字應和三七八頁第三欄脽同列一欄，併入九一頁脽字條下。

「七四九」五一五頁第五欄，玉 玉

今按：此字應釋為玉。古璽瑋（五頁）、𩕿（一三九頁）等字所从的玉旁作玉、玉、玉形，正與此字同。信陽楚簡玉字作玉（《類編》四八八頁），亦與此字同。玉字《說文》立為部首。

「七五〇」五一五頁第六欄，
今按：此字从林从帝，可隸定為䔶。古璽䔶字作（一三一頁），與此字同。故此字應入一三一頁䔶字條下。

「七五一」五一六頁第一欄，
今按：此字从又从每，應釋為敏。金文敏字皆从又作、、（《金》一六五頁），[redacted]與此字同。敏字見于《說文·攴部》。

「七五二」五一六頁第四欄，
今按：此字从受省从舟，應隸定為受，釋為受。古璽舟字或作，即的進一步演變，參本文「五九五」、「八七七」、「四八四」條。亡即又，古璽返字作（三九二頁第三欄），得字或作（四二頁），所从又旁皆與此字亡旁同。受字《說文》謂「从受舟省聲」，此字作雖有簡省，但仍保留了聲符舟。二十八年、三十二年平安君鼎銘文中的受字作（《文物》一九八〇年九期及一九七二年六期），亦从受省从舟，可為其證。受字在原璽中皆用作人名，漢印中名「受」者亦習見（看《漢徵》四·十一）。字皆出于燕璽，亦屢見于燕國記容銅器中，可知其為燕文字的特有寫法，詳拙作《釋「受」並論盱眙南窰銅壺和重金方壺的國別》。受字見于《說文·受部》。

「七五三」五一七頁第一欄，
今按：此字應釋為毛。古璽郜（毛）字所从之毛作或（三七八頁第一欄及三八一頁第五欄），正與此字相近似，參本文「四三三」、

「四四二」條。原璽全文作「毛鄞」，古璽和漢印中毛氏亦習見（看《彙》三九四二及《漢徵》八．十七、《漢補》八．五）。故此字應入二二〇頁毛字條下。

「七五四」五一七頁第四欄，[illegible]今按：此字从口从上，應隸定為吐，釋為上。戰國文字从口不从口往往無別，例不勝舉。故此字應入二頁上字條下。

「七五五」五一七頁第五欄，[illegible] [illegible]今按：此字从日从丌，應釋為期。《說文》期字古文作[illegible]，亦从日丌聲，與此字同，參本文「〇〇九」條。故此字應入一七二頁期字條下。

「七五六」五一七頁第六欄，[illegible]今按：此字从金从卩，石志廉先生在《館藏戰國七璽考》（《中國歷史博物館館刊》一九七九年一期）一文中隸定為[卩金]（鍘），讀作節，其說可信。原璽全文作「鄞口𠂤（市）[卩金]」，古璽中又有「子杢子[卩金]（[illegible]）」（《中國歷史博物館館刊》一九七九年一期），裘錫圭先生在《戰國文字中的「市」》一文中說：「各印的『[卩金]』字都在印文之末，地位和一般印文里的『鉩』（璽）字相當，其字从『金』也和『鉩』字一致。看來，這應該是跟『鉩』字意義相類的一個字，究竟是甚麼字還有待進一步研究。」同時他又認為：「這個字也許應該釋為『節』。《說文．卩部》有『𠨍』字，音義缺。王筠認為『𠨍』字的音義應該跟『卩』相同，猶如『𠎝』、『䲆』等字和『余』、『魚』等字的關係一樣（《說文釋例》卷八），其說似有一定道理。《說文》把『卪』當作符節之『節』的本字，從字形看似不可信，但讀『卪』為『節』總應該是有根據的。齊器陳喜壺銘有『為左大族，台寺民卯』之語（《文物》一九六一年二期四二頁），讀成『以持民節』，于義可通。《莊子·德充符》：『吾以南面而君天下，執民之紀……。』『持民節』就是『執民之紀』（《呂氏春秋·本味》：『火為之紀』，注：『紀猶節也』）。『⿱卯金』當是从『金』『卯』聲的形聲字。『卯』和『卯』很可能同音。《周禮》以璽印為節之一種，稱作璽節（見《地官》的《掌節》和《司市》），『⿱卯金』也許是為璽印一類『節』所造的專字。稱璽為節，與後來稱印為印信同意。」我們認為，裘先生所說⿱卯金是為璽印一類節所造的專字是正確的。⿱卯金字可以看成是「璽節」之節（《說文》作卪）的異體。古璽中亦見有稱「卪（節）」之例，參本文「〇〇五」條。節字見于《說文·竹部》，卪字《說文》立為部首。

「七五七」五一八頁第一欄，□

今按：此字从口从帝，應釋為啻，古璽帝字作□或□（《彙》四〇八四「馬帝「適」」合文所从及一三一頁禘字所从），正與此字□旁極近。帝字既作□，又作□，猶如周字金文作□、□（《金》五八頁），古璽作□（二九頁）。原璽金文作「啻才」，古璽中又有「啻庶」（《彙》三一九八），啻皆用作姓氏，可能就是漢印中所見的適氏（適从啻聲，看《漢徵》二·十一）。故此字應入二九頁啻字條下。

「七五八」五一八頁第二欄，□

今按：此字應釋為丙。原璽從凡格上可以確定為燕璽，而燕璽柄字所从之丙作□，正與此字同，參本文「一一六」條。原璽全文作「丙城都司徒」，丙城疑即燕方城。丙屬明母元部，方屬幫母陽部，二字古音近。《史記·趙世家》：「（悼襄王）二年，李牧將，攻燕，拔武遂、方城。」《正義》：「《括地志》云：『易州遂城，戰國時武遂城也。方城故城在幽州固安縣南十七里。』時二邑屬燕，趙使李牧拔之也。」其地在今河北省固安縣南。丙字《說文》立為部首。

「七五九」五一九頁第二欄，□ □

今按：此字从臣从巳，于省吾先生在《雙劍誃古文雜釋》中已釋為配，其說甚是。故此字應入二八八頁配字條下。

「七六〇」五一九頁第三欄，□

今按：此字从台从司省，可隸定為㚸或詞。金文㚸（詞）字習見，作□或□（《金》四四九頁似），與此字同。㚸（詞）字不見于後世字書，在金文中借為台、司、嗣等字。朱德熙、裘錫圭兩先生在《戰國時代的「料」和秦漢時代的「半」》一文中指出：「由于台和司古音極近，這個字可能是在于（司）字上加注聲符台，也可能是在台字上加注聲符司。」其說可信。故依本書體例，此字亦可入二二七頁司字條下。

「七六一」五二〇頁第二欄，□

今按：此字應釋為事。事字侯馬盟書作□、□，中山王譽諸器作

□、□（《中》三三頁），但勺和禽忓鼎作□（《金》一五七頁），古璽或作□、□、□（六七、六八頁），《說文》古文作□，皆與此字極近。其上部既作□，又作□，猶如楚鄦陵君三器中的告或告旁既作□，又作□（《文物》一九八〇年八期）。原璽從風格上可以確定為楚璽，而楚文字中的又旁正往往加飾筆作□。如禽忓鼎、禽忓盤中的隻字作□（《金》二〇一頁），上引但勺和禽忓鼎中的事字作□，所从又旁皆與此字□旁同。故此字應入六六頁事字條下。

「七六二」五二〇頁第四欄，□

今按：此字應和四九七頁第三欄□同列一欄，字待考。

「七六三」五二一頁第一欄，□

今按：此字應釋為帚。隨縣曾侯乙墓編鐘銘文中的歸字所从之帚作□（《音樂研究》一九八一年一期），與此字極近。帚字上部彐作□，和古璽耑旁或作□，又旁或作□相類似，參本文「三五四」、「七六一」條。帚字見于《說文．巾部》。

「七六四」五二一頁第二欄，□

今按：此字應和五二一頁第一欄□同列一欄，併釋為帚。帚字既作□，又作□，和古璽帝字既作□，又作□（三六二頁「馬帝〔適〕」合文所从）相類似，參本文「七六三」條。本條下所錄〇一九二號璽文□和〇〇六〇號璽文□原璽全文分別作「□昜（陽）都口」、「□昜（陽）都右司馬」，五二一頁第一欄下所錄〇一五八號璽文□原璽全文作「□昜(陽)鄫巿(師)」，三璽皆為燕璽，□、□一字無疑。帚陽應是燕地，其地望待考。帚字見于《說文·巾部》。

「七六五」五二一頁第三欄，□

今按：此字應釋為豕。金文家、豦等字所从的豕旁或作□，或作□(《金》四〇五、五三〇頁)，□即□、□之變。□字出于燕璽，燕璽中又有□字(五七二頁第三欄)，當同釋為豕。□、□在原璽中皆用作人名，漢印中有「周豕」(《漢徵》九·十三)，可見古人確有以「豕」為名的。故此字應入二四二頁豕字條下。

「七六六」五二一頁第四欄，□

今按：此字左側□編者已編入五〇〇頁第一欄，這裡又重出，顯係自相矛盾。

「七六七」五二一頁第五欄，□

今按：此字从心从廌，應和四九五頁第二欄□、四四八頁第四欄□同列一欄，併入二六二頁慶字條下，參本文「七〇二」、「五八四」條。原璽全文作「高慶忌」，「慶忌」是古人常用名，古璽和漢印中習見，參本文「四七七」、「五八九」條。

「七六八」五二二頁第一欄，□

今按：此□字應分成大、□二字，上部大應釋為大入二五五頁大字條下，下部□應和三九一頁第五欄□同列一欄，字待考。原璽全文作「大□慶」，古璽中又有「大(大)□□」(《匋》

第四集），可知「大綍」是複姓。

「七六九」五二二頁第四欄，皀 皀

今按：此字應釋為良。三十二年部令戈良字作皀（《考古學報》一九七四年一期），古璽官字所从之良作皀（四五五頁第三欄），皆與此字極近，參本文「六〇三」條。

在戰國秦漢文字中，日、目二形往往相混。如平山戰國中山王墓器物銘文中的固字所从之古既作古，又作古（《中》四一頁），使字所从之吏既作吏，又作吏（《中》三九頁使），車字既作車，又作車（《中》二九頁），嗇字既作嗇，又作嗇（《中》六五頁），頊字既作頊，又作頊（《中》八二頁），侯馬盟書晉字所从之日既作日，又作目，賹字所从之貝既作目，又作日，醜字所从之酉既作酉，又作酉，古陶奠字所从之酉既作酉，又作酉（《季》五四·一二及四二·一），古璽夏字既作頣，又作頣（一一九頁），貝旁既作貝，又作貝（看本書卷六貝部及三八八頁第五欄賄字所从），漢印莫字所从之日既作日，又作目（《漢徵》一·二十一），昔字所从之日既作日，又作目（《漢徵》九·十一及《漢補》九·五曆字所从），竟字既作竟，又作竟（《漢徵》三·十），置字所从之直既作直，又作直（《漢徵》七·二十一），真字既作真，又作真（《漢徵》八·十）。古璽良字既作皀，又作皀，當與此同例。故此字應入一一八頁良字條下。

「七七〇」五二三頁第一欄，𠦃

今按：此字應釋為才。隨縣曾侯

乙墓編鐘銘文中的才字既作□，又作□（《音樂研究》一九八一年一期），可為其證。故此字應入一三一頁才字條下。

「七七一」五二三頁第二欄，□

今按：此□字應分成□、生二字，上部□不識，下部生應釋為生入一三五頁生字條下。原璽為燕璽，全文作「□生𩕄」，燕璽姓氏後加「生」字者習見，參本文「四七一」條。

「七七二」五二三頁第三欄，□

今按：此字从酉从丌，應釋為奠。奠字長沙楚帛書作□，古璽或作□（《彙》五五六八），皆與此字同。酉旁由□變□，和古璽貝旁由貝變□同例（看二三三頁寶「府」字所从）。奠字在古璽中皆用作姓氏，即鄭氏之鄭的本字。故此字應入一〇二頁奠字條下，亦可入一四五頁鄭字條下。

「七七三」五二四頁第六欄，□

今按：此字稍殘，應復原成□後釋為少。古璽少字作□（一七頁），「少曲」合文中的少字作□（五四頁第一欄，參本文「〇〇一」條），皆與此字同。故此字應入一七頁少字條下。

「七七四」五二五頁第一欄，□

今按：此字从邑从夜，應隸定為郟，釋為夜。夜字西周金文作□（《金》三八三頁），戰國中山王譽諸器作□（《中》三六頁），漢印或作□（《漢徵》七·七），皆與此字□旁同。原璽全文作「郟宝□

鉨」，郗是地名，即見于《戰國策・齊策》中的齊夜邑之夜的異體。戰國人常常在用作地名、姓氏的文字上加注邑旁，例極多，參本文「一六〇」條。漢印和漢封泥中有「夜印」、「夜丞之印」（《漢徵》七・七及《文物》一九八二年三期），可為其證。戰國齊夜邑也即漢東萊郡的掖縣，其地就在今山東省掖縣。原璽從風格和內容上看，也正是齊官璽。故此字可入一七四頁夜字條下。

「七七五」五二五頁第四欄，□豩

今按：此字从三豕，可隸定為豩，釋為豩。戰國時冢字往往从豕作□（侯馬盟書），有時也簡寫成□（古陶，《季》一七・四）或□（徛公左官壺，《三代》十二・十五・三）。□、□左下方的乎如可視為豕之省的話，則與此字乎旁同（參李家浩《戰國時代的「冢」字》）。原璽全文作「郱豩」，古璽中又有「容豩（□）」（《彙》一四四七），可見古人有以「豩」為名的。豩字亦見于甲骨文，舊釋為豩（《甲》三九一頁）。古璽□（豩）字本書編者亦釋為豩。故此字可入二四三頁豩字條下。

「七七六」五二六頁第二欄，□

今按：此字从鳥从勹（俯），應釋為於（鳧）。東周金文中有□、□、□、□等字，各家根據《說文》烏字古文作□（於）釋為烏或於（《金》二一〇頁、《音樂研究》一九八一年一期、《中》三九頁）。我們認為，從字形上看，這些字實際上都應該是鳧字，从鳥勹（俯之表意初文）聲，和西周金文所見烏字作□、□。但形者不同（看《金》二一〇頁）。但它們在銘文中都確實不當鳧字用，而是用作烏或於。對《說文》烏字古文□和小篆瘀字所从之□，前人曾作過不少分析和解釋，但都沒能抓到要害。其實，它是從鄂君啟節和楚簡中的□、□（即□、□等字的變體）等字演變而來的，原來也是鳧字。可以這麼說，於、鳧原本一字，後世的於字是從鳧字分化出來的，它和烏字的關係僅僅是假借關係，而不是別的。烏、於同屬魚部，鳧屬侯部，然而東周時魚、侯二部已逐漸合併，所以它們的讀音在當時是很接近的。古璽□字和前引東周金文中的□、□等字無疑是同一個字（參本文「二七七」條）。古璽中又有□、□二字，顯然

應釋為瘀和扵（參本文「二二三」、「二九七」條）。鳧字甲骨文作□或□（《甲》七二七頁），西周金文作□或□（《金》一六三頁），皆从隹从□（□）。于省吾先生和裘錫圭先生都已指出□或□象人側面俯伏之形，即俯或伏字的表意初文，非一般人字，鳧字从此得聲（于先生說見《甲骨文字釋林·釋勹、鳧、匍》，裘先生說見《甲骨文字考釋（八篇）》，《古文字研究》第四輯）。我們從中山王嚳諸器鳧（於）字作□，人或人旁作□（《中》一頁）以及古璽鳧（於）字作□，而人或人旁一般作□、□（看本書卷八人部）來看，于、裘兩先生說甚是。故此字應入八八頁烏（於）字條下。

「七七七」五二六頁第三欄，璽文五三

五二等號作□□□、五五六二號作□

今按：此字裘錫圭先生在《戰國貨幣考（十二篇）》一文中釋為中，並指出這是燕文字的獨有寫法，其說甚是。本條下所錄五三五二、五三五一號璽文□原璽為單字璽，古璽中「中（□）」單字璽亦屢見（《彙》五二〇七、五二〇八）。中應讀作忠，戰國「精忠」、「忠信」、「忠愛」（《彙》四六五五）等格言璽中的忠字大多作中，參本文「一〇七」、「二一四」、「二八九」條。燕璽中又有一枚「□□」格言璽（《彙》三四六三，璽文反書），□字裘錫圭先生在上引文中釋為忠，□字舊不識，其實應釋為身。燕璽訇（信）字或作□（《彙》五六八五，舊亦不識），可為其證。「忠身」應讀作「忠信」，古璽中「忠信」格言璽習見，亦作「中身」或「中身心」，參本文「二一四」、「二八九」條。故五三五二等號璽文□應入六頁中字條下。五五六二號璽文□原璽全文作「□都口王口」，□字顯然應釋為「中昜」二字合文。在這裡，中（□）字下部的口兼充了昜字所从的日，也就是說，昜字所从的日實際上是借用了中（□）字下部的口（戰國時昜字所从之日中間往往不加點或橫畫，看《起源》圖版拾玖，二「安陽」布、拾玖，七「平陽」布、貳壹，六「晉陽半」布）。古文字中類似的借筆合文是很常見的，其中在形式上與此最相近的有「公子孟」合文作□，「公子」合文作□、「公孫」合文作□、「君子」合文作□等，詳本文「六六二」條及拙作

《古漢字中的借筆字》。璽文中昜就是典籍中的中陽。古本《史記正義》引《括地志》謂：「中陽故城在汾州隰城縣南十里，漢中陽縣也。」其地在今山西省中陽縣西，戰國時曾先後被趙、秦、燕、齊等國所佔據。據《史記．燕召公世家》記載：「武成王七年，齊田單伐我，拔中陽。」可知中陽在戰國晚期曾屬燕。此璽印面呈長條形，地名「中昜（陽）」後綴一「都」字，可以說是典型的燕璽，和《史記》所記若合符節。編者將□割裂成□、□二字似不妥當（下部□入五八八頁第四欄，璽文號碼誤為「五五四五」）。故此□字應復原成□後入本書合文部份。

「七七八」五二七頁第一欄，□

今按：此字應釋為事。原璽全文作「敬□」，戰國「敬事」格言璽中的事字或作□（《彙》四一六四），正與此字同。故此字應和五二〇頁第二欄□同列一欄併入六六頁事字條下。

「七七九」五二七頁第三欄，□

今按：此字應和四七九頁第六欄□同列一欄併入三五三頁巳字條下，參本文「六六八」條。

「七八〇」五二七頁第四欄，□

今按：此字从止从尚省，丁佛言在《說文古籀補補》中釋為堂，甚是。古从尚之字尚旁往往省口作，如金文賞字可作□（《金》三四三頁）、，嘗字可作□（《金》三八五頁），堂字可作□（《中》四一頁），皆與此字同例。古璽中又有□字（五三四頁第四欄），顯然也應釋為党。党字在原璽中皆用作姓氏，漢印中有「党弘之印」（《漢徵》二．九），可見古有党氏。党字見于《說文．止部》。

「七八一」五二七頁第六欄，□

今按：此字从犬从皿省，可隸定為盍。□即犬，古璽犬旁作□、□形者習見（看本書卷十犬部），可為其證。古璽皿旁或作□（三五二頁盂字所从），□即□之省。古璽狂字所从之□既作□，又作□（二四九頁），與此同例。原璽全文作「肖（趙）盍」，古璽中又有「郑盍（□）」（《彙》一五七九）、「□陰（複姓）盍（□）」（《彙》四〇七〇），可見古人有以「盍」為名的。故此字應入二五二頁盍字條下。

「七八二」五二八頁第三欄，□

今按：此字从夊从丰，丁佛言在《說文古籀補補》中釋為夆，甚是。齊即墨刀背文「闢封」之封和「安邦」之邦所从的丰旁作□或□（《起源》圖版貳陸、貳柒），古璽封（三一九頁）、邦（一四二頁）等字所从的丰旁作□或□，皆與此字□旁同。金文夆字作□或□（《金》三〇七頁），亦與此字極近。夆字在原璽中用作姓氏，漢印中有「夆並私印」（《漢徵》五．十七），可見古有夆氏。夆字見于《說文．夊部》。又《古璽彙編》三七四六號「□口信鉨」中的□字也應釋為夆，本書未錄。

「七八三」五二八頁第六欄，□

今按：此應釋為「上各」二字合文，右下方＝為合文符號。原璽全文作「上各坒（府）」，上各即故篇中的上洛，典籍或作上雒（《左傳·哀公四年》），春秋晉邑，戰國時先屬魏，後屬秦。《戰國策·秦策》：「楚、魏戰於陘山。魏許秦以上洛，以絶秦於楚。」其地在今陝西省商縣。此璽從形制和文字風格上看，可以確定為魏璽。故此字應入本書合文部份。

「七八四」五二九頁第三欄，⿷匚巳

今按：此字从匚从巳，可隸定為⿷匚巳。古璽巸字作⿷匚巸或⿷匚巸（五一九頁第二欄），所从巳旁正與此字巳同，參本文「七五九」、「六六八」、「七七九」條。⿷匚巳字不見于後世字書。我們從它在原璽中和⿷匚巸（巸）字一樣，都用作姓氏來看，可能是巸字省體。

「七八五」五二九頁第六欄，[illegible]

今按：此字从皿从目，應和一〇九頁盦字條下〇一九九等號璽文[illegible]、[illegible]及一〇九頁盀字條下〇一九八號璽文[illegible]同列一欄，併隸為䀁，參本文「一〇五」條。䀁字不見于後世字書。

「七八六」五三〇頁第五欄，[illegible]

今按：從原璽全文看，此字上部一小點似是泐痕。[illegible]應釋為多，古璽多字作[illegible]（一七五頁），移字所从之多作[illegible]（二一七頁），皆與此字同。故此字應入一七五頁多字條下。

「七八七」五三一頁第一欄，[illegible]

今按：此字从金省从卯，應釋為鉚。古璽金字或作[illegible]（《彙》三四六九），釟（三三五頁）、釿（三三五頁）、鈒（三八九頁第二欄）等字所从的金旁或作金，金即金之省。古璽𡉉旁既作𡉉，又作羊，四旁既作囗，又作冃，與此同例（參本文「七八一」條）。不過从原璽看，金也▨可能是金之殘。𠧪即卯，古璽卯字作𠧪（三五三頁），留字所从之卯作𠧪（三九頁遛字所从，古文字中所見留、柳、劉等字均从卯聲），皆其確證。原璽全文作「鉚旗」，鉚為姓氏，似應讀作典籍和漢印中習見的劉氏之劉（看《漢徵》十四·三、四）。鉚字見于《集韻》。

「七八八」五三一頁第二欄，敌

今按：此字从攴从𠮩，朱德熙先生在《戰國文字中所見有關廏的資料》一文中隸定為𢽳，並將它和江陵天星觀一號楚墓竹簡「𢽳（𢽳）差（佐）」、「夏臣馭乘𢽳」中的𢽳字一併讀作廏，其說可信。廏字《說文》古文作𠩿，《古文四聲韻》引《古論語》作𠩿，皆从九聲，和此字从𠮩聲同。原璽全文作「𢽳（廏）右馬鈢」，璽中鈢字作鈢，朱先生在上引文中已指出其為楚璽無疑。𢽳字不見于後世字書，可能就是𣪘或廏的異體，是楚文字的特有寫法。𣪘字見于《說文·殳部》，廏字見于《說文·广部》。

「七八九」五三一頁第五欄，㥒

今按：此字从心从𠂇，應釋為㤘。金文駒字既作駒，又作𩡧（《金文編》五三六頁），古璽駒字或作駒（一四一頁），黄賓虹先生和唐蘭先生釋），皆其證。㤘字見于《玉篇》、《廣韻》、《集韻》等書。

「七九〇」五三一頁第六欄，㗊

今按：從原璽看，此□字應復原成□後分成□、□二字。上部□从立尚省聲，應和四九六頁第一欄□、三一九頁堂字條下五四二一、五四二二號璽文□同列一欄，併隸為堂或堂，參本文「七〇五」條。下部□應和五七三頁第五欄□同列一欄，併釋為谷，入二七七頁谷字條下，參本文「九〇二」條。原璽全文作「堂谷地」，堂谷為複姓。三晉官璽中有「堂（□）谷（□）和丞」（《彙》〇一二三），堂谷疑即燕上谷郡，戰國末期屬趙（參本文「八八六」條）。「堂谷」複姓當是以地為氏。

「七九一」五三二頁第一欄，□

今按：此字从生从彥，應釋為產。產字小篆作□，《說文》謂：「生也。从生彥省聲。」此字則从彥聲，不省。古璽中又有一個从頁从產的□字（《二百蘭亭齋古銅印存》「顔何」），顯然是顔字異體。产旁既作□，又作□，和古璽奇字既作□，又作□（一〇四、一〇五頁）同例。產字在原璽中用作姓氏，《萬姓統譜》謂：「《國語》注云：彭城有產氏。」產字見于《說文·生部》。

「七九二」五三三頁第三欄，□

今按：此字應和四八六頁第三欄□同列一欄。古璽長字既作□，又作□（二三八—二四一頁），敬字既作□，又作□（二二九—二三〇頁），與此同例，字待考。

「七九三」五三三頁第四欄，□

今按：此字从刃从昜，可隸定為剔。鄂君啟節鄩（昜）字所从之昜作昜，與此字昜旁同。戰國文字从刃與从刀亦往往無別，參本文「六八四」條。剔字不見于後世字書。

「七九四」五三四頁第三欄，爈

今按：此字从火从虘（攎），應和四五五頁第四欄爈同列一欄，併隸為爈，釋為爐，參本文「四一二」條。爐字見于《玉篇》。

「七九五」五三四頁第四欄，堂

今按：此字从止从尚省，應和五二七頁第四欄堂同列一欄，併釋為堂，參本文「七八〇」條。堂字見于《說文·止部》。

「七九六」五三四頁第六欄，𠂔

今按：此字應釋為市。原璽從風格上可以確定為燕璽，而燕璽市字作㐆或𠂔（一三四頁），正與此字極近。原璽全文作「梟𠂔鄢」，燕璽中又有「梟㐆口」（《彙》三三七一），𠂔、㐆顯係一字，而後者應釋為市是毫無疑問的（《彙》竟不識，本書亦未録）。在戰國文字中，市字皆用作師，故此二璽中的市字也應讀作師。「梟師」似是以官為氏。《周禮·考工記》有「梟氏」，職掌量器製造，屬「攻金之工」。「梟師」很可能和「梟氏」相當。故此字應入一三四頁市字條下，亦可入同頁師字條下。

「七九七」五三五頁第一欄，茸

今按：此字从屮从耳，應釋為茸。耳即耳，古璽耳或耳旁作耳形者習見，看本書卷十二耳部。屮、艸二旁古亦通。屮字《說文》謂「古文或以為艸字」，岎字《說文》或體作芬。故茸字可釋為茸。

茸字見于《說文·艸部》。

「七九八」五三五頁第三欄，□

今按：此□字應分成□、□二字。右側□从屮从巳，應釋為范，參本文「四一九」、「六六七」條。范字見于《說文·艸部》。左側□不識。原璽全文作「范□厶（私）尔（璽）」，典籍和漢印中范氏亦習見（看《漢徵》一·十八及《漢補》一·六）。

「七九九」五三五頁第四欄，□

今按：此字黄賓虹先生在《賓虹草堂鉥印釋文》中釋為网，其說甚是。网字《說文》立為部首。

「八〇〇」五三五頁第六欄，□

今按：此字从虍从壬，可隸定為⿱虍壬。古璽虍旁或作□、□形（看本書卷五虍部及二九三、二九四頁戲字所从），□即□、□之變。原璽全文作「⿱虍壬丘痝」，古璽中又有「⿱虍壬（□）丘隊它（它）」（《彙》三〇五六）、「⿱虍壬（□）丘嗙」（《賓》），可見古有「⿱虍壬丘」複姓。故此字應入一〇七頁⿱虍壬字條下。

「八〇一」五三六頁第一欄，□

今按：此字从王从角，可隸定為⿰王角，⿰王角字不見于後世字書。

「八〇二」五三六頁第三欄，□

今按：本條下所錄三三九一、三三九〇號璽文□均應復原成□後釋為龔，參本文「〇五二」條。龔字見于《說文·共部》。

「八〇三」五三六頁第六欄，□

今按：此字應釋為庚。原璽從風

格上可以確定為三晉璽，而三晉璽中的庚字作（三五〇頁），正與此字極近。原璽全文作「長庚」，古璽中又有「⿰重阝（重）庚」，漢印中則有「吳庚」、「周庚」、「橋庚私印」等（《漢徵》十四．十四、《漢補》十四．四），可見古人常以「庚」為名。故此字應入三五〇頁庚字條下。

「八〇四」五三七頁第一欄，

今按：此字朱德熙先生在《戰國匋文和璽印文字中的「者」字》一文中釋為者。原璽全文作「口者市鈢」，朱先生指出「者市」即見于《左傳．昭公二年》中的「褚師」，其說甚是。據杜注，知褚師是市官。故此字應和五一一頁第六欄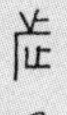同列一欄，併釋為者。者字見于《說文．白部》。

「八〇五」五三七頁第五欄，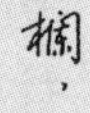

今按：此字从口从牙，《上海博物館藏印選》隸定為⿱牙口是正確的。應釋為呀。戰國邪布中的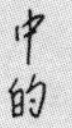（邪）字所从之牙作（《起源》圖版貳壹．二），古璽椅字所从之牙作（四五頁），皆與此字旁同。呀字見于《說文．口部》新附及《玉篇》、《廣韻》、《集韻》等書。

「八〇六」五三七頁第六欄，

今按：此字應釋為百或首。百、首古本一字，⿰妾子蚉壺「亡（無）道」之道作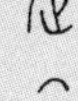（《中》六一頁），侯馬盟書道字既作，又作，可為其證。百（首）字長沙楚帛書作，信陽楚簡作（《類編》一四〇頁），皆與此字同。百、首二字《說文》立為部首。

「八〇七」五三八頁第一欄，□
今按：此字應和五一五頁第四欄□
同列一欄，字待考。

「八〇八」五三八頁第三欄，□
今按：此字可釋為足入四五頁足字
條下，參本文「四五〇」、「七一
四」條。

「八〇九」五三九頁第一欄，□
今按：此字从止从尔，應釋為邇，
參本文「七一六」條。止即止之訛，
侯馬盟書道字所从之辵既作□，
又訛作□，與此同例。原璽為單
字璽，古璽中「邇」單字璽亦屢
見，看《古璽彙編》五二一八——
五二二〇號璽（參本文「〇三四」
條）。故此字應和五〇一頁第二欄
□同列一欄併入三八頁邇字條下。

「八一〇」五三九頁第二欄，□
今按：此字應釋為苟。古璽敬字
所从之苟或作□（三八九頁第三
欄），正與此字同，參本文「四六
〇」條。原璽為單字璽，知當讀
作「敬」。古璽中「敬」單字璽極
多，看《古璽彙編》五〇〇一——
五〇三〇、五〇三二——五〇四九
號璽。故依本書體例，此字可入
二二九頁敬字條下。

「八一一」五三九頁第五欄，□
今按：此□字應分成□、仌二字。
上部□形體不全，應復原成□後
釋為正入三三頁正字條下。古璽正字或
作□（三四頁），可為其證。下部仌（從原璽
看，似應復原成仌）應釋為行入四
三頁行字條下。原璽全文作「□
仌□□」（璽文皆反書），雖有
急就草率之弊，但應釋為「正

行亡（無）厶（私）」是可以肯定的。古璽中與此同文的格言璽極多（《彙》四七六三——四七九二），可參看。編者將亍（正）字最後一筆」和[字形]（行）字捏合到一起編為本條，又將亍（正）字上部丁編入五八三頁第六欄是錯誤的。

「八一二」五四〇頁第一欄，[字形] [字形]

今按：此字應釋為亩（廩）。本條下所錄〇三二四號璽文[字形]和三三二七號璽文[字形]原璽全文分別作「□丘[字形][字形]」、「[字形]削」，古璽中又有「□□[字形]削」（《彙》二二二六），三璽從風格上皆可確定為三晉璽，[字形]、[字形]、[字形]顯係一字之異（第三字《彙》誤釋為嗇，本書未錄）。在三晉陶文和銅器銘文中，亩字往往作[字形]或[字形]（《考古》一九八〇年六期、《三代》二·五十四·三），上部亦和此字上部同。而三晉[redacted]嗇字所从之亩又往往省作[字形]（看本書一一九頁及《三代》三·四十三·一庫嗇夫鼎），和此字下部同。因此，[字形]、[字形]顯然是三晉亩字的另一種寫法，詳拙作《戰國「亩（廩）」字考察》。故此字應和一一八頁亩（禀）字條下[字形]、[字形]、[字形]、[字形]等同列一欄，併釋為亩（廩）。亩（廩）字《說文》立為部首。

「八一三」五四一頁第二欄，[字形]

今按：此字从大从皕，應釋為奭。原璽從風格上可以確定為秦璽，而秦八年呂不韋戈奭字作[字形]（《文物》一九七九年十二期），正與此字同。奭字在原璽中用作姓氏，古璽中又有「奭□」（《彙》二六八〇），漢印中有「奭應」（《漢徵》四·四），可見古有甗氏。故此字應入八四頁甗字條下。

「八一四」五四一頁第三欄，尒
今按：此字應釋為尒。古璽尒字或作尒（三二三頁璽），尒即尒之變。古璽中的尒或坾、鉨等字皆應讀作「璽（璽）」。此璽為單字璽，亦當讀作「璽（璽）」。古璽中「尒（或作坾、鉨）」單字璽極多，看《古璽彙編》五二二五——五二五八、五二五二、五二五四號璽。故依本書體例，此字應入三一九頁璽字條下。

「八一五」五四一頁第五欄，⿱甹口
今按：此字从口从甹，應隸定為⿰口甹，釋為甹。古文字从口不从口往往無別。金文甹字作⿰甹甹或⿱甹口（《金》二五六頁），聘字所从之甹作甹（《金》二五六頁），可為其證。甹字見于《說文·丂部》。

「八一六」五四二頁第三欄，⿱屮口
今按：此字从女从口，應釋為如。古璽安（一八二頁）、宴（參本文「二一六」條）等字所从之女或作⿱屮，與此字⿱屮旁極近。原璽全文作「公孫相如鉨」，「相如」是古人常用名，古璽和漢印中習見，參本文「四八六」條。故此字應入二九一頁如字條下。

「八一七」五四二頁第四欄，⿱㐅皿
今按：此字从犬从皿，可隸定為⿱犬皿。古璽狗（二四八頁）、狂（二四九頁）等字所从之犬或作㐅，與此字㐅旁同。皿即皿，古璽盄（一一〇頁）、孟（三五二頁）等字所从之皿或作皿，可為其證。

原璽全文作「郲盉」，古璽中名「盉」者亦屢見，參本文「七八一」條。故此字應和五二七頁第六欄□同列一欄，併入二五二頁盉字條下。

「八一八」五四二頁第五欄，□

今按：此字从于从知，朱德熙、裘錫圭兩先生在《戰國文字研究（六種）》一文中釋為□（智）字，省體，其說甚是。□（智）字毛公鼎作□，智君子鑑作□（《金》一九五頁），中山王𰯌諸器作□（《中》五八頁），所从□旁皆與此字同。原璽全文作「□（智）阜」，戰國銅器中有「□（智）君子」（智君子鑑，《錄遺》五一九、五二〇），漢印中有「□（智）瘋」、「□（智）寅」（《漢徵》四·三），□（智）皆為姓氏。《通志·氏族略》「以邑為氏」條下謂：「智氏，姬姓，即荀氏荀首別食智邑。又為智氏，至荀瑤為趙魏所滅，故智氏亦謂荀氏，望出河東天水陳留。」□（智）字見于《說文·白部》。

「八一九」五四二頁第六欄，□

今按：此字从斤从昔，應釋為斮。□即昔，古文字中昔旁作□、□形者習見，參本文「二二五」、「二四八」條。斮字見于《說文·斤部》。

「八二〇」五四三頁第一欄，□

今按：此字从宀从正，丁佛言在《說文古籀補補》中釋為定，甚是。原璽全文作「公孫定」，古璽中又有「口定」（《彙》三六四四），漢印中有「趙定私印」（《漢徵》七·十四），可見古人有以「定」為名的。故此字應和五〇三頁第三欄□、四五五頁第一欄□同列一欄併釋為定。定字見于《說文・宀部》。

「八二一」五四三頁第二欄，□

今按：此字从聿从廴，應釋為建。蔡侯鐘「建我邦國」之建作□（《金》九二頁），趙建信君劍建字作□（《三代》二十・四十六・二、三），皆與此字極近。原璽全文作「長建」，漢印中名「建」者亦習見（看《漢徵》二・十七）。建字見于《說文・廴部》。

「八二二」五四三頁第三欄，□

今按：此□字應分成□、閔二字。上部□應釋為羊入八七頁羊字條下，下部閔應釋為閔入二八三頁閔字條下。原璽全文作「羊閔□」（《彙》三四一四同文），「羊閔」當是複姓。

「八二三」五四四頁第一欄，□

今按：此字裘錫圭先生在《戰國貨幣考（十二篇）》一文中已釋為南，其說甚是。故此字應入一三五頁南字條下。

「八二四」五四四頁第二欄，□

今按：此字从辵从百（首），劉釗同志在《戰國文字研究（七種）》一文中釋為道，其說甚是。本條下所錄三三八八、三三八五、三三八六號璽文□原璽同文，全文作「又道」（《彙》三三八七同文），劉釗同志指出「又道」應讀作「有道」，屬吉語璽一類（引者按：嚴格說來，應是格言璽）。道字見于《說文・辵部》。

「八二五」五四四頁第四欄，□

今按：此□字應分成□、□二字。上部□應釋為亡，入二九七頁亡字條下。戰國「正行亡（無）厶（私）」格言璽中亡字作□形者習見（看《彙》四七六六、四七六七等號璽），可為其證。下部□應釋為羊，入八七頁羊字條下。原璽全文作「亡羊遺」，「亡羊」當是複姓。

「八二六」五四四頁第五欄，□

今按：此應釋為「白羊」二字合文，右下方＝是合文符號。原璽全文作「白羊□」，戰國陶璽中有「白羊城」（《季》一一一·五），漢印中有「白羊並印」（吉林大學文物陳列室藏），可知「白羊」是複姓。故此字應入本書合文部份。又古璽中除「白羊」複姓外，還見有「玄羊」複姓，「玄羊」二字合文作□（看《古徵》附三三上及《彙》二七一五），本書未錄。

「八二七」五四五頁第一欄，□

今按：此字从大从豕，可隸定為□。侯馬盟書墜（地）字所从之豕作□，古璽墜（地，三一六頁）、家（一八一頁）等字所从之豕作□或□，皆與此字□旁同。□字見于甲骨文和族名金文（《甲》三九〇、三九一頁、《金》七九六頁），但不見于後世字書。

「八二八」五四五頁第二欄，□

今按：此字从欠从干（幵），裘錫圭先生在《史牆盤銘解釋》一文中隸定為□（□），釋為訐，其說可信，參本文「二七四」條。古欠、言二旁可通，《說文》歌字或體作謌，與此同例。訐字見于《說文》言部。又《古璽彙編》二六五

○號「□」璽中的□字也應隸定為□（□），釋為訢，本書未錄。

「八二九」五四五頁第五欄，□

今按：此字从𠬪省从舟，應和五一六頁第四欄□同列一欄，併釋為受，參本文「七五二」條。受字見于《說文·𠬪部》。

「八三〇」五四五頁第六欄，□

今按：此字从力从夸，可隸定為□。□即力，侯馬盟書力旁作□形者習見，可為其證。原璽從風格上可以確定為楚璽，而楚鄂君啟節□字所从之夸作□，正與此字□旁同。□字不見于後世字書。

「八三一」五四六頁第二欄，□

今按：此字應釋為申。金文申字可作□或□（《金》七七六頁），長沙楚帛書神字所从之申作□，皆與此字同。原璽從風格上亦可確定為楚璽。故此字應入三五三頁申字條下。

「八三二」五四六頁第六欄，□

今按：此□字應分成圭、□二字。上部圭應和四四〇頁第二欄圭同列一欄。下部□應從舊說釋為人入二〇七頁人字條下。原璽全文作「帚昜（陽）都圭□」，圭、□二字丁佛言在《說文古籀補補》中謂「陳簠齋以為封人二字」。古璽中又有从邑从圭的□字（三八三頁第五欄），丁佛言在上引書中釋為邦。我們認為，陳介祺釋□為人是正確的。因為原璽從風格上看，毫無疑問是燕璽，而燕璽中的人旁正有作□形的（看《彙》三八七八「公孫倚」

倚字所从）。但釋圭為封則缺乏硬證。雖然典籍中有「封人」一官（見《周禮·地官》及《左傳》、《論語》等書），燕璽中又有从圭的[illegible]字可以據此釋為邦，但我們仍不清楚它是怎樣從[illegible]形（看一四二頁邦及三一九頁封字所从）演變過來的。特别是《古璽彙編》四。九一號燕兩面璽中圭、[illegible]二字同出，而[illegible]字應釋為封又是可以肯定的（參本文「一三三」條），那末圭字再釋為封的可能性似乎不大。總之，圭字究竟應該怎麽釋，還有待于進一步研究落實。

「八三三」五四七頁第二欄，[illegible]

今按：此字从斤从丌，應釋為斯。原璽從風格上可以確定為楚璽，而楚酓忓盤、酓忓鼎兵字所从之斤作[illegible]（《金》一二四頁），楚璽新字所从之斤作[illegible]（三三六頁），皆與此字[illegible]旁同。斯从其聲，古从其得聲之聲往往从丌作。如戰國金文箕字作[illegible]（《金》二四五頁），古陶惎字作[illegible]（《孴錄》十·三），基字作[illegible]（《孴錄》十三·二），古璽旗字作[illegible]（一六九頁），期字作[illegible]或[illegible]（一七二頁及五一七頁第五欄）。故[illegible]字可釋為斯。《汗簡》斯字作[illegible]，亦从[illegible]丌聲，與此字同。斯字見于《說文·斤部》。

「八三四」五四七頁第三欄，[illegible]

今按：此字應釋為丘。丘字金文作[illegible]（《金》四六一頁），古璽或作[illegible]（二一四頁），小篆作[illegible]，《說文》謂「从北从一」。此字上部[illegible]正和《說文》所說同。古璽丘字又作[illegible]或[illegible]，無論从土不从土，下部都可贅增飾筆八，亦和此字下部同，參本文「六四七」條。原璽全文作「奠（鄭）口丘」，當是地名璽。故此字應和四七四頁第一欄[illegible]同列一欄併入二一四頁丘字條下。

「八三五」五四八頁第二欄，嫽

今按：此字从虍（或虎）从心，應釋為慮。原璽全文作「口不慮鉩」，「不慮」是人名。《玉篇》謂：「慮，愁皃。」漢印中有名「不虞」、「不疑」者（《漢徵》十二·一），與此相類似。故此字應入一〇八頁慮字條下。

「八三六」五四八頁第三欄，[illegible]

今按：本條下所錄三二六一號璽文[illegible]和三二六〇號璽文[illegible]在原璽中皆用作姓氏，朱德熙、裘錫圭兩先生在《戰國文字研究（六種）》一文中釋為「疋子」二字合文，並指出「疋子」即見于漢印中的複姓「胥于」（《漢徵》四·十四），其說甚是。故此字應入本書合文部份。

「八三七」五四九頁第一欄，[illegible]

今按：此字从羊从分，應釋為羒。出即分，戰國文字从刃與从刀往往無別。易縣燕下都戰國墓所出趙金飾件上的「四分」合文既作[illegible]，又作[illegible]（《中國古代度量衡圖集》一七三頁），可為其證，參本文「六八四」條。羒字在原璽中皆用作人名，漢印中名「羒」者亦習見（看《漢補》四·二）。羒字見于《說文·羊部》。

「八三八」五四九頁第三欄，[illegible]

今按：此字从广从寸，《古璽彙

編》釋為守是正確的。古广、宀二旁通。戰國「苟（敬）守」格言璽守字作□（《彙》三三〇七），正與此字同。原璽全文作「宮寓坿（府）守」，璽中寓字亦从广作，與此同例。故此字應入一八三頁守字條下。

「八三九」五四九頁第五欄，□

今按：此字應釋為身。古璽身字或作□、□、□形（二一五、二一六頁），與此字極近。原璽全文作「張身」，古璽中名「身」者亦習見（看《彙》一四〇七、二〇〇八、二〇〇九、二〇七八、二三三六、二三九六、二四三三、二八四三、三〇二七）。故此字應入二一五頁身字條下。

「八四〇」五四九頁第六欄，□

今按：此應釋為「亡□（智）」二字合文。上部□即亡，參本文「〇〇七」條。下部□和中山王譽諸器中的□（智）字作□形者完全相同，參本文「八一八」條。原璽全文作「脂（閻）亡□（智）」，亡應讀作無，「無□（智）」是古人常用名。魏大梁鼎中有「肖（趙）亡（無）□（智）」（《文物》一九七二年六期），漢印中有「胥于無□（智）」（《漢徵》四·三）等等，可參看。故此字應入本書合文部份。

「八四一」五五〇頁第三欄，□

今按：此字應釋為尒。原璽為單字璽，戰國「尒」單字璽中的尒字或作□（《彙》五二四三），□、□顯係一字。「尒」應讀作「璽（璽）」，參本文「八一四」條。故依本書體例，此字應和五四一頁第三欄□同列一欄併入三一九頁璽字條下。

「八四二」五五〇頁第四欄，□

今按：此字从耳从壬，應和二八八頁耻字條下□、耻字條下□、四三三頁第三欄□同列一欄併入二八六頁聖字條下，參本文「三一四」、「三一五」、「五四九」條。

「八四三」五五〇頁第五欄，□

今按：此字从和从炅，丁佛言在《說文古籀補補》中謂「陳簠齋疑為古秋字」。我們認為陳氏釋秋可信。禾旁作□是因戰國文字从口不从口往往無別。古璽中又有□字（四八六頁第一欄），和此字聯係起來看，顯然應釋為和。□即炅，古璽「千秋」吉語璽中的秋字既作□，又作□（一七八頁），可為其證。故此字應入一七八頁秋字條下。

「八四四」五五一頁第一欄，□

今按：此字从心从川，應和二六六頁怂字條下□、□同列一欄併釋為訓，參本文「二九五」條。訓字見于《說文·言部》。

「八四五」五五一頁第三欄，□

今按：從原璽看，此字作□，黃賓虹先生在《賓虹草堂鉨印釋文》中釋為雝，甚是。古璽雝（雝，八六頁）、□（一九一頁）等字所从之雝或作□，與此字同。故此字應入八五頁雝字條下。

「八四六」五五一頁第四欄，□

今按：此字从日从巠省，應釋為晉。戰國「晉陽」布中的晉字作□（《起源》圖版貳壹，六）、□（《辭典》四一三）形者習見，亦从㚔者，和此字同。田即日之譌，中山王譻諸器中的昔字既作□，又作□（《中》三三頁），戰國「千秋」吉語璽中的秋字既作□，又作□（一七八頁），與此同例。參本文「二二五」、「二四八」、「六一八」條。故此字應入一六五頁昔字條下。

「八四七」五五二頁第二欄，□

今按：此字李家浩同志在《戰國時代的「冢」字》一文中釋為冢，可信。冢字西周金文作□、□（《金》五一七頁），𧵕盗壺作□（《中》五二頁），侯馬盟書作□、□、□，皆與此字極近。冢字見于《說文·勹部》。

「八四八」五五三頁第一欄，□

今按：此字應釋為巠。金文經字所从之巠作□或□（《金》六六九頁），古璽鄄（一五六頁）、逕（五五頁）等字所从之巠作□或□、□，皆與此字相近。巠字見于《說文·川部》。

「八四九」五五三頁第二欄，□

今按：此□字應分成□、甲二字。上部□應釋為正入三三頁正字條下。下部甲形體不全，應復原成里後從《古璽彙編》釋為里入三二九頁里字條下。

「八五〇」五五三頁第三欄，□

今按：此字从鹿省从耳，應隸定為麛，釋為麛。古璽麋字作□（二四七頁），所从鹿旁與此字□旁極近。《說文》謂麛从弭聲，又謂弭从耳聲，故麛字可釋為麛。馬王堆漢墓帛書《戰國縱橫家書·麛皮對邯鄲君章》中的麛字作□，正與此字同。麛字見于《説文·鹿部》。

「八五一」五五三頁第四欄，□

今按：此字从皿从于从知，應隸定為智，釋為智（智）。古文字中智（智）字从大不从矢者習見，參本文「八一八」、「八四〇」條。三體石經智（智）字作□（《石刻》四·五），《汗簡》引《天台碑》智（智）字作□，皆从皿作，和此字同。《説文》智（智）字古文作□（大徐本），所从亚旁顯然是皿之譌。智（智）字从皿作□，猶如屭敖簋蓋中的魯字从皿作□（《考古》一九七三年二期，郭沫若先生釋）。原璽全文作「智（智）生口」，古璽和漢印中智（智）氏亦習見，參本文「八一八」條。故此字應和五四二頁第五欄□同列一欄，併釋為智（智）。智（智）字見于《説文·白部》。又《古璽彙編》二三〇〇號「蒦亡□」璽中的□字似是智字殘體，也應釋為智（智）。「亡（無）智（智）」是古人常用名，參本文「八四〇」條。

「八五二」五五三頁第六欄，□

今按：此字从宀从中，裘錫圭先生在《戰國貨幣考（十二篇）》一文中隸定為宙，甚是，參本文「七七七」條。原璽為燕璽，全文作「宙生狗」，宙為姓氏，應讀作古璽和漢印中習見的中氏之中（看《彙》二七〇八及《漢補》一·三、《璽印姓氏徵》上一頁）。宙字不見于後世字書，疑即中字異體。燕文字中有很多从宀之字的宀旁似乎是無意義的。

［八五三］五五四頁第一欄，

今按：此應釋為「少曲（曲）」二字合文入本書合文部份。右下方＝是合文符號，參本文「〇〇一」條。

［八五四］五五四頁第二欄，

今按：此字从舟从乇，應釋為舵。古璽朝字所从之舟或作（四六二頁第六欄），正與此字旁同，參本文「六二一」條。即乇，兆域圖銅版乇字作（《中》九七頁，借為尺，從朱德熙、裘錫圭兩先生釋），中山王嚳鼎宅字所从之乇作（《中》二五頁），皆其證。舵字見于《五音集韻》。

［八五五］五五四頁第三欄，

今按：此字應釋為希。平山戰國中山王墓器物銘文中的希字作（《中》七一頁蔡），悕字所从之希作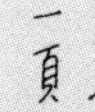（《中》五五頁悕），皆與此字同。希字《說文》立為部首。

［八五六］五五四頁第六欄，

今按：此字應釋為市。裘錫圭先生曾在《戰國文字中的「市」》一文中將燕璽中的字釋為市，其說甚是（參本文「七二一」條）。顯係一字之變，原璽從風格上亦可確定為燕璽。故此字應和五〇三頁第一、二欄同列一欄併入一一八頁市字條下。

［八五七］五五五頁第二欄，

今按：此字應釋為亩（廩）。趙𡈼軍鉟亩字作（《文物》一九八

一年八期），□即□之變，詳拙作《戰國「亩（廩）」字考察》。原璽全文作「亩（廩）鉩」，可知是倉廩所用之璽。故此字應和五四〇頁第一欄□、一一八頁亩（稟）字條下□、□、□、□、□等同列一欄，併釋為亩（廩）。亩（廩）字《說文》立為部首。

「八五八」五五五頁第三欄，□

今按：此字从木从巠，可隸定為桱。古璽巠字作□或□，正與此字□旁同，參本文「一九二」條。桱字不見于後世字書。

「八五九」五五五頁第四欄，□

今按：此字習見于楚文字資料，裘錫圭先生在《談談隨縣曾侯乙墓的文字資料》（《文物》一九七九年七期）一文中釋為坪，讀作平。原璽全文作「坪（平）阿」，裘先生指出：「西漢時沛郡有平阿侯國，在今安徽懷遠縣一帶，戰國時正在楚境內。」其說甚是。坪□字作□皆見于楚系文字資料，顯然是楚系文字的特有寫法。這裡需要指出的是，葉其峰先生在《戰國官璽的國別及有關問題》一文中將此璽和齊「平阿左亩（廩）」璽（《彙》〇三一三）混為一談，都定為齊璽是不正確的。楚「平阿」璽「平阿」二字作□□（反書），齊「平阿左亩（廩）」璽「平阿」二字作□□，兩者在風格和書寫習慣上完全不同。後者平字作□和齊文字中所見平字作□、□、□、□者同（參本文「六八三」條），阿字从土作□和齊兵器中的「平陽」之陽作□（《三代》十九．四十四．一），齊璽中的「平陵」

之陵作□（《全集》二七·二〇·三）同例（齊銘刻中凡兩字地名往往在後一字上加注土旁，猶如三晉銘刻中的兩字地名往往在前一字上加注邑旁）。此外，璽中亩（廩）字从米作□也是齊文字的特有寫法（參拙作《戰國「亩（廩）」字考察》）。因此，「平阿」璽中的平阿是楚平阿，「平阿左亩（廩）」璽中的平阿是齊平阿（齊平阿見于《史記·田敬仲完世家》和《呂氏春秋·離俗》，詳上引葉文），兩者同名異地，不能混為一談。齊平阿亦兩見于齊兵器銘文，一作□□（从山），一作□□（《周金》六·三十一·二、六·四十四·一），可參看。故依本書體例，此字既可入三一七頁坪字條下，亦可入一〇五頁平字條下。

「八六〇」五五頁第五欄，□

今按：此字从爪从衣（或卒），應隸定為□（或□），釋為狄。狄字侯馬盟書作□，古璽作□（二四九頁□「狄」字所从），魏三體石經作□（《石刻》一〇·六），皆與此字同。故此字應入二四九頁狄字條下。又《古璽彙編》三四二五號「□安」璽中的□字也應釋為狄，本書未錄。戰國人常常在用作地名、姓氏的文字上加注邑旁，例極多，參本文「一三五」條。

「八六一」五五六頁第一欄，□

今按：此字應和四四八頁第五欄□同列一欄，字待考。

「八六二」五五六頁第五欄，□

今按：此字應釋為己。古璽忌

字或作□（《賓》「高慶忌鉩」），所从己旁正與此字同，參本文「五〇〇」、「五八九」條。故此字應入三四九頁己字條下。又《古璽彙編》一四七五號「陳□」璽中的□字和三六三八號「羊忎（參）□」璽中的□字也應釋為己，本書未録。

「八六三」五五七頁第三欄，□

今按：此□字應分成□、□二字。上部□應釋為東入一三〇頁東字條下。古璽東字或作□（一三〇頁），與此字同。下部□不識。

「八六四」五五七頁第四欄，□

今按：此字从井从刀，應釋為刑。刑字在原璽中用作姓氏，漢印中刑氏亦習見（看《漢徵》五·十及《漢補》五·二）。故此字應入一一一頁刑字條下。

「八六五」五五八頁第二欄，□

今按：此字應釋為夏。夏字金文或作□（《金》一〇〇〇頁，于省吾先生釋），古璽或作□、□（一一九頁），皆與此字極近。古璽中日旁作□形者亦習見，參本文「〇〇九」條。故此字應入一一九頁夏字條下。

「八六六」五五八頁第三欄，□

今按：此字从弓从古，應和三〇一頁㢌字條下□、□同列一欄併釋為㢌，參本文「三三一」條。㢌字見于《字彙》。

「八六七」五五八頁第五欄，□

今按：此字應釋為未。未字金文

作未、未（《金》七七五頁），古璽作未、未（《彙》二四九三及一六五頁昧字所从），皆與此字同。故此字應入三五三頁未字條下。

「八六八」五五九頁第一欄，⿸厂⿰石丘

今按：此字从石从丘，可隸定為⿰石丘。古璽複姓「公石」之石作⿸厂⿰口二（四九二頁第五欄），與此字⿸厂⿰口二旁同。參本文「六九六」條。丘即丘，子禾子釜丘字作丘（《金》四六一頁），可為其證。⿰石丘字不見于後世字書。

「八六九」五五九頁第四欄，璽文〇〇五五號作途

今按：璽文號碼「〇〇五五」誤，待覈。

「八七〇」五五九頁第五欄，⿸厂鳥

今按：此字从鳥从厂，應釋為鳫（鴈）。古璽鳥旁作鳥形者習見，參本文「二七七」條。鳫即鴈字。《字彙補》謂鳫與鴈同，《六書通》引侍郎碑鴈字作鳫。鴈字見于《說文·鳥部》。

「八七一」五六〇頁第四欄，⿷匚古

今按：此字从匚从古，應隸定為⿷匚古，釋為盬。古璽胡（九二頁）、枯（一二四頁）、固（一三六頁）等字所从之古多作古，與此字古旁同。古璽⿷匚古字也作⿷匚古（九九頁簠）。此作⿷匚古，則是因匚、古二旁上端橫畫合用一筆造成的。古文字中與此類似的借筆現象是很常見的，如金文國字既作國，又作國（《金》三三八頁），古璽固字既作固，又作固（一三六頁）等

等即其例，詳拙作《古漢字中的借筆字》。⿷匚古字舊多釋為簠，高明先生改釋為𥁰，其說可從，參本文「〇八八」條。故此字應和九九頁簠字條下⿷匚古同列一欄，併隸為⿷匚古，釋為𥁰。𥁰字見于《說文·皿部》。

「八七二」五六〇頁第五欄，⿴囗七，

今按：此字从囗从才，應釋為团。古璽⿱艹⿰幺幺（茲）字作⿲幺才幺（四〇七頁第三欄），所从才旁與此字七旁同，參本文「五〇二」條。团字見于《龍龕手鑑》。

「八七三」五六一頁第一欄，⿴囗⿰丰古，

今按：此字从固从丰，舊釋為固，可從。古璽固字一般作⿴囗古（一三六頁），从囗古聲。此作⿴囗⿰丰古，當是在⿴囗古上又加注音符「丰」（古拜切）。丰、古古音近，古从丰得聲之字和古通。如律名「姑洗」，于省吾先生舊藏古先磬作「古先」（《雙劍誃古器物圖録》），隨縣曾侯乙墓編鐘則作「割肆」（《音樂研究》一九八一年一期，參看裘錫圭、李家浩《曾侯乙墓鐘磬銘文釋文說明》）。古文字中與此類似的注音形聲字也是很常見的，如金文福字可加注「北」聲作⿰畐北（《金》八頁），盂字可加注「羊」聲作⿱羊盂（《金》二七〇頁，羊旁中間的橫畫係羊、于二旁公用），古璽定字可加注「丁」聲作⿴囗丁（四五五頁第一欄，參本文「六〇一」條）等等即其例，詳拙作《古文字中形聲字類別的研究——論「注音形聲字」》。故此字應入一三六頁固字條下。

「八七四」五六一頁第二欄，□
今按：此字應釋為禾。古璽采（穗）字所从之禾或加點作□（一七七頁），與此字同。故此字應入一七六頁禾字條下。

「八七五」五六一頁第四欄，□
今按：此字應復原成□後和四○八頁第二欄□、四○八頁第一欄□、三○九頁緐字條下□同列一欄，併隸為繳，釋為纕，參本文「五○四」、「三四○」條。原璽為單字璽，《古璽彙編》和本書編者均誤將其倒置。纕字見于《說文·糸部》。

「八七六」五六一頁第六欄，□
今按：此□字應分成□、吉二字。上部□應釋為大入二五五頁大字條下。古璽大字或作□（二五五頁），奇（一○五頁）、赤（二五四頁）等字所从之大或作□，皆其確證。下部吉从士从口，應釋為吉入二九頁吉字條下。原璽全文作「行大吉」，顯然是吉語璽。戰國吉語璽中與此類似的還有「行吉」（《彙》四五三五）、「大吉」（《彙》四五三三、四五三四、五五七七）、「出內（入）大吉」（《彙》四九一二、五五九五）、「王有大吉」（《彙》四八九二）、「大吉昌內」（《彙》四四六六——四八七四）、「大吉昌」（《彙》四七三八）、「吉昌內」（《彙》四七六一）、「吉」（《彙》五○五三——五○五七）等等，可參看。

「八七七」五六二頁第二欄，□
今按：此字應釋為舟。古璽愉字作□（四五三頁第二欄），所从舟旁正與此字同，參本文「五九五」條。故此字應入二二一頁舟字條下。

「八七八」五六三頁第一欄，□

今按：此字从林从軍，應隸定為䔦，釋為葷。中山王譽鼎「參（三）軍」之軍作□（《中》四二頁），从車勻聲，與此字□旁同。林、艸二旁古通，如甲骨文萑、蒿、萅、蓐、莫等字皆可从林作（《甲》二○。——二四頁）。又《說文》謂离字从屮，又謂屮字「古文或以為艸」，但趙「离（離）石」布离字作□（《發展史》一三七頁），古璽作□（八五頁離），皆从林作。故䔦字亦可釋為葷。葷字見于《說文．艸部》。

「八七九」五六三頁第四欄，□

今按：此字《古璽彙編》釋為五是正確的。古璽五字或作□（三四六頁），正與此字同。原璽全文作「五昜」，五為姓氏。漢印中五氏亦習見（看《璽印姓氏徵》下五頁）。故此字應入三四六頁五字條下。

「八八○」五六三頁第六欄，□

今按：此字曹錦炎同志在《釋章——兼釋續、瀆、竇、鄭》一文中疑應釋為「句犢」二字合文，其說可信，參本文「○一二」條。原璽全文作「句犢旟」，句犢即見于《左傳．桓公十二年》的宋「句瀆之丘」，在此用作姓氏，當是以邑為氏。三晉官璽中有「句犢（□）五都口」（《彙》○三五三），可為其證，參本文「六八一」條。故此字應入本書合文部份。

「八八一」五六四頁第一欄，璽文三四一一號作□、二二七七號作□

今按：三四一一號璽文□从八从刃，應和二〇頁半字條下三四三一號璽文□同列一欄，併釋為分，參本文「〇一〇」條。分字見于《說文·八部》。二二七七號璽文□應復原成□後和五四九頁第一欄□同列一欄併釋為羚，參本文「〇七六」、「八三七」條。羚字見于《說文·羊部》。

「八八二」五六四頁第三欄，□

今按：從原璽看，此字應復原成□後釋為隻。古陶隻字作□、□（《孴錄》四·一），蒦字所从之隻作□、□（《孴錄》一·二、《季》五六頁），皆與此字同。原璽全文作「公孫隻」，古陶中名「隻」者亦屢見（看《孴錄》四·一）。隻字見于《說文·隹部》。

「八八三」五六四頁第五欄，□

今按：此字从人从□（或卒），可隸定為□（倅）或□。左側□从爪从衣（或卒），即狄字古文，參本文「八六〇」條。□（□）字不見于後世字書。

「八八四」五六五頁第一欄，□

今按：此字从彳从隹，應隸定為□，釋為進。古文字从彳與从辵往往無別，如金文所見延、逆、遘、還、遹、遺、追、邊等字皆可从彳作（看《金》卷二辵部），例不勝舉。故此字應和三九七頁第四欄□同列一欄併釋為進。進字見于《說文·辵部》。

「八八五」五六五頁第三欄，[illegible]

今按：此字應釋為乙。隨縣曾侯乙墓器物銘文中乙字作[illegible]者習見（《文物》一九七九年七期），可為其證。原璽全文作「蠶乙」，古璽中又有「肖（趙）乙」（《彙》八八六）。漢印中名「乙」者亦習見（看《漢徵》十四·十三）。故此字應入三四八頁乙字條下。

「八八六」五六六頁第一欄，[illegible]

今按：此字形體不全，上部被割去。原璽全文作「[illegible]谷和丞」，很顯然，[illegible]字从土从尚省，應隸定為坣或坣。坣字舊釋為堂雖然不一定準確，但其从尚省聲則是可以肯定的，參本文「七〇五」條。尚、上古音同（參本文「〇二〇」條），坣谷似即燕上谷郡。據史書記載，公元前二二八年秦破趙，趙公子嘉出奔到代，自立為代王，軍上谷。可知上谷在戰國末期曾屬趙，轄境相當今河北省張家口、小五臺山以東，赤城、延慶縣以西，及內長城和昌平縣以北地。原璽從風格上亦可確定為三晉璽。故此[illegible]字應復原成[illegible]後和四九六頁第一欄[illegible]、三一九頁堂字條下五四二一、五四二二號璽文[illegible]同列一欄併隸為坣或坣。坣或坣字不見于後世字書。

「八八七」五六六頁第四欄，[illegible]

今按：此字从攴从苟，應釋為敬。原璽從風格上可以確定為秦璽，而秦「上士相敬」格言璽中的敬字作[illegible]（《南皮》），正與此字極近。毫無疑問，秦璽中敬字的這種寫法已初具隸意。故此字應入二二九頁敬字條下。

「八八八」五六六頁第六欄，□

今按：此字从八从厶，應釋為公。在戰國文字中，口、▽二形往往互譌，齊陶文所見「公孫」複姓中的公字既作㕣，又作□（《季》三九·一〇、一一），是其確證。參本文「一六一」、「四〇八」條。

原璽全文作「公石不□鉩」，古有「公石」氏，參本文「六九六」條。故此字應入一八頁公字條下。又《古璽彙編》五六四三號「□計」璽中的□字也應釋為公，本書未錄。公氏亦見于漢印（看《璽印姓氏徵》上二頁）。

「八八九」五六七頁第一欄，□

今按：此字从隹从肙，應釋為雎（鵑）。隨縣曾侯乙墓編鐘銘文中的𨻰字所从之隹或作□（《文物》一九七九年七期），與此字□旁極近。□即肙，參本文「五五七」條。

雎字見于《集韻》，《集韻》謂同鵑。故此字應和四三五頁第六欄□、四六〇頁第二欄□同列一欄，併釋為鵑。鵑字見于《玉篇》、《廣韻》等書，也見于《集韻》。

「八九〇」五六七頁第六欄，□

今按：此字應釋為巳。巳字古陶作□（《㝬錄》二·二起字所从），古璽或作□（三五三頁），皆與此字極近。故此字應入三五三頁巳字條下。

「八九一」五六八頁第三欄，□

今按：此字从馬从𨸏，應隸定為𩢡，釋為御。《說文》謂：「御，使馬也。从彳从卸。馭，古文御从又从馬。」御字金文既作□、□、□，又作⿰馬攴、⿰馬又（《金》八九、九〇頁），古璽既作御、⿺辶吉，又作⿰金攴、⿰吉隹（四三頁）。此字作⿺辶⿰吉隹，顯然是御、⿺辶吉等形和⿰金攴、⿰吉隹等形的結合。故此字應入四三頁御字條下。

「八九二」五六九頁第三欄，⿰⿱曲爿刂

今按：從原璽全文看，此字右側豎畫似是界欄而不是文字筆畫，故應割去（參本文「四九四」條）。⿱曲爿字古璽又作⿰爿曲（《古徵》附錄五十二，疑偽）。于省吾先生曾在《雙劍誃古文雜釋》中指出璽文⿰爿曲字从爿得聲，和毛公鼎「唯天⿰爿曲集厥命」、「邦⿰爿曲害吉」及虢季子白盤「⿱曲爿武于戎工」等⿰爿曲或⿱曲爿字同（看《金》六六一頁⿰爿曲）。毛公鼎中的⿰爿曲字在銘文中讀作將，虢季子白盤中的⿱曲爿字在銘文中讀作將或壯，郭沫若先生根據《說文》醬字古文作牆，認為其字應釋為醬（《金文叢考》）。故此字如從通假角度考慮，可入七三頁將字條下；若從郭沫若先生說，則應入三五四頁醬字條下。

「八九三」五六九頁第四欄，⿱冄丌

今按：此字應復原成⿱冄木後和一〇八頁⿱虍木字條下⿱冄木同列一欄，併釋為櫨，參本文「一一五」條。櫨字見于《說文·木部》。

「八九四」五七〇頁第三欄，彤

今按：此字从疒从弓，可隸定為㽱。㽱字不見于後世字書。

「八九五」五七〇頁第四欄，緍

今按：此字稍殘，應復原成緍後

隸定為鼺，參本文「二七七」、「一九三」、「六五四」條。鼺字不見于後世字書。

「八九六」五七一頁第二欄，今按：此字應和四三〇頁第一欄同列一欄，疑即倮字。

「八九七」五七一頁第五欄，今按：此字應釋為己。原璽全文作「鄬（蔡）己信鉩」，古璽和漢印中名「己」者亦習見（看《彙》一三九一、一四七五、二一九一、三三二二及《漢徵》十四·十四）。故此字應和五五六頁第五欄同列一欄，併入三四九頁己字條下。

「八九八」五七二頁第一欄，璽文三五六二號作今按：璽文號碼「三五六二」誤，待覈。

「八九九」五七二頁第三欄，今按：此字應和五二一頁第三欄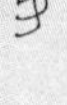同列一欄，併釋為豕入二四二頁豕字條下，參本文「七六五」條。

「九〇〇」五七二頁第五欄，今按：此字應復原成後釋為犀入二一頁犀字條下，參本文「一〇一一」條。

「九〇一」五七三頁第三欄，今按：從原璽看，編者誤將此字倒置。原璽全文作「三上之至」，《古璽彙編》四九〇三、四九〇四、四九〇六號璽與此同文，第一字作王，可知三即王字殘體，應復原成王後釋為王入四頁王字條下。

「九〇二」五七三頁第五欄，
今按：此字《上海博物館藏印選》釋為谷，甚是。古文字从日與从口往往無別，例不勝舉。故此字應入二七七頁谷字條下。

「九〇三」五七四頁第二欄，
今按：此字从酉从勻，應釋為酌。古璽軍字或作（三三七頁），所从勻旁與此字旁同。即酉，楚酓肯鼎（應正名為酓朏鼎）、酓忓鼎等器中的酓字作或（《金》七七八頁），所从酉旁亦加飾筆，與此同例（或可視為酋之省，酋、酉二旁古亦通）。酌字見于《說文．酉部》。

「九〇四」五七四頁第五欄，
今按：此字應釋為戹。金文戹字

「九〇五」五七五頁第一欄，
今按：此字从大从豕，應和五四五頁第一欄同列一欄併隸為𡘋。參本文「八二七」條。原璽全文作「命魚（複姓）敚𡘋」，五四五頁第一欄原璽全文作「王敚𡘋」，「敚𡘋」皆為人名，可見、一字無疑。𡘋字見于甲骨文和族名金文（《甲》三九〇、三九一頁，《金》七九六頁），但不見于後世字書。

「九〇六」五七五頁第二欄，
今按：此字應分成、二字。上部从𠂤从昜，應釋為陽，入三四一頁陽字條下。下部从𠬞从斤，應釋為兵入六〇頁兵字條下，參本文「五八三」條。

「九〇七」五七五頁第六欄，

今按：此字从次从向，黄賓虹先生在《賓虹草堂鉩印釋文》中釋為歃，甚是。鄂君啟節滑（讀作資）字所从之次作，與此字半旁同。戰國時从次與从欠往往無別，故字可釋為歃。歃字在原璽中用作人名，信安君鼎銘文中亦見人名「歃」，其字作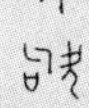（《考古與文物》一九八一年二期），可參看。歃字見于《說文·欠部》。

「九〇八」五七六頁第四欄，

今按：從原璽看，此字當作，从人从命，應隸定為⿰亻命，釋為伶。命、令本由一字分化，戰國兵器中習見的「某某令」（監造者）之令多作命或⿰亻命（《文物》一九七二年十期），古璽複姓「令狐」之令皆作命（《彙》三九八六、三九八七），故⿰亻命字可釋為伶（在兵器中借為令）。伶字見于《說文·人部》。

「九〇九」五七六頁第五欄，

今按：此字應釋為文。馬王堆一號漢墓二三二號簡「布檢（奩）五菜（彩）文一合」中的文字作，與此字同。原璽全文作「文亥」，古璽中又有「文果」（《彙》三〇七九），漢印中文氏亦習見（看《漢徵》九·四及《漢補》九·二）。故此字應入二二六頁文字條下。

「九一〇」五七六頁第六欄，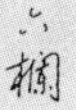

今按：此字應釋為尔。古璽鉩（璽）字所从之尔或作，或作（三二〇、三二一頁），即、

本 之變。原璽為單字璽，知當讀作「璽（璽）」，參本文「八一四」條。故依本書體例，此字應入三一九頁璽字條下。

「九一一」五七八頁第二欄，

今按：此字从犬从句，應釋為狗。古璽猘（二四八頁）、狃（二四九頁）、狐（二五〇頁）等字所从之犬作、、，與此字旁同。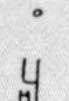印句，金文句字或作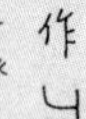（《金》一〇四頁），可為其證。漢印狗字或作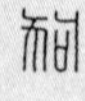（《漢補》十．二），亦與此字同。原璽全文作「王狗」，古璽中又有「石狗」（《彙》一一五八）、「宰（中）生狗」（《彙》三四九六），漢印中則有「左狗私印」（《漢徵》十．五），可見古人確有以「狗」為名的。故此字應入二四八頁狗字條下。

「九一二」五七八頁第四欄，

今按：此字从心从罯省，《上海博物館藏印選》釋為懌，甚是。古陶有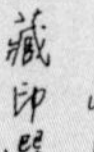字（《香錄》十．三），丁佛言在《說文古籀補補》中亦釋為懌。陝西秦始皇陵西側趙背戶村秦墓所出陶文中的「平陽驛」之驛作（《文物》一九八二年三期），所从罯旁亦省作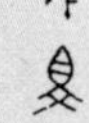，與此字旁同。懌字見于《說文．心部》新附及《廣韻》、《集韻》等書。

「九一三」五七八頁第五欄，

今按：此字从竹从糸从虘（攎），應隸定為䉾，釋為籚或纑。即盧，古陶䕶（蘆或櫨之異體）字所从之盧作（《季》三九．四），臚戈膚（臚）字所从之盧作（《周金》六．四十七．一），盧

虎布膚（臚）字所从之盧作□（《東亞》三·九），均可證。籚、纑皆从盧聲，而盧、慮（攄）又都从盧得聲，故□字可釋為籚或纑，參本文「四一二」條。籚字見于《說文·竹部》，纑字見于《說文·糸部》。

「九一四」五七八頁第六欄，□

今按：此字應復原成□後釋為豕入二四二頁豕字條下，參本文「二四四」條。侯馬盟書墜（地）字所从之豕或作□，與□字同。

「九一五」五七九頁第一欄，□

今按：此字从吅从命，應隸定為□，釋為鄰。吅即鄰字的表意初文，象兩城邑相並為鄰形，參本文「四五五」條。在戰國秦漢文字中，吅（鄰）字往往加注「文」聲作□。如中山王譽鼎「鄰邦難新（親）」之鄰作□（《中》四八頁），馬王堆漢墓帛書乙本《老子》「猶兮若畏四鄰」、「鄰國相望」等鄰字作□。此字作□，當是在表意的吅上又加注音符「命」。命、令古本一字，令、吅（鄰）古音極近，故吅（鄰）字亦可加注「命（令）」聲作□（□）。古文字中與此類似的注音形聲字是很常見的，詳拙作《古文字中形聲字類別的研究——論「注音形聲字」》。原璽全文作「王□（鄰）」，漢印中有「公孫鄰」、「張鄰之印」等（《漢徵》六·二十），可見古人有以「鄰」為名的。原璽從風格上可以確定為燕璽，故鄰字作□大概是燕文字的特有寫法。鄰字見于《說文·邑部》。

「九一六」五七九頁第四欄，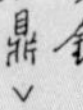

今按：此字从目从氏，裘錫圭先生在《〈武功縣出土平安君鼎〉讀後記》一文中釋為眡，甚是。原璽全文作「右庫眡事」，「眡事」之稱又見于魏三十年鹿釜（《錄遺》五二二）、三十五年鹿鼎（故宮藏器）、三十五年鹿盉（《全集》一九七八年版一〇〇）及新近出土的信安君鼎（《考古與文物》一九八二年二期）。從這些銘刻內容來看，「眡事」當是主事冶鑄的官職名。因「眡事」之稱皆見于魏器，故裘先生指出此璽亦是魏物，其說可信。故此字應入八一頁眡字條下。

「九一七」五八一頁第二欄，亊 亊

今按：此字从日从方，應釋為昉。古璽昉字既作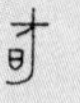，又作（一六七頁），可知作亊者是田（日）、方（方）二旁的重疊（古璽日旁作田形者習見，參本文「〇〇九」條）。古文字中與此類似的重疊式借筆現象亦頗常見。如甲骨文韱字既作（《乙編》七二六），又作（《甲》八六二頁），金文旂（旅）字既作，又作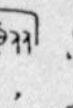（《金》三七二頁），漢印仲字既作，又作（《漢徵》八．二），皆與此同例，詳拙作《古漢字中的借筆字》。故此字應入一六七頁昉字條下。

「九一八」五八一頁第五欄，尒

今按：從原璽看，此字左側上面一點似非筆畫，應割去。尒應釋為尔。古璽鉩（璽）字所从之尔或作尒（三二二頁），正與此字同。原璽為單字璽，知當讀作「璽

（璽）」，參本文「八一四」條。故依本書體例，此字應入三一九頁璽字條下。

「九一九」五八二頁第三欄，□

今按：此字應和五五〇頁第一欄□同列一欄，字待考。

「九二〇」五八二頁第六欄，□ □

今按：此字應釋為尔。古璽尔字或作□（《彙》五二四六，單字璽），鉨字所从之尔或作□（三二四頁），皆與此字相近。本條下所錄五四六六號璽文□和五四六五號璽文□原璽皆為單字璽，知當讀作「璽（璽）」，參本文「八一四」條。故依本書體例，此字應入三一九頁璽字條下。

「九二一」五八三頁第四欄，璽文四九〇六號作□

今按：此字應復原成□後釋為至，參本文「二六八」條。至字《說文》立為部首。

「九二二」五八三頁第五欄，□

今按：此字應釋為亡。原璽全文作「正行□厶（私）」，古璽中「正行亡（無）厶（私）」格言璽極多，其亡字一般作□或□、□（《彙》四七六三——四七九二）。此璽亡字作□，顯然是□之變體（參本文「八一一」條）。《古璽彙編》四七九〇號「正行亡（無）厶（私）」格言璽中的亡字作□，與此同例。故此字應入二九六頁亡字條下。

「九二三」五八三頁第六欄，□

今按：此字應復原成□後釋為正，入三三頁正字條下，參本文「八一一」條。

「九二四」五八四頁第二欄，[illegible]

今按：從原璽看，此字作[illegible]，應釋為「弋昜」二字合文。原璽全文作「弋昜邦粟鉨」，「弋昜」是地名，應讀作弋陽。《漢書．地理志》汝南郡有弋陽縣，地在今河南省潢川縣西，戰國時屬楚。此璽鉨（璽）字作[illegible]並有十字界欄，已可確定為楚璽。楚璽中又有「邶（弋）昜（陽）君鉨」（《彙》○○○二），可資參校。故此字應從原成[illegible]後釋為「弋昜（陽）」合文入本書合文部份。

「九二五」五八四頁第四欄，夕

今按：此字應和五七七頁第六欄[illegible]、「[illegible]」同列一欄。原璽全文作「東昜（陽）口澤王夕鍴」，五七七頁第六欄下所錄○三六一號璽文[illegible]和五五六二號璽文[illegible]原璽全文分別作「單佑都市王[illegible]鍴」、「中昜（陽）都口王[illegible]」，三璽皆為條形燕璽，夕、[illegible]、[illegible]一字無疑。字待考。

「九二六」五八四頁第五欄，[illegible]

今按：此字應釋為正。平山戰國中山王墓器物銘文中的正字作[illegible]、[illegible]（《中》一五頁），古璽正字或作[illegible]、[illegible]、[illegible]（三三頁），皆與此字同。原璽為單字璽，《古璽彙編》五○九四、五○九五號璽亦為「正」單字璽，其正字作[illegible]或[illegible]，可參看。故此字應入三三頁正字條下。

「九二七」五八五頁第三欄，[illegible]

今按：此字《上海博物館藏印選》釋為正，甚是。侯馬盟書定字所从之正或作[illegible]，古璽正字或作正（三三頁），皆與此字同。原璽全文作「左正鉩」，當是官璽。故此字應和五八四頁第五欄⊠同列一欄，併入三三頁正字條下。

〔九二八〕五八六頁第二欄，妝

今按：此字从女从爿，《上海博物館藏印選》釋為妝，甚是。古璽臧字所从之爿或作月（《彙》一三二八——一三三三），與此字爿旁同。妝字見于《說文·女部》。

〔九二九〕五八六頁第五欄，□

今按：此字从糸从戈，《上海博物館藏印選》釋為綫，可信。綫字見于《字彙補》。

〔九三〇〕五八七頁第一欄，□

今按：此字从至从虍，黃盛璋先生在《所謂「夏虛都」三璽與夏都問題》一文中引朱德熙、裘錫圭兩先生說釋為屋是正確的，但黃先生將此字分析為从□从金則誤，應分析為从□（虍）从□（至）。屋字《說文》古文作□（二二一頁），古璽或作□，我們從西周儹匜屋字作□（《文物》一九七六年五期）來看，屋字本是从丰（古拜切）得聲的。此字作□，當是以虍聲代丰聲。丰、虍、屋皆屬喉音字。從韻母上看，丰屬月部，虍屬魚部，屋則屬侯部入聲。雖然月、魚、侯三部看似相隔，但古文字材料已反復證明古从丰得聲之字和魚部關係密切（參裘錫圭、李家浩《曾侯乙墓鐘磬銘文釋文說明》），而魚、侯二部在戰國時即已開始合併。故丰、虍二字作屋字的聲符是完全可能的。原璽全文作「夏屋都司徒」，古璽中又有

「夏屋（璽）都左司馬」（《彙》五五四一）、「夏屋（璽）都丞」（《彙》五五四六）。三璽從風格上皆可確定為燕璽，而夏屋也正是燕地。《水經·㶟水注》引《竹書紀年》：「魏殷臣、趙公孫裒伐燕，還，取夏屋，城曲逆。」其地在今河北省唐縣北。故此字應入二二一頁屋字條下。

「九三一」五八七頁第六欄，䢵

今按：此字从邑从武，《上海博物館藏印選》隸定為鄬，甚是。䢵即武，古璽武字一般作（字形）（二九四頁），此作䢵，是因戈（字形）旁下部兼充止（止）旁上部造成的。古文字中與此類似的借筆現象是很常見的。如金文魯字既作（字形），又作（字形）（《金》一九四頁），孝字既作（字形），又作（字形）（《金》四七七、四七八頁），侯馬盟書君羣字既作（字形），又作（字形），古璽隊衣（祂）字既作（字形），又作（字形）（三四四頁），皆與此同例，詳拙作《古漢字中的借筆字》。鄬字在原璽中用作姓氏，應即古璽和漢印中習見的武氏之武的異體（看《彙》一三二〇、一三二三、一三二四、一三二六及《漢徵》十二·十七）。戰國人常常在用作地名、姓氏的文字上加注邑旁，例極多，參本文「一三五」條。故此字可入二九四頁武字條下。

「九三二」五八八頁第一欄，（字形）

今按：此字形體不全，上部被割去。原璽全文作「陽城（字形）」，（字形）字《上海博物館藏印選》釋為綽，甚是。古璽綽字作（字形）或（字形）（三一三頁），正與此字同。編者將繂字割裂成絡、𢓈二字顯然是錯誤的（上部絡本書未錄，《古璽彙編》隸定為絔）。故此𢓈字應復原成繂後入三一三頁綽字條下。

「九三三」五八八頁第三欄，

今按：此字从八从厶，《上海博物館藏印選》釋為公，甚是。故此字應和五六頁第六欄同列一欄併入一八頁公字條下。

「九三四」五八八頁第四欄，

今按：此字應復原成後釋為「中昜（陽）」合文入本書合文部份，參本文「七七七」條。又本條下璽文號碼「五五四五」乃「五五六二」之誤。

「九三五」五八八頁第六欄，

今按：此字从厂从飤，可隸定為㕧。原璽為兩合璽，現存左半「大（太）㕧」二字。石志廉先生在《戰國古璽考釋十種》一文中讀㕧為飤，可從。原璽出于長沙古墓，從風格上可以確定為楚璽。太飤當是楚國主掌宮廷飲食機構。楚食官用璽中又有「戠（職）飤之鉩」（《彙》〇二一七），漢官印中則有「北海飤長」、「新興飤長」、「東平飤官長印」、「杜陵飤官□丞」等（《漢徵》五·十及《漢補》五·四），可參看。故依本書體例，此字可入一一一頁飤字條下。

「九三六」五八九頁第三欄，

今按：此字應釋為士。古璽士字作士（五頁）者習見。原璽全文作「身（信）士」，古璽中「身（信）士」璽亦常見，參本文「二一四」

條。故此字應和三一六頁士字條下一六六四號璽文士同列一欄併入五頁士字條下。

「九三七」五八九頁第四欄，□

今按：此字應釋為身。古璽身字或作□（二一六頁），正與此字極近。原璽全文作「身士」，身應讀作信。古璽中「信士」璽常見，信亦作誀，參本文「二一四」條。故此字應和五四九頁第五欄□同列一欄併入二一五頁身字條下。

引書簡稱表

《甲》——中國科學院考古研究所《甲骨文編》

《金》——容庚《金文編》

《中》——張守中《中山王嚳器文字編》

《孴錄》——顧廷龍《古匋文孴錄》

《石刻》——商承祚《石刻篆文編》

《古徵》——羅福頤《古璽文字徵》

《漢徵》——羅福頤《漢印文字徵》

《漢補》——羅福頤《漢印文字徵補遺》

《補補》——丁佛言《說文古籀補補》

《類編》——高明《古文字類編》

《字形表》——徐中舒《漢語古文字字形表》

《合集》——郭沫若《甲骨文合集》

《乙編》——董作賓《小屯·殷虛文字乙編》

《前編》——羅振玉《殷虛書契前編》

《菁》——羅振玉《殷虛書契菁華》
《粹》——郭沫若《殷契粹編》
《珠》——金祖同《殷契遺珠》
《三代》——羅振玉《三代吉金文存》
《錄遺》——于省吾《商周金文錄遺》
《大系》——郭沫若《兩周金文辭大系圖錄考釋》
《周金》——鄒安《周金文存》
《恆軒》——吳大澂《恆軒所見所藏吉金錄》
《奇觚》——劉心源《奇觚室吉金文述》
《壽縣》——安徽省文物管理委員會、安徽省博物館《壽縣蔡侯墓出土遺物》
《中日》——巴納、張光裕《中日歐美澳紐所見所拓所摹金文彙編》
《秦選》——上海書畫社《秦銘刻文字選》
《仰》——史樹青《長沙仰天湖出土楚簡研究》
《鐵陶》——劉鶚《鐵雲藏陶》
《季》——孫潯、孫鼎《季木藏匋》
《夢》——太田孝太郎《夢盦藏陶》
《辭典》——丁福保《古錢大辭典》
《東亞》——奧平昌洪《東亞錢志》
《起源》——王毓銓《我國古代貨幣的起源和發展》
《發展史》——鄭家相《中國古代貨幣發展史》
《彙》——羅福頤《古璽彙編》
《匋》——端方《匋齋藏印》
《賓》——黃質（賓虹）《賓虹草堂鉩印釋文》
《南皮》——張修府《南皮張氏碧葭精舍印譜》
《全集》——平凡社《書道全集》

附録

《古璽彙編》釋文訂補及分類修訂

已故著名學者羅福頤先生主編、故宮博物院編纂的《古璽彙編》已在一九八一年底由文物出版社出版。該書以故宮博物院藏品為主，兼采前人譜録（五十七種）及各地文博單位藏品（七處），共收録先秦官、私、成語（吉語）璽五千七百零八方，是一部集古璽之大成的著作。它的編纂出版為海內外學術界提供了一大批極有價值的珍貴資料。因此；我們首先當感謝為編纂出版該書付出辛勤勞動的各位先生。

《古璽彙編》和以往出版的各種古璽譜録相比較，最大的特點就是資料詳備，分類系統，而且盡可能地對每方古璽加注釋文，這些都是前所未有的。但是，編纂一部大型資料性著作並非易事，決不能奢望一蹴而就。應該看到，該書無論是在釋文上還是在分類上都存在着一定的問題。特别是釋文部份更顯得粗糙。當然，戰國文字的辨識還祇是在近十年纔有了長足的進步，所以在這一點上，我們是不能苛求編者的。

本文擬在充分吸收學術界已有成果之基礎上，對該書釋文作一次較全面的整理，主要是改錯和補釋，同時對該書的分類也作一些必要的修訂。需要申明的是：本文在撰寫過程中參考並吸收了一些他人已經公佈的和尚未正式公佈的研究成果，但限于體例，恕不一一指出而祇在文末開列參考文獻，具體論證和引述請參看拙作《〈古璽文編〉商兑刊誤補釋》（待刊）。筆者于古文字尚屬初學，穿鑿附會之處自知難免。不揣譾陋，寫出來僅供編者和讀該書者作一參考，再訂再補，當俟諸來日。懇請海內外專家學者不吝賜教。

凡 例

一、釋文訂補順序按原書順序，分官璽、姓名私璽、複姓私璽、吉語璽、單字璽、補遺六部份。

二、隔點前為原釋文，隔點後為訂補後的釋文。

三、訂補中屬訂正原釋文者一律不摹原篆；屬補釋者則先摹原篆，後用楷書釋出。殘篆可根據筆勢補足者補之，不能補的依原樣摹録。

四、訂補所涉及的字盡可能嚴格隸定（遇形省、譌變等情况或有例外），未涉及的字悉依原釋文。

五、異體字和通假字加（ ）標誌。殘缺字和暫不能認識的字用□表示。

六、合文一律直接釋出。

七、和原釋文一樣，訂補後的釋文中有些字也僅僅是隸定而已，並不是最後的確釋。

八、分類修訂部份衹列出原璽號碼，不再録璽文內容。

壹　釋文訂補

【官璽】

0002 𨚕昜君鉨·𨚕（弋）昜（陽）君鉨

0003 𨱽（長）坓（平）君伹室鉨·𨱽（長）坪（平）君伹（相）室鉨

0004 □褱君·□襄君

0008 上𩏂君之䛐鉨·上韽君之䛐鉨

0009 陽险（陰）都之□君坿·陽（蕩）险（陰）都之□君坿（府）

0015 頣（夏）鎣都司徒·頣（夏）屋都司徒

0016 亢坓都司徒·丙城都司徒

0017 泃埜都司徒·泃城都司徒

0019 鍴司徒帀·鍴（鈦）司徒帀（師）

0028 閵司馬鉨·閵（門）司馬鉨　0029—0033"閵"字同此釋

0035 司馬敀鉨·司馬口鉨　0036、0038、0040、0041、0043"敀"字同此改

0042 司馬𤞷鉨·司馬狄鉨

0044 左槁司馬·左稟（廩）司馬

0046 陽州邭右口司馬·陽州左邑右口司馬

0049 佫鄮左司馬·佫鄍左司馬

0060 帇易都右司馬·帚易都右司馬　0158 帇、0192 帇字同此釋

0062 弁易𠯍司馬鉨·平易（陽）信司馬鉨

0072 虞𢏚司寇·虞弜司寇

0073 𢗰陰司寇·𢗰（樂）陰司寇

0074 𣆀中司寇·𣆀昉司寇

0077 襄陰司寇·襄陰司寇

0079 文柗西彊司寇·文柗（臺）西彊司寇

0089 茛芒左司工·茛（藐）芒左司工

0092 平匋宗正·平匋（陶）宗正

0093 南宮𤖸（將）行·南宮𤖸（將）行

0096 㦰𢏚弩後將·𢦏（代）𢏚（强）弩後將

0097 下𨛫宮夫＝·下鄵（蔡）宮夫人

0098 口口夫＝鉨·口口大夫鉨

0099 上場行宮夫＝鉨·上場

（唐）行宮夫人鉨
0100 上口宦夫＝之鉨·上口宮大夫之鉨
0101 江口行宦夫＝鉨·江垂（陵）行宮夫人鉨
0103 武隊夫＝·武隊（遂）大夫
0106 上夫＝·上大夫
0107 夫＝·大夫
0109 郲余子嗇夫·左邑余（餘）子嗇夫　0110 同此改
0111 余子嗇夫·余（餘）子嗇夫
0113 郲發弩·左邑發弩
0115 增城發弩·增（鄫）城發弩
0119 泃埜都丞·泃城都丞
0123 尙谷和丞·尙（上）谷和丞
0125 襄平右丞·襄平右丞
0126 左軍丞鉨·左軍丞鍴
0130 六阝行府之鉨·六阝（六）行府之鉨
0131 敨府之鉨·敨（造）府之鉨
0136 五官之鉨·正官之鉨
0147 昜攻師鉨·昜（唐）攻（工）師鉨　0148—0150“攻”字同此釋
0152 郼埃師鉨·口坊（市）師鉨
0153 口尚師鉨·口者（褚）師鉨
0154 戠內師鉨·戠（職）內師鉨
0156 口陵口戠筲師·口陵口戠（職）筲師　0314 戠字同此釋
0157 左攻師戠朩師鉨·左攻（工）師戠（職）漆師鉨
0161 鑄巽客鉨·鑄巽客鉨
0164 九相垂莫囂·九相垂（陵）莫囂
0172 埶関·口關
0175 豙毋似関·豙毋飤（司）關
0186 䢅都𡧊坥·䢅都㝵（遽）

呈（馹） 0187－0189

“枈垍”二字同此釋

0190 妐坓都枋郯左·妐（容）城都枋郯左

0193 □聞敀鉨·□聞□鉨

0194－0196“敀”字同此改

0197 司戍之鉨·司戍之鉨

0198 昜[illegible]邑□□昷之鉨·昜（陽）都邑□□昷之鉨

0199 □盦之鉨·□昷之鉨

0200－0202“盦”字同此改

0205 戠歲之鉨·戠（職）歲之鉨

0211 □[illegible]之鉨·□亳之鉨

0213 戠室之鉨·戠（織）室之鉨

0216 □[illegible]之鉨·□沽之鉨

0217 戠飤之鉨·戠（職）飤之鉨

0225 維□[illegible]之鉨·維□亳之鉨

0227 左稟之鉨·左稟（廩）之鉨

0228 專室之鉨·專（傳）室之鉨 0229 同此釋

0232 璋□□选信鉨·璋□□信鉨

0235 [illegible][illegible]信鉨·宴（晏）[illegible]（市）信鉨

0236 [illegible][illegible]信鉨·[illegible]慶信鉨

0237 [illegible]安信鉨·[illegible]（婁）安信鉨

0248 歲昉信鉨·[illegible]昉信鉨

0251 □坓[illegible]·□城乘

0254 [illegible]（蘇）椱左[illegible]·左宮[illegible]（蘇）榦

0255 左[illegible]·左宮 0256－0258“[illegible]”字同此改

0264 [illegible]□公鉨·[illegible]□公鉨

0265 [illegible]□家鉨·[illegible]（夜—掖）□□鉨

0266 [illegible][illegible]不□鉨·公石不□鉨

0268 [illegible]□馬鉨·敁□馬鉨

0270 [illegible]鉨·畋鉨

0274 口里徸鉨·口里徸(進)鉨

0275 競𢇍口鉨·競忻厶(私)鉨

0276 㺀邦栗鉨·弋昜(陽)邦栗鉨

0277 𦭝丘事鉨·菫丘事鉨

0280 右𣂔政鉨·右斯政鉨

0282 右选文𫩏信鉨·右口文㝵信鉨

0283 𦳊𡍮竽鉨·蓳垂竽鉨

0285 在閒敀鉨·左閒(門)口鉨

0287 枝湩都口鉨·口湩都口鉨

0288 郿口洰𨸏鉨·郿口洰傳鉨

0289 墬(陳)窶立事歲安邑亳釜·墬(陳)窶立(涖)事歲安邑亳釜

0290 陳口三立事歲右稟釜·陳口三立(涖)事歲右稟(廩)釜

0292 䢵都𠦑鉨·䢵都市鉨

0297 單佁都𢆉鉨·單佑都市鉨

0300 左桁稟木·左桁敹(廩)木

0304 鄷(曹)口饍貟·鄷(曹)口饍廥(府)

0305 品柤在宫·厽(參—三)柤(臺)杜宫

0307 左田痡輢·左田痡騎

0308 口𦙶左軒僑·口壯左軒僑

0309 下𨛫戠毆·下綦(蔡)戠毆

0311 高陸車·高陵串(關)

0312 鋊閒口口·鋊(鈦)閒(門)口口 0334"閒"字同此釋

0313 平坙(阿)左稟·平坙(阿)左稟(廩)

0318 口𦋝之三·口𦋝之四

0319 右稟·右廩

0320 戠口之口·戠口之口

0322 右口口𥁕金鉨·口口口𥁕金鉨

0324 口丘啚剭·口丘亩(廩)剭

0326 青口旬·青口恂
0327 君之稟·君之稟（廩）
0329 明恭口·朝恭口
0332 口陽生（往）·口陽坊（市）
0336 武弜口罢鉨·武弜（强）口口鉨
0340 句丘関·句（穀）丘關
0341 侖守坎（鉨）·侖（綸）守坎（鉨）
0342 口口斁鉨·口口敬鉨
0343 五渚正鉨·五渚正鉨
0345 敀鉨·口鉨
0348 亯鉨·亩（廩）鉨
0350 右軍吳事·右庫眂事
0353 罕=五句都口·句犢（犢—瀆）五口口
0354 左巿·左市
0355 鄽口逨閶·鄞口坊（市）墍（節）
0356 口口卌鉨·口口信鉨
0361 單佑都巿王口鉨·單佑都市王口鍴 0362—0367“鉨”字同此改
0362 東昜口澤王口鉨·東昜（陽）口澤王口鍴
0367 右朱貞鉨·右口貞鍴
0368 中軍坣車·中軍坣車

【姓名私璽】

0379 王罕·王犢（犢） 0380同此改
0382 王岳·王忻 0383同此改
0384 王忩·王怡 0385同此改
0386 王㦒·王戀
0395 王喜·王坣 0396同此改
0397 王鼎·王帚
0398 王畚·王畚
0408 王盈·王口
0411 王夫·王口
0415 王胥·王臠
0417 王肯·王口

0425 王畣·王高
0438 王采·王采（穗）
0445 王貟·王貟（眗）
0449 王褢·王襄
0458 王麈·王五鹿
0462 王玥·王五月
0474 王瘖·王口
0476 王瘦·王瘥　0477 同此改
0483 王闓·王闢（闇）
0484 王戠·王甗
0486 王戲·王虘　0487 同此改
0493 王衰·王衦
0494 王尙·王堂（上）
0498 王綸·王綸（紟）
0499 王緐·王纕
0503 王餡·王餡（餡）
0506 王遭·王𨒪　0507 同此釋
0510 王遹·王進
0514 王譯·王譞（讓）
0518 王墜·王墜（地）

0524 王僾·王昝（附）
0525 王弜·王弜（彊）
0526 同此改
0533 王鳪·王鵰（雕）
0534 王敏·王敏
0550 王琫·王璋（璜）
0551 王迲（去）瘖·王迲（去）瘖（疛）
0563 王鱻·王𩵋（魚）
0564 同此改
0573 王齎·王口
0575 王㚇·王䐣
0588 王𨛜·王郢
0594 王余·王余（餘）子
0606 王翼·王翼（翼）
0607 王貟·王貟（眗）
0612 王敬·敬王
0623 王腫·王膧
0636 王大乘·王大乘
0639 王狗·王狗

0643 王敉𡚽・王敉豙
0649 王婚・王聞
0655 王口石鈢・王口期鈢
0660 長罕・長犏（犢）
0661 同此改
0664 長𢍏・長𢍏（觸）
0670 長早・長早（旦）
0671 長𣅀・長星 0672 同此改
0682 長𢓊・長御
0704 長戍・長戍
0712 長固・長匿（鹽）
0714 長团・長团
0726 長坐・長坊（市）
0727 同此改
0742 長乘車・長輂（轢）
0743 長𩓞・長嚳
0744 長𩓞・長嚳
0747 長灾・長丙
0749 長興・長共
0753 長尐・長少

0755 長埜・長城
0757 長築・長筡
0764 長㡰・長脹
0766 長㠯・長㠯（己）
0767 長総・長總（紿）
0798 長瘷・長瘷
0803 長𨘢・長遭 0804 同此釋
0805 長𨘢・長遛
0806 長巡・長巡
0807 長𨑹・長建
0810 長餡・長餡（餡）
0811 同此釋
0835 長軲・長右車
0845 長歔・長歔（矰）
0847 長斳・長靳
0849 長弢・長弢
0854 蜧（長）會・蜧（長）澮
0855 長亡忌・長亡（無）忌
0857 長去痡・長去痡（疛）
0858 長亡澤・長亡（無）澤

0860長縣𢆶·長縻犕（犢）
0863長車雝·長軉
0867長㠯·長怡
0869長臣（筐）·長臣（籃）
0870長甫·長市
0872長𠕋·長弃（棄）
0881長攺·長口 0884同此改
0885張𠂤·張身
0886肖乙·肖（趙）乙
0887—1069"肖"字同此釋
0897肖王·肖（趙）玉
0900肖堂·肖（趙）堂（上）
0901同此釋
0904肖禹·肖（趙）口
0906肖步·肖（趙）步
0907肖𠂤·肖（趙）余（餘）子
0911肖矢·肖（趙）口
0913肖𡨄·肖（趙）宿（窨）
0916肖閈·肖（趙）閈（料）
0918肖𠂤·肖（趙）盇
0919肖商·肖（趙）臺
0925肖襄·肖（趙）襄
0934肖堂·肖（趙）堂（上）
0944肖賜·肖（趙）賜
0946肖㞢·肖（趙）足
0947肖㔟·肖（趙）募
0948—0950同此改
0951肖𨚵（臧）·肖（趙）𨚵
0956肖𦦶·肖（趙）齕
0962肖早·肖（趙）旱（旦）
0965肖畀·肖（趙）口
0970肖㦡·肖（趙）㦡（樂）
0971同此釋
0973肖𢀜·肖（趙）忻
0975肖㤅·肖（趙）㤅（慮）
0976肖㠯·肖（趙）怡
0977同此釋
0986肖詳·肖（趙）讞（讓）
0988肖餡·肖（趙）餡（餡）
0989同此釋

0991 肖墬·肖（趙）墬（地）

0992 同此釋

0994 肖遊·肖（趙）遊

0997 肖巡·肖（趙）巡

0998 肖遷·肖（趙）遠

1010 肖汨·肖（趙）汋

1011 同此改

1016 肖犴·肖（趙）犴（犴）

1017 肖狂·肖（趙）鳿（雎）

1030 肖瘕·肖（趙）瘫

1032 肖瘖·肖（趙）□

1033 肖瘤·肖（趙）瘖

1034 同此改

1038 肖糣·肖（趙）□

1044 肖質·肖（趙）斯

1045 肖弱·肖（趙）弱（㝅）

1052 肖膐·肖（趙）鵑

1056 肖痟·肖（趙）痟（疳）

1062 肖去痟·肖（趙）去痟（疳）

1063 肖陸皮·肖（趙）□□

1064 肖亡澤·肖（趙）亡（無）澤

1065 肖睪之·肖（趙）睪（斁）之

1066 肖症述·肖（趙）症□

1068 肖賹夫句·肖（趙）賹夫（太）句（后）

1071 庾矢·庾□

1073 庾𡙇·庾聞

1075 庾尚·庾堂（上）

1079 庾曹·庾□

1082 庾巡·庾巡

1091 庾譙·庾譙（譙）

1102 高生·高坊（市）

1110 高庯·高宴（庵）

1111 高齜·高齹

1120 高瘦·高瘥

1123 高罕·高犒（犢）

1125 高猿·高鴿

1127 高韗·高韓

1133 高興·高共

1139 高絽官·高鄗（鄗）官

1142 高垛·高坊（市）
1144 高馬重·高馬重（童）
1146 高𢡟吾·高慶忌
1153 石生·石坊（市）
1155 石𨗈·石遾
1171 吳瘦·吳瘥
1186 周勦·周募
1189 周緊·周𦃃
1190 周𨗈·周遾
1191 周𠕄·周炟
1194 周氏·賙氏
1198 周腥·周口
1204 牛畓·牛畓
1205 牛金·百牛
1207 牛㝅·牛㝅（购）
1210 牛𠕄·牛炟
1211 牛絽·牛綰
1217 牛𦍌·牛義
1219 牛𢔶·牛𢔶
1223 喬鄭·喬鄭（齊）
1224 喬𢀜·喬豖
1234 喬頊·喬頊（頣）
1237 𢦏騎·喬（喬）騎
1240 喬丅·喬尼
1241 喬𨸏·喬䧹
1242 喬瘻·喬痕（蝕）
1244 喬頊·喬頊（頣）
1245 喬𢊁·喬黄
1246 喬㝅·喬㝅（购）
1252 黄𠷎·黄鑄　1257同此釋
1258 黄𠮛·黄申
1259 黄加·黄吒　1260、1261
同此改
1262 卜𤶅·卜疲
1269 辛𢡟吾鈢·辛慶忌鈢
1276 半㝅·半㝅（购）
1278 童䍺·童䍺
1285 皇𢼊·呈口
1291 余瘻·余痕（蝕）
1294 申𦮃·申若

1297 申𤸶·申癡
1300 尹宋·尹宋
1306 成咠·成哃
1310 成彊·城彊
1312 成𣍘·成𣍘
1316 成闗·成闇
1319 盛𩊄·盛鞭
1320 武罕·武犒（犢）
1326 武㤜信鉨·武㤜（訓）信鉨
1328 臧堵·臧堵
1334 衛陸·衛陸（防）
1339 衛生肖·衛生肖
1345 孟墬·孟墬（地）
1347 孟餡·孟餡（餡）
1354 孟婚·孟聞
1356 孟𢂁·孟𢂁
1358 孟褱·孟襄
1362 孟閞·孟關（閒）
1377 樂㫖·樂良
1379 樂綰·樂綰
1385 樂亡忌·樂亡（無）忌
1386 戀成佭·㦡（樂）成㘰（府）
1395 宋貟·宋貟（眗）
1396 宋生·宋坊（市）
1399 宋旃（旅）·宋旃（旅）
1416 宋沿·宋汋
1419 宋譙·宋譙（譙）
1423 宋𤎫·宋熖（焰）
1424 宋郢·宋口
1426 宋𢂁·宋𢂁
1430 宋𨒪·宋近
1442 宗口·口口　1443、1444
同此改
1452 陳玉·陳玉
1454 陳巡·陳巡
1461 陳臤·陳𢁽（附）
1471 陳呂·陳玉
1472 陳㕟·陳㤜（訓）
1475 陳王鉨·陳己鉨
1483 畋犀·畋隼（犨）

1484畋𦥯·畋嚳
1500畋䎽·畋𦔻（聽）
1501畋𣈆·畋晋
1504畋生馬·畋生馬口
1518孫喬·孫喬
1522孫𢀜·孫忻
1523孫覍·孫覍（弁）
1527孫褱·孫襄
1529孫醬·孫醬
1538孫閗·孫閗（料）
1541孫𨻰·孫𨻰（陣）
1543孫瘦·孫疣
1547孫阱·孫阱（陞）
1552孫去痏·孫去痏（疛）
1554孫乘·孫乘
1563孫𢀜信鉨·孫忻信鉨
1567絑𢓊·絑迅
1579邾盇·邾盇
1580邾習·邾肜
1588邾蠡·邾蠡

1594𨞼安·𨞼（魯）安
1595、1596"𨞼"字同此釋
1596𨞼車右·𨞼（魯）軌
1597齊稟·齊𣪊（廩）
1598𨟎君水·𨟎（齊）君水
1599－1610"𨟎"字同此釋
1599𨟎市·𨟎（齊）市
1605𨟎瘢·𨟎（齊）𤺊
1606𨟎𧴦·𨟎（齊）𧴦（購）
1610𨟎𧨨·𨟎（齊）𧶽
1613鄷玥·鄷（曹）五月
1614－1616"鄷"字同此釋
1622鄭線·鄭口
1627鄭余·鄭余（餘）子
1628鄭亡戭（鬼）·鄭亡
（無）戭（畏）
1632秦汨·秦汋
1634口巡·口巡
1637呂瘦·呂疣
1642郘肙·郘（呂）肥

1643 郘步·郘（吕）步

1645 左犯·左吠

1646 左老·左口

1651 左余子·左余（餘）子

1653 郂口·郂（左）口　1654
　　“郂”字同此釋

1660 鄱口·鄱（番）口

1661 鄱轄信鉨·鄱（番）較
　　（較）信鉨

1663 土身·身（信）士

1664 土信·信士　1665 同此改

1667 坶㓗·坶（土）漢

1668 昜譙·昜譙

1673 昜乘車·昜𨎮（轃）

1678 鄐口·鄐（昜）口

1679 鄐之豖·鄐（昜）生豖

1682 奇帚·奇帚

1683 奇緐·奇緐

1684 奇齒·奇踦

1687 郼署·郼（奇）署

1690 丁郚信鉨·丁𨛍（改）信鉨

1691 邒乘口·邒（丁）乘口

1695 高亡魂·口亡（無）魂（畏）

1696 口垍遷·口垍遷

1700 梁遷·梁遷

1701 郛（梁）氣·郛（梁）氣
　　（氣—刉）

1703 梁犢·梁犢（犢）

1705 梁墬·梁墬（地）

1710 梁㓝·梁㓝（丙）

1714 事平·事（史）平
　　1715－1814、1816－1823、
　　1825－1869“事”字同此釋

1723 事月·事（史）夕

1725 事余·事（史）余（餘）子

1732 事早·事（史）早（旦）

1735 事生·事（史）坊（市）

1752 事堂·事（史）堂（上）

1760 事戠·事（史）𩰫

1764 事麋·事（史）五鹿

1783 事瘦·事（史）⿸疒尧
1787 事⿸疒叡·事（史）⿸疒臣
1788 事⿸疒畗·事（史）⿸疒奮
1793 事⿰土彖（地）·事（史）⿰土豕（地）
1799 事詳·事（史）譭（讓）
1800 事譕·事（史）譙（譙）
1802 事⿱艹𤔔·事（史）請
1815 事口·口得
1824 事⿵冂羊·掌事
1825 事⿰車丬·事（史）旗（旅）
1832 事⿰弓古·事（史）⿰弓古
1838 事⿰礻⿻·事（史）玖（㺯—訮）
1841 事⿰金朋·事（史）釿月
1844 事⿱⿰口口肙·事（史）喟
1845 事⿰亻禾·事（史）⿰亻禾（休）
1846 事旗（旅）·事（史）旗（旅）
1847 事⿰𠂤⿱幺幺·事（史）絓
1852 事⿱谷口·事（史）萑
1853 事⿱丱⿰目刂·事（史）劏（剬）
1854 事⿱亼皀·事（史）⿰食可
1855 事⿹⿱爻凵·事（史）舟
1858 事睪痯·事（史）睪痯（疛）
1864 事冒氏·事（史）買氏
1865 事⿱亼⿵冂口·事（史）臺
1870 郹安·郹（史）安
1871—1873"郹"字同此釋
1874 和⿱⿰目目⿵冂⿱冂田·和⿱⿰目目⿱冖日
1875 和傁·和⿱付日（附）
1878 和語痯·和語痯（疛）
1879 郝⿱辛衣·郝（和）⿱辛衣
1883 豊歐·豊（禮）歐
1884 酆歐·酆（禮）歐
1885 酆戊鉨·酆（禮）戊鉨
1886 埜湏·埜（邦）湏
1887—1889"埜"字同此釋
1887 埜固·埜（邦）匠（藍）
1888 埜弪·埜（邦）弪（强）
1890 郌耵·郌（邦）耵
1891—1900、1902"郌"字同此釋

1893 邽闟·邽(邦)窞(窖)
1898 邽咊·邽(邦)咊
1899 邽巡·邽(邦)巡
1902 邽䵷·邽(邦)啾
1905 鄤弇·鄤(瞏)弇
1906“鄤”字同此釋
1907 郛偯·郛(采)㝵(附)
1908－1911“郛”字同此釋
1910 郛勳·郛(采)募
1912 鄈陛·鄈(采)陛
1913－1917“鄈”字同此釋
1916 鄈去痟·鄈(采)去痟(疛)
1918 郛口·郛(采)口
1923 郪口·郪(杜)口
1926 郱蒼·郱(并)蒼
1928 軿癠·軿(車)口
1929 登口·登(鄧)口
1930－1933“登”字同此釋
1934 鄧矢·鄧口
1937 口瘦·口瘥
1938 口巡·口巡
1939 口睪之·口睪(斁)之
1940 郐譙·郐(徐)譙(譙)
-1941－1958“郐”字同此釋
1943 郐癠·郐(徐)口
1945 郐迷·郐(徐)口
1952 郐連𠔃·郐(徐)連期
1959 郾阜·郾(燕)阜
1960－1978“郾”字同此釋
1960 郾畓·郾(燕)畓
1965 郾矢·郾(燕)口
1968 郾𢿱·郾(燕)散(措)
1973 郾瘕·郾(燕)瘕
1974 郾瘦·郾(燕)瘥
1977 郾尚·郾(燕)堂(上)
1983 郢脊·郢臠
1986 鄞桀·鄞(童)桀
1987－2042“鄞”字同此釋
1991 鄞罍·鄞(童)罍
1995 鄞巡·鄞(童)巡

2005 郵⿰毛鳥·郵（童）⿰毛鳥
2007 郵譾·郵（童）⿰言前（譾）
2011 郵㕣·郵（童）忻
2014 郵瘖·郵（童）□
2017 同此改
2019 郵⿰埶凡·郵（童）⿱戈食（饐）
2035 郵畜·郵（童）盍
2043 □犴·□犴（⿰犭幵）
2050 邘固·□⿷匚古（盬）
2051 郢訬·郢訬
2052 郢良·郢良
2053 郢巡·郢巡
2054 ⿰壬阝裳·⿰壬阝（任）裳
2055-2057“⿰壬阝”字同此釋
2056 ⿰壬阝瘖·⿰壬阝（任）瘖（瘦）
2058 郇⿸疒欠·郇瘚
2060 郇⿱角牛·郇⿱角牛（觸）
2062 郇印·郇□
2068 郏上志·郏上□
2069 ⿰賣阝□·⿰賣阝（犢）□

2070-2072 ⿰賣阝字同此釋
2073 邡⿸疒尧·邡（方）⿸疒尧
2074 ⿰魚阝沼·⿰焦阝（⿰焦阝一焦）汋
2075-2080“⿰魚阝”字同此改
2081 ⿰魚阝酉·⿰焦阝（焦）酉
2082 ⿰魚阝御·⿰魚阝（魚）御
2083-2086“⿰魚阝”字同此釋
2093 ⿰虽巴⿱尚口·⿰虽巴堂（上）
2095 ⿰虽巴固·⿰虽巴⿷匚古（盬）
2101 ⿰隶阝⿱角牛·⿰隶阝（肆）⿱角牛（觸）
2102、2103“⿰隶阝”字同此釋
2103 ⿰隶阝廛·⿰隶阝（肆）五鹿
2104 ⿰求阝参·⿰求阝（裘）参
2105“⿰求阝”字同此釋
2108 ⿰弓阝俞頭·⿰弓阝（弓）俞頭
2109、2110“⿰弓阝”字同此釋
2111 ⿰其阝□·邧（亓）□
2112“⿰其阝”字同此改
2113 ⿰基阝⿰犭昜·⿰坖阝（亓）⿰犭昜
2118 ⿰毛阝遇·⿰毛阝（毛）遇

2119 [illegible]、2120 [illegible]、2121 [illegible] 均同此釋

2122 䜌柾·𨞛（䜌）柾

2123 "䜌"字同此改

2124 郹瘦·郹（及）痝

2125 郕臤·郕（戈）弫

2126 𨛘茁·𨛘（弗）茁

2128 郤譽·郤（各）罥

2129 𨟖昃·𨟖（緐）昃

2130 𨞇痓·𨞇（素）痓

2131 鄭司馬·鄭（犢）司馬

2132 鄱諄·鄱讖（讓）

2133 鄭釚·鄭（鞭）釚

2134 鄅肯·鄅（禺）□

2135 邧紹·邧（元）詔

2136 郔渝·郔（恆）渝

2137 鄲瘊·鄲癡

2138 郄□·郄（冬）□

2140 鄎瘖·鄎□

2141 鄱昜·鄱（蕃）舁

2142 邪窨·邪窨（窨）

2143 鄡目·鄡（駒）目

2144 邗殉·邗（千）殉

2150 郋瘖·郋（白）□

2151、2152"郋"字同此釋

2152 郋罕·郋（白）犢（犢）

2153 邞去疾·邞（不）去疾

2155 □歸·□歸

2160 □肯·□□

2162 □傻·□皆（附）

2167 □選·□選

2169 [illegible]華·䢵（范）華

2170－2174 [illegible]字同此釋

2170 [illegible]尚·䢵（范）堂（上）

2172 [illegible]諄·䢵（范）讖（讓）

2176 郡[illegible]·郡（尹）膗

2177 [illegible]胥·郚（聶）胥

2179 □辛·□才

2180 □勳·□募

2182 鄦臤·鄦（雝）弫

2183"鄙"字同此釋
2184 邜迷·弜(彊一强)口
2185 邜、2186 邜、2187 邜
均同此釋
2188 郗㝬·鄻(蔡)事
2189 郗昌·鄻(蔡)昌
2190 郗口·鄻(蔡)口
2191 口𠫤·口己
2193 郘余·弜(弓)余
2194 郘補(輔)·弜(弓)補(輔)
2195 口𨑥里·口正里
2202 郃口·郃(台)口
2203"郃"字同此改
2204 郒疆·郒(襄)疆
2205 鄻口·鄻(蔡)口
2206 郔口·郔(胥)口
2209 鄅口·郉口
2210 郤居·口居
2213 郿䵢·鄮(嚴)妹
2214 郚㾁·鄅(胡)㾁
2218 郕口之·郕(戈)口之
2219 邘臧·邘(守)臧
2226 口啚敥·口口亩(廩)削
2227 郜左·郜司工
2231 口馬重·口馬重(童)
2233 郱同·郱(弁)同
2234 口㤅·口态
2236 口訓·口訢
2237 口緐·口纕(纕)
2240"緐"字同此改
2241 鄧丁·鄧丁
2243 鄙口·鄙口
2244 下南閔·下南閔(門)
2247 邙馬重·邙馬重(童)
2248 苜鄭·芒鄭(齊)
2250 蓳譙·蓳譙(譙)
2259 華坨·華坨
2262 芋臤·芋䀠(附)
2275 蘠旱·蘠旱(旦)
2277 薔𥝢·薔粉

2278 呆口·某（梅）口
2282 莿弜·莿弜（强）
2283 蓮疠·範疠
2284 蓮張·範（範一范）張
2285－2288 蓮 字同此釋
2291 雚壬·雚壬
2294 艽益帚·艽益帚
2295 口犨·口犨（觸）
2296 莆齒·莆齒
2297 茉口·茉口
2299 萬口·曹口
2300 蒦亡智·蒦亡（無）智
2304 芒口·芒口
2310 陽貸·陽貸
2315 陽匽傒·陽匽（魏）坿（府）
2316 陽口傒·陽口坿（府）
2317 阳匕·陽丩（曲）
2321 陰忎（悊）·陰忻
2322 同此改
2326 陞緐·陞（防）綴（纕）
2327 陛雚·陛（邦）雚
2328 "陛"字同此釋
2332 阡陰傒·阡陰坿（府）
2334 韓㫃·韓昉
2350 韓巡·韓巡 2351 同此改
2357 韓尚·韓堂（上）
2358 韓狌·韓吠 2362 同此改
2363 韓酐·韓郚
2370 韓亡澤·韓亡（無）澤
2374 戟弱·戟弱（彊）
2398 析瘊·析癡
2400 柾兄·梃（楚）兄
2401 "柾"字同此改
2402 松瘇·松瘇
2404 桃口·桃口
2405 桃 字同此釋
2408 口津·口津
2409 口策·口策
2410 榆青·榆青
2416 楷余·稾（廩）余

2417－2464“楅”字同此改

2423 楅岳·稟（廩）忻

2426 楅窨·稟（廩）害（窨）

2428 楅固·稟（廩）医（盬）

2431 楅貟·稟（廩）貟（駒）

2434 楅匠·稟（廩）匜

2436 楅生·稟（廩）坊（市）

2438 楅遷·稟（廩）遍

2439 同此釋

2443 楅館·稟（廩）館

2446 楅瘦·稟（廩）瘥

2447 楅䐢·稟（廩）癰

2459 楅⅏·稟（廩）网

2461 楅忐門·稟（廩）忤於

2462 楅去痟·稟（廩）去痟（疛） 2463 同此釋

2465 梠瘦·梠瘥

2472 梠不步·梠不步

2473 采延·采巡

2476 穌申·穌（蘇）申

2477－2490“穌”字同此釋

2483 穌痓·穌（蘇）□

2484 穌㾓·穌（蘇）疲

2497 䡅尚·輨堂（上）

2498－2500“䡅”字同此改

2500 䡅敀·輨管（附）

2502 輇之□·輇生□

2503 䜌牙·轡（鑾）牙

2504－2509“䜌”字同此改

2506 䜌亡忌·轡（鑾）亡（無）忌

2507 䜌夗·轡（鑾）肥

2518 犷晉·犷壽

2519 犷崮·犷青

2523 䳼慶·鷗慶

2533 □犲·□瘕

2535 絲総·絲總（給）

2540 絲乚·絲乙

2543 佃氏靬·佃氏胖

2545 借肯·借□

2548 傷子·傷（傷）子

2549 傷□・□□
2550 偖府・佶（造）府（府）
2551 侗□・邵（昭）□
2552 侗衿・邵（昭）刳
2555 佋鼻・怊（昭）鼻
2558 任利・弡利
2561 佶・佶（信）
2563 垍南閔・垍南閔（門）
2564 垍肯・垍□
2566 場鐽・場羊（騂）鼻
2568 鄐閒・墙（昔）閒
2573 鄐字同此釋
2575 壐阱・壐（齇）阱（陛）
2576 啟譎・啟譎
2579 啟啟・啟啟
2581 攺（肇）□・攺□
2582 肇買・攺買
2586 洎果・涫果
2591 沖肯・沖青 2592、2593同此釋
2594 劃足・潭（瀆）足
2596 沮七忌・沮七（無）忌
2597 洎□・涫□
2604 繛均・縴（續）均
2605 繛字同此釋
2610 紝□・紀□
2611 紹肙・紹（紀）肙
2618 □墬・□墬（地）
2623 □緊・□緊
2626 迊之猗・延（征）生猗
2630 行痻・行牿
2633 行谷・行谷（異一冀）
2635 行舍・行大吉
2636 霝遙・霝（靈）遹
2637-2639"霝"字同此釋
2642 零蚰・零蜓
2645 痾痾・痾疤
2647 痾羊・痾犃（犢）
2649 痾向・痾酉（丙）
2650 瘍欢・瘍欢（欣一訢）

2652 瘍鄙·口鄙
2655 閔絽·閔(藺)綰
2656—2659"閔"字同此釋
2657 閔朝·閔(藺)朝
2661 閔徙·閔(藺)徙
2662 閏絲·閏繇
2665 恢貟·恢貟(贁)
2671 恢張·恢張(彊)
2672 恢逑·恢口
2674 恢亡戦(鬼)·恢亡(無)戦(畏)
2676 絲罣之·戀罣(數)之
2678 聽悒·聽(聽)悒
2679 忑菫·忑菫
2681 中躬·中(忠)躬(信)
2682—2687 同此改
2688 中身·中(忠)身(信)
2689—2705 同此釋
2706 中息·中(忠)息(信)
2709 中辛信鉨·仲辛信鉨
2715 𦍩勵·玄羊勵

2718 右弁宮·右弁宮
2735 胸不脂·胸(胞—鮑)不脂 2736、2737"胸"字同此釋
2739 盍𨟻·盍熖(焰)
2743 盍貴·盍膚
2744 章辭·章欲
2745 星沼·星口
2749 膚弜·膚弜(强)
2750 膚匩(簋)·膚匩(籃)
2755 吾絽·吾綰 2756 同此改
2758 馬涉·馬涉
2759 君羊·君(尹)羊
2760—2791"君"字同此釋
2762 君麈·君(尹)五鹿
2765 君僕·君(尹)僕(附)
2767 君朔·君(尹)婁(褸)月
2773 君阱·君(尹)阱(陛)
2781 君讓·君(尹)讓(讓)
2783 君恩·君(尹)舟

2793 □彽·□性（姓）

2808 □諫·□諫

2810 □弫·□弫（强）

2816 □羿·□羿（翼）

2817 同此釋

2821 □芾·□市

2825 □生逅·□生返

2839 義翏·義翢

2841 義𦦙·義乘

2847 馮去痯·馮去痯（疛）

2849 㡓𩈖·㡓𩈖（觸）

2856 㡓𢍏·㡓羚

2859 㡓遷·㡓遷

2868 □㞷·□坾（市）

2869 □𡗗·□希

2875 □旱·□旱（旦）

2876 䕻緣·麻緣

2890 𨑟忎·㫡（門）正忎

2891—2921 𨑟字同此釋

2897 𨑟戊·㫡（門）正戊

2898 𨑟勦·㫡（門）正募

2899 𨑟㠯·㫡（門）正怡

2903 𨑟沼·㫡（門）正沟

2904 𨑟瘢·㫡（門）正瘢

2913 𤌣𨘋·㫡（門）正遷

2914 𨑟旅·㫡（門）正旅

2915 𨑟阱·㫡（門）正阱（陞）

2922 臤武·弫武

2923—2943 “臤”字同此改

2925 臤幻·弫幻

2930 臤襄·弫襄

2934 臤䁖·弫婁（稷）月

2942 臤瘖·弫□

2943 臤馬重·弫馬重（童）

2944 豎□·豎□ 2945“豎”字同此改

2951 □窨·□窨（窨）

2965 □㑊·□笸（附）

2966 □瘠·□瘠（癠）

2970 𦣻㞷·𦚐（閭）坾（市）

2971－2972 㝵、2973－
2982 㝵 均同此釋
2971 㝵犴·朏（閻）犴（豻）
2975 㝵狼·朏（閻）鴿
2976 㝵禽·朏（閻）高
2982 㝵嚣·朏（閻）亡（無）智
2986 賙赤·賙赤 2987－
3021、3024“賙”字同此釋
2990 賙事·賙昉
2991 賙尚·賙堂（上）
2993 賙嚳·賙嚳
2994 賙勳·賙募
2999 賙疴·賙疴
3002 賙沼·賙汋
3009 賙尚·賙堂（上）
3011 賙生·賙坊（市）
3020 賙綸·賙綸（紷）
3021 賙陞·賙陞（邶）
3022 周□·賙□
3023 周異·賙異
3024 賙軗·賙右車
3025 周萸臣·周萸（莫）臣
3033 奠□·奠（鄭）□
3034 戠寅·賦□ 3035“戠”
字同此改
3036 戠爾·賦爾 3037－
3039“戠”字同此改
3040 翏從·羿從 3041“翏”
字同此改
3053 □緐·□綴（纕）
3055 □盍逑·□盍□
3056 虘丘隥·虘丘隥（地）
3057 虘□·虘（鑪－盧）□
3060 㝬容·憲容
3061 㝬遳·宔（定）遳
3062 㝬□·寶（寶）□
3063 㝬鳴·㝬鳴
3073 鞀勳·鞀募
3074 明青·明青
3077 下西閔·下西閔（門）

3078 國𨘉·國遖

3083 五䈯語·五䈯語

3090 䃟肯·䃟□

3093 京市·京（亭）市

3096 北㑌·北㘫（府）

3099 𦍌□·白羊□

3100 㮚㑌·㮚㑃（附）

3102 㮚𠜱·稟（廩）冢子

3104 乇陽·平陽

3113 𡐯陴·𡐯陴（陣）

3114 𦾝疰·𦾝疷（瘠）

3118 𦾝余𩞡·林□余佳

3122 𢼸里·攺巠

3123 膚𠷎·膚堂（上）

3125 千心·信

3126 弗衺·弗□

3129 躳言·言躳（信）

3130 競訓·競訢 3131、

3132 同此改

3134 衺（襄）陰·襄陰

3135 目又·得

3139 弓襄·弓襄

3141 𡉀止谷·坊（市）正谷

3142 啺茈·啺（唐）茈

3147 □𨘉·□遖

3149 𠷎鮎·堂（上）鮎

3150 𠷎字同此釋

3151 □諩·□讝（讓）

3154 戲𨑓·戲賗（市）

3155 青中·青（精）中（忠）

3156－3158 同此釋

3159 𢈌丘㑌·𢈌丘㘫（府）

3160 “㑌”字同此改

3162 □絽·□綰

3165 □𠷎·□堂（上）

3169 𣂅弡·𣂅弡

3181 𦣞豎·𦣞（熙）豎

3182－3184 𦣞字同此釋

3183 𦣞𡋯·𦣞（熙）懠

3184 𦣞䍐之·𦣞（熙）䍐（數）之

3185 匽羿·匽（郾—熙）捐

3190 焉去痟·焉去痟（疛）

3192 𫲨畚·多□（或□多）畚

3193 𫲨字同此釋

3194 淳于袠·淳于祢

3196 重脒·重（童）觫

3197“重”字同此釋

3198 啬烈·啬庶

3199 啬在·啬在

3202 帀□·市（師）□

3203帀、3204帀 均同此釋

3204 帀暑·市（師）暑

3205 市昃·市（師）昃

3206“市”字同此釋

3207 肯訒·茸（茸）逗

3211 破質·破斯

3212 忌之·忌（慮）之

3214 數様·數枑

3215 外閒·外閒（閒）

3219 計㒰·計君子

3221 可剔·可剔

3223 圁憙·圁憘

3224 配易·配（熙）易

3226 赤毆·赤毆（驅）

3227 鄭鮮·鄭（焦）鮮

3228 𨚵佺·上各（洛）坒（府）

3229 梁箕·梁丘

3234 □脞·□郢

3236 宮寓佺守·宮寓坒（府）守

3238 龤峯·余者（或者余）粉

3239 均閱□·均閱（閻）□

3244 □晌·□鳴

3247 毛𨞺·毛鄭

3248 尨弦·者弦

3249 □瘡·□瘡（蝕）

3250 □勳·□募

3251 □侵·□𡬠（附）

3256 㯨坡·闑（旻—門）正坡

3257 貸□·貸□

3258 𣲖□·冶□

3259 株肙·梠口
3260 𤴔廿·疋（胥）于廿
3261 𨑥 字同此釋
3262 口孛·口昉
3263 肅君·肃君
3264 𤔲犀·犏（犢）隼（犨）
3266 瀸匽·瀸（渤）匽
3268 鎏旗·鎏（劉）旗
3269 臾譱·臾譱
3272 口柾·口梴（楚）
3273 郶口·郶（肥）口
3274 𠈅口·北宫口
3275 麆忎·五鹿忻
3277 痳慶·牀慶
3278 尺悬·尺悬
3280 全牛·百牛
3281 全年·百年
3283 口老車右·口老軜
3284 劉山·劉（劊）山
3286 瘚口梁·瘚（變）口梁
3287 𡴣𢹂·唛（陵）𢹂
3292 仁鵗·仁鶬
3294 敢耻·敢（嚴）耻（聽）
3297 駈興·駟正興
3300 口孛·口昉
3301 口㕣·口口丘
3303 姜昧·姜昧
3304 郾勳·郾募
3309 羊身·羊身
3311 𦁜疵·余者（或者余）疵
3312 口梠·口棺
3314 㣇身·抈（引）身
3315 智阜·知（智）阜
3320 周䢓·周起
3321 口肯·口䢵（市）
3325 口弫·口弫（强）
3326 口臣·口佢（宦）
3327 𠷎剢·亩（廩）剸
3335 舘氏丞·䭚（館）氏丞
3337 青中·精中（忠）

3340 㠯坾·巳坾（鉨）

3341 邡口壴·邡（方）口躳（信）

3344 氏息·[氏心]（信）

3345 息坾·息（信）坾（鉨）

3352 [丰土]行·[丰土]（邦）行

3353 𢆶絵·孳（兹）絵

3354 臼犴·臼犴（豻）

3355 各偪·各逼

3363 敬中·敬中（忠）

3366 茍言·敬言

3368 大福·福大

3371 臬丕口·臬帀（師）口

3373 幻庳·幻庳（廦）

3375 口計·口口

3376 口韓·口韓（韇）

3377 得𠯑·得志

3380 口僂·口䈒（附）

3383 口坴·口鈞

3390 [丰土]（共）口·龔

3391 同此改

3392 口負·口負（䝏）

3399 茍言·敬言

3401 君口·君（尹）口

3403 [舟余心]·[舟余心]（愈）

3404 少丩敢·少丩（曲）敢

3408 鄅口·鄅（禺）口

3409 羌口·羌口

3410 臬丕[匚馬]·臬帀（師）[匚馬]

3411 分虘口·分虘口

3414 羊閔[匚馬]·羊閔[匚馬]

3415 口車[辶隹]·口車駐（御）

3416 訟生諫·訟生諫

3417 芑口私尔·芑（范）口私尔（鉨）

3425 郄安·郄（狄）安

3427 大口慶·大口慶

3430 句旗·句犒（犢一瀆）旗

3431 半番過·分番過

3432 口骨臣·口臣

3433 虘丘瘻·虘丘疣

3437 □□侖·□□倫(伶)
3438 庶□俓·庶□坣(府)
3442 尙城俓·尚(當)城坣(府)
3443 青堵坊·青堵坊(市)
3444 □夏·□夏
3445 武□陽兵·武□陽兵
3451 □陽步·□陽步
3453 匋即生晨·匋即生晨
3456 千牛全羊·千牛百羊
3459 翏覓·翏覓
3460 □遹·□遹
3461 □犢·□犝(犢)
3463 忠身·忠身(信)
3472 甹子·甹子
3480 □䜌·□䜌(鑾)
3485 安□·安□
3486 卲□·卲□
3494 賞高·賞高
3496 中生狗·中(仲)生狗
3497 智生□·智(智)生□
3498 □閔鄰·□閔鄰(齊)
3499 夆□·夆□
3503 殺□·殺□
3504 □生髲·□生髲
3507 周克·周克
3508 水丘塚·水丘塚(塚)
3509 巨□·巨(區)□
3513 □晙·□晙
3514 羊閔𨜒·羊閔𨜒
3518 岹湯·岹湯
3520 壯角·壯角
3522 婁辯·婁辯
3525 鳫卑·鳫(鴈)卑
3526 歡鄰·歡(贈)鄰(秦)
3527 □𠬝·□𠬝(附)
3529 敬□·敬□
3530 峇達·峇(岦)達
3532 砳□·砳□
3535 苟迒·苟迒(邇)
3537 老聽·□聼(聽)

3543 㐭子·稟（廩）冢子
3546 口諫·口諫
3549 尙谷地·尚（上）谷地
3550 口瘽·口瘽（蝕）
3552 口䅷·口口程
3553 口弝·口弝（强）
3556 口㝵·口得
3558 監㧑·監捐
3559 旨𨑒·旨迅
3560 𠕕口·党口
3562 皇𢧢·皇𢧢
3564 文亥·文亥
3569 𠷎口先·胡口先
3570 𠯑𢘑·邰（台）㦭（訓）
3578 止口·正口
3583 𢆉齒·乇羊齒
3584 𡗝䨺·亦章䨺
3589 口口·口口口
3590 口齎·口口口
3609 口齎·口口
3611 孝口·口口
3612 口信·口㛿
3613 口衆衣·口褁
3620 㗰君·啞君
3622 口口夫·口口夫
3623 羑口·羞口
3624 胡鼻·𨛫（胡）鼻
3625 耿𣓁·耿楳（梅）
3626 口口之坊·坊（市）𢿱
3629 㝃戎夫·宛戎夫
3631 𡧊章·𡧊章
3637 口𦿁·口藏
3638 羊𡍢·羊厽（參一三）己
3644 口㝎·口定
3646 𨐮口·𨐮口口
3647 郘口·郘（呂）口
3654 金才多·金才多
3656 𨩶口·𤮊口
3660 口陸口鈢·口陸（陵）口鈢
3661 𡙈口·産口

3662 要口・婁口
3666 尚七口・党口口
3667 口口僤・口口彊
3668 口𡑿・口蔓（萬）
3670 酌口・酌口
3676 公苓壽・公芩壽
3678 口孫齋・口孫口
3679 公工口・公上口
3685 口圉・口圉（固）
3687 口鏤・口鏤
3690 僕口齎鉨・僅口口鉨
3694 靁族䧿鉨・雷族雛鉨
3696 䔩己信鉨・郗（蔡）己信鉨
3698 歲口信鉨・蒧口信鉨
3707 𡨄中口鉨・窒中口鉨
3709 郐癹信鉨・郐（徐）癹信鉨
3716 郐𧦝信鉨・郐（徐）發信鉨
3723 乇口信鉨・女口信鉨
3725 命𩵋口䄵・命魚口秋
3726 䊺口信鉨・公孫口信鉨
3729 口口冄鉨・口口信鉨
3732 郐口信鉨・郐（徐）口信鉨
3733 口夫𠀍鉨・口夫立鉨
3737 左𠙶鉨・左正鉨
3743 𡨄中口鉨・窒中口鉨
3745 不𦣻口鉨・不負口鉨
3746 [illegible]口信鉨・夆口信鉨
3748 㱻䪞信鉨・郕（武）𩊗信鉨
3750 方𠙶𢦏口・方正戠口
3751 𨚗日圖齊・𩫖（城）圖齊
3753 口𥚤信鉨・口福信鉨
3755 𠛅口口鉨・荆口口鉨
3757 口丠口鉨・口丘口鉨
3758 [illegible]口口鉨・益口口口鉨
3759 后𢦏口鉨・后戠口鉨

【複姓私璽】

3761 司徒𤆍・司徒熖（焰）
3766 司馬𠅏・司馬高
3767 司馬㔾・司馬巳
3774 司馬矢・司馬口

3783 司馬[illegible]·司馬臺
3785 司馬[illegible]·司馬吠
3788 司馬[illegible]·司馬[illegible]（期）
3802 司馬症·司馬疷（瘠）
3803 司馬[illegible]·司馬逼
3807 司馬[illegible]·司馬[illegible]（疛）
3810 司馬口·司馬口口
3811 司馬[illegible]·司馬[illegible]
3824 司馬[illegible]·司馬翐
3833 司寇聑·司寇耶
3835 司寇[illegible]·司寇鳴
3838 司寇徒口·司寇徒厶
3840 司[illegible][illegible]·司空容
3854 公孫[illegible]·公孫定
3855 公孫[illegible]·公孫[illegible]（樂）
3859 公孫諻·公孫謂
3865 公孫[illegible]·公孫口
3871 公孫[illegible]·公孫[illegible]（纕）
3873 公孫[illegible]·公孫[illegible]（蝕）
3875 公孫[illegible]·公孫鈒
3877 公孫[illegible]·公孫[illegible]（鵬）
3891 公孫[illegible]·公孫[illegible]（鹽）
3894 公孫[illegible]·公孫腹
3908 公孫[illegible]·公孫[illegible]（纕）
3913 公孫[illegible]·公孫乘
3914 公孫[illegible]·公孫隻
3924 公孫[illegible][illegible]鉨·公孫相如鉨
3927 公孫口牛（[illegible]）鉨·公孫犀鉨
3929 王孫之口·王孫生口
3945 王生乘車·王生[illegible]（[illegible]）
3948 王生達·王生達
3952 長生[illegible]·長生起
3953 長生任·長生任
3954 長生[illegible]·長生[illegible]
3961 東方生[illegible]·東方生乘
3965 西方[illegible]·西方尚
3969 上官[illegible]·上官募
3972 空侗脂·空侗（桐）脂
3973—3978“侗”字同此釋

3976 空侗襄·空侗(桐)襄
3978 空侗詍·空侗(桐)訑
3979 空侗釓·空同(桐)釓
3980、3982"侗"字同此改
3981 空侗□·空侗(桐)□
3983 空侗徼·空桐徼
3990 夏后𥃝·夏后𦡱
3992 東埜(野)䝒·東埜(野)䝛(市)
3993 東昜□鉨·東昜(陽)□鉨
3995 東□芼·東□芫
3998 北宮皮𠂤·北宮皮官
4001 其母目·丌(綦)母(毋)直 4002－4007"其母"二字同此釋
4002 其母𤇾·丌(綦)母(毋)煍
4012 閲丘逿·閲(閭)丘逿
4013、4014"閲"字同此改
4014 閲丘野·閲(閭)丘郢
4016 鮮于矢·鮮于□

4018 鮮于饀·鮮于饀(餡)
4022 鮮于廵·鮮于巡
4023 敦于蒼·敦(淳)于蒼
4024－4033"敦"字同此釋
4024 敦于臤·敦(淳)于𠂤(附)
4025 敦于酻·敦(淳)于𡥈
4029 敦于𠶷·敦(淳)于𠯠(司)
4034 邯丹𤔲·邯那(鄲)𦢊
4035、4037"丹"字同此釋
4036 𨙸囯·𨙸(邯)囯
4038 陽城飥·陽城(成)飥
4039－4047"城"字同此釋
4045 陽城肯·陽城(成)□
4047 陽城𧰨·陽城(成)冢
4048 狾求去痏·狾求去痏(疛)
4049 枯成臣·枯(苦)成臣
4050－4052"枯"字同此釋
4050 枯成戌·枯(苦)成戌
4052 枯成𤜶·枯(苦)成鴐(或駕)

4054 成公戀·成公懞（樂）
4061 下水匩取·下水匩（匡）取
4066 右行□·右行忻
4071 □陰□·□陰劢
4072 □陰瘦·□陰痜
4075 馬是會·馹正譮
4076-4078“馬是”二字同此改
4081 馬適□·馬適堂（上）
4083 馬適巡·馬適巡
4088 馬適軲·馬適右車
4089 馬□（□）休·馬帀（師）休
4091 后闕邦 后闕□·后闢邦 后闢□
4095 喬生□𢦏·喬生□戎（式一二）
4097 □□·弦輂（董）
4099 郾□甘單·郾（燕）□甘（邯）單（鄲）
4100 郾□□·郾（燕）□起
4110 率□弖·率□弖（强）
4113 率□汥·率□汲
4117 率□生兆·率□生卯
4119 率□□臣·率□市臣
4120 率□□·率□张
4121 率□□·率□寅
4130 □上·肖（肖—趙）上
4131-4139 □字同此釋
4132 □緐·肖（肖—趙）綴（纕）
4133 □□·肖（肖—趙）廨
4136 □□·肖（肖—趙）琣
4139 □□·肖（肖—趙）近

【吉語璽】

4224 敬上·上□坫（市）
4247 敬位·敬□
4248、4249 同此改
4299 折上·折（悊）上
4339 得結·得結（志）
4340 從志·從（縱）志

4467 千万·千丙（萬）
4468－4470、4472－4478 同此改
4482 千金·千百 4483 同此改
4495 上吉·口口
4506 中信·中（忠）信
4508 中仁·中（忠）仁
4510 中信·中（忠）信
4517 呈志·呈（逞）志
4518－4524 同此釋
4525 亡私·亡（無）私
4526－4528 同此釋
4531 正中·中正 4532 同此改
4537 行私·私行
4635 上士·上口 4636 同此改
4638 中明·明中（忠）
4639 中身·中（忠）身（信）
4640－4642 同此釋
4643 青中·青（精）中（忠）
4645、4646、4651、4652 同此釋
4644 崗中·青（精）中（忠）
4647－4650 同此釋
4653 中憩·中（忠）憩（信）
4654 同此釋
4655 中愛·中（忠）愛
4656 自私·自以
4660 言身·言身（信）
4661、4662 同此釋
4670 士身·身（信）士
4671 同此改
4672 長身·長身（信）
4673、4674 同此釋
4679 惁之·惁口 4680 同此改
4681 士信·信士
4690 辛鉨·業鉨
4695 金牛·百牛
4699 全禾·百禾
4700 金年·百年
4701 敬 𤰔 ·敬申（神）

4703敬口·敬口口

4704—4707同此改

4712㝵得·事（史）得

4735百千万·千百丏（萬）

4739百萬金·鉑（百）萬

4741宜有金·宜有百

4742千全牛·千百牛

4743-4744全、4745—

4746全均同此釋

4747有千金·宜有百

4748宜有金·宜有百

4749、4750同此改

4761出内吉·吉昌内

4763正行亡私·正行亡（無）私

4764—4792同此釋

4806宜有萬金·宜有百萬

4807—4811同此改

4812宜有全金·宜有百金

4813同此釋

4852正下可私·可以正下

4853—4859、4862—

4863同此改

4860正下可私·可以正口

4861同此改

4864正下可私·可以正丩（曲）

4865同此改

4880尚羌明昌·尚苟（敬）明昌

4881士正亡私·士正亡（無）私

4882、4883同此釋

4890日入千万·日入千丏（萬）

4900悊禾敬明·悊禾敬口

4905王上之口·王上之口

4907●日日心·丁日日心

4908同此釋

4909ㄩ口之上·以口之上

4910千羊金半·千羊百牛

4912出内大吉·出内（入）大吉

4913口朩口正·口正口尔（鉨）

4914亍尒彐私·正行亡（無）私

4915口正口朩·口正口尔（鉨）

4918 正下亓可私·可以正下
尔（鉨）
4919 千秋萬世昌·千百萬秋昌
4920－4922 同此改
4925 有㑹士昌生·士有㑹(敬)
昌生 4926 同此釋
【單字璽】
5050 吉·古 5051、5052 同此改
5129 共·共（恭）
5130－5152 同此釋
5190 躳·郍（信）
5191－5195 同此改
5207 中·中（忠）5208 同此釋
5218 迲·迩（邇）
5219、5220 同此改
5221 𨒪·必正
5222－5224 同此釋
5272 珂·坷
5275 盦·口
5282 語·詚
5284 諫·諫
5285 訓·訢 5286 同此改
5299 宫·宫
5310 青·青（精）
5313 簠·匿（醢）
5319 美·羔 5320 同此改
5321 羗·羔
5323 羗·㑹（敬）
5330 閭·閭
5333 胡·七月
5335 桐·口 5336 同此改
5343 府·賔（府）
5344 它·口
5345 𤰞·余（餘）子
5351 㕣·中（忠）
5352 同此釋
5353 㕣·善 5354 同此釋
5359 皋·懌
5370 晉·晉 5371、5372 同此改
5381 㥣·㥣（信）5382 同此釋

5385 嵤·青（精）中（忠）
5386 賫·乘
5387 笞·善
5388 笞·善
5389 笹·恭
5392 賔·府（府）
5393 朩·尔（鉩）
5397 㕣·尚
5399 𢼊·敬
5400 囚·正
5403 㚎·尔（鉩）
5404 𠈃·佅（休）
5405 𠂤土（置丞）·身（信）士
5406 𡋛·砠（壇）
5414 賔·府（府）
5417 沽·口
5420 未·未
5424 羊·芍（敬）
　　5426同此釋
5425 羊·芍（敬）
5429 㞢·吐（上）5430同此釋
5434 朩·尔（鉩）
5450 謳·言郫（信）
5465 𠧉·尔（鉩）
5466 𠧉·尔（鉩）
5467 𠧉·尔（鉩）
5476 族·內
5480 維·維
5482 𢦏·戠
5500 舟·舟
5503 鉿·鉿（釚）
5512 敀·皆（附）
5521 廔·廔
5526 稟·敦（廩）
5527 㕣·尚
5531 脽·脽
5533 巳·巳

【補遺】

5537 禾信君鉩·禾信君鉩
5539 司馬敀鉩·司馬口鉩

5541 夏𨪩都左司馬・夏屋都左司馬

5543 泃坓都右司馬・泃城都右司馬

5546 夏𨪩都丞・夏屋都丞

5547 中軍丞・中軍丞

5548 羊侄諹客・羊㞷(府)諹客

5551 泃坓都𢾰堹・泃城都兒（遽）星（馹）

5552“𢾰堹”二字同此釋

5553 𨑹都□□・䟽都□□

5558 綫梁厶鉨・綫梁公鉨

5560 公狄之四・公狄之四

5562 中昜（昜）都□王□・中昜（陽）都□王□

5565 黃𠮶・黃呀

5568 奠□・奠（鄭）□

5570 廿士市・廿士市

5572 夫=肆・大夫肆

5575 陽城絀𠍜（繛）・陽城（成）繛

5582 𨟙□・𨟙（齊）□

5587 王𧬊・王慶忌

5590 大㕑・大（太）㕑（飤）

5593 身士・身（信）士

5595 出内大吉・出内(入)大吉

5597 全・八百

5599 肖□・肖（趙）□

5600 石去痏・石去痏（疛）

5602 𣪘往□鉨・𣪘坊(市)□鉨

5608 長鵑・長鵑

5610 長表・長表

5611 長即・長即

5616 肖杝・肖（趙）杝

5617-5620“肖”字同此釋

5618 肖𦙶・肖（趙）𦙶

5621 事□・事（史）□

5622“事”字同此釋

5628 高㢊・高㢊

5631 賙𣪘・賙𣪘

5632“圓”字同此釋
5638郐口·郐（徐）口
5639甶黄·臣黄
5641㽕剌·男口
5643公計·公計
5645郢[illegible]·郢駑（或駕）
5646[illegible]邙·子邙
5649衛[illegible]·衛[illegible]（聽）
5651苛信·苛訢
5658柾戒·椘（楚）戒
5659都坙·都坣（府）
5661穌口·穌（蘇）口
5662牛[illegible]·牛[illegible]（[illegible]）
5663登口·登（鄧）口
5665[illegible]經·雝瑶
5668肴子·肴（尹）子
5669[illegible]閔·東方閔
5671[illegible]口·弼口
5672口[illegible]·口乘
5673[illegible]口·字口
5675痦口·牺（將）口
5676口[illegible]·口慶
5678口[illegible]·口塚
5680鄦口[illegible]鉨·鄦（鄦一焦）
口身（信）鉨
5682口口軲鉨·口口右車鉨
5684王悊明[illegible]·王悊明此
5685王生[illegible]·王生訷（信）
5692率口不壬·率口不壬
5694亡私·亡（無）私
5696櫯·櫯（蘇）
5698 [illegible]·敬
5700 [illegible]·恆
5702武·戉

貳　　分類修訂

本節分類修訂仍依原書分五類，即官璽類、姓名私璽類、複姓私璽類、吉語璽類、單字璽類。分類修訂不包括原書中的"補遺"部份。

（一）下列古璽應改歸"官璽"類：

1386	1597	1903	2226	2227	2244	2315
2316	2317	2332	2563	2716	2717	2718
2719	3077	3096	3104	3133	3134	3159
3160	3228	3232	3236	3237	3307	3327
3419	3438	3442	3443	3445	3737	3998
4224	4561	4562	4563			

（二）下列古璽應改歸"姓名私璽"類：

0042	0182	0233	0235	0236	0237	0238
0240	0241	0242	0244	0245	0246	0247
0248	0249	0251	0266	0275	0306	0326
0356	3942	3943	3944	3945	3946	3947
3948	3949	3950	3951	3952	3953	3954
3955	3956	4036	4092	4093	4094	4095

4096	4097	4098	4126	4127	4128	4129
4130	4131	4132	4133	4134	4135	4136
4137	4138	4139	4712	4714		

（三）下列古璽應改歸“複姓私璽”類：

1305	2715	2890	2891	2892	2893	2894
2895	2896	2897	2898	2899	2900	2901
2902	2903	2904	2905	2906	2907	2908
2909	2910	2911	2912	2913	2914	2915
2916	2917	2918	2919	2920	2921	3099
3118	3192	3193	3194	3195	3229	3238
3256	3260	3261	3274	3275	3297	3311
3350	3371	3404	3410	3412	3421	3427
3428	3430	3433	3434	3449	3508	3549
3679	3707	3726	3743	3749	3750	3758

（四）下列古璽應改歸“吉語璽”類：

0612	1205	1663	1664	1665	2375	2376
2377	2378	2379	2380	2381	2382	2383
2384	2385	2530	2531	2591	2592	2593
2635	2681	2682	2683	2684	2685	2686
2687	2688	2689	2690	2691	2692	2693

2694 2695 2696 2697 2698 2699 2700

2701 2702 2703 2704 2705 2706 3074

3129 3130 3131 3132 3155 3156 3157

3158 3280 3281 3363 3366 3368 3377

3385 3386 3387 3388 3399 3456 3463

3581 3655 3672 3673 5221 5222 5223

5224 5405 5450

（五）下列古璽應改歸“單字璽”類：

2561 3125 3135 3344 3390 3391 3403

一九八二年十一月初稿

一九八三年七月第三稿

作于吉林大學第二宿舍

參考文獻

專著

[1] 羅福頤：《古璽文字徵》，1930年。

[2] 羅福頤：《古璽文編》，1981年。

[3] 羅福頤：《漢印文字徵》，1978年。

[4] 羅福頤：《漢印文字徵補遺》，1982年。

[5] 丁佛言：《說文古籀補補》，1924年。

[6] 容庚：《金文編》，1959年。

[7] 黄質：《賓虹草堂鉢印釋文》，1958年。

[8] 于省吾：《雙劍誃殷栔駢枝三編·坿古文雜釋》，1943年。

[9] 張守中：《中山王譽器文字編》，1981年。

[10] 上海書畫出版社：《上海博物館藏印選》，1979年。

論文

[11] 羅福頤：《古璽彙編·序》，1981年。

[12] 羅福頤：《中山王譽鼎壺銘文小考》，《故宮博物院院刊》1979年2期。

[13] 唐蘭：《侯馬出土晉國趙嘉之盟載書新釋》，《文物》1972年8期。

[14] 于豪亮：《古璽考釋》，《古文字研究》第5輯，

1981年。
[15] 李學勤：《戰國題銘概述》，《文物》1959年7—9期。
[16] 李學勤：《楚國夫人璽與戰國時的江陵》，《江漢論壇》1982年7期。
[17] 李學勤：1982年11月30日致筆者信（內容涉及李學勤先生釋"漢"、"募"；李零先生釋"曲"）。
[18] 李學勤、李零：《平山三器與中山國史的若干問題》，《考古學報》1979年2期。
[19] 朱德熙：《壽縣出土楚器銘文研究》，《歷史研究》1954年1期。
[20] 朱德熙：《戰國匋文和璽印文字中的"者"字》，《古文字研究》第1輯，1979年。
[21] 朱德熙、裘錫圭：《戰國文字研究（六種）》，《考古學報》1972年1期。
[22] 朱德熙、裘錫圭：《關於侯馬盟書的幾點補釋》，《文物》1972年8期。
[23] 朱德熙、裘錫圭：《戰國銅器銘文中的食官》，《文物》1973年12期。
[24] 朱德熙、裘錫圭：《平山中山王墓銅器銘文的初步

研究》，《文物》1979年1期。
[25] 朱德熙、裘锡圭：《戰國時代的“料”和秦漢時代的“半”》，《文史》第8輯，1980年。
[26] 裘錫圭：《戰國貨幣考（十二篇）》，《北京大學學報》（哲學社會科學版）1978年2期。
[27] 裘錫圭：《史牆盤銘解釋》，《文物》1978年3期。
[28] 裘錫圭：《“畀”字補釋》，《語言學論叢》第6輯，1980年。
[29] 裘錫圭：《戰國文字中的“市”》，《考古學報》1980年3期。
[30] 裘錫圭：《戰國璽印文字考釋三篇》，中國古文字研究會1981年年會論文。
[31] 裘錫圭：《〈武功縣出土平安君鼎〉讀後記》，《考古與文物》1982年2期。
[32] 裘錫圭、李家浩：《曾侯乙墓鐘磬銘文釋文說明》，《音樂研究》1981年1期。
[33] 李家浩：《釋“弁”》，《古文字研究》第1輯，1979年。
[34] 李家浩：《戰國邙布考》，《古文字研究》第3輯，1980年。

[35] 李家浩：《戰國時代的“冢”字》，《語言學論叢》第7輯，1981年。
[36] 黄盛璋：《試論三晉兵器的國别和年代及其相關問題》，《考古學報》1974年1期。
[37] 黄盛璋：《所謂“夏虛都”三璽與夏都問題》，《河南文博通訊》1980年3期。
[38] 黄盛璋：《中山國銘刻在古文字、語言上若干研究》，《古文字研究》第7輯，1982年。
[39] 葉其峰：《試釋幾方工官璽印》，《故宫博物院院刊》1979年2期。
[40] 葉其峰：《戰國官璽的國别及有關問題》，《故宫博物院院刊》1981年3期。
[41] 石志廉：《館藏戰國七璽考》，《中國歷史博物館館刊》1979年1期。
[42] 孫貫文、趙超：《由出土印章看兩處墓葬的墓主問題》，《考古》1981年4期。
[43] 駢宇騫：《試釋楚貨幣文字——“巽”》，中國古文字研究會1979年年會論文。
[44] 高明：《盬、簠考辨》，《文物》1982年6期。
[45] 北文：《秦始皇“書同文字”的歷史作用》，《文

物》1973年11期。
［46］湯餘惠：《釋“造府”》，《考古與文物》，待刊。
［47］曹錦炎：《釋𩫖——兼釋續、瀆、竇、鄭》，《史學集刊》，待刊。
［48］吳振武：《戰國貨幣銘文中的“刀”》，中國古文字研究會1981年年會論文。
［49］吳振武：《古文字中形聲字類别的研究——論“注音形聲字”》，《研究生論文集刊（吉林大學）》（社會科學版）1982年1期。
［50］吳振武：《〈古璽文編〉商兑刊誤補釋》，待刊。
［51］吳振武：《古漢字借筆例釋》，待刊。
［52］吳振武：《古漢字形省例釋》，待刊。
［53］吳振武：《讀侯馬盟書文字札記》，待刊。
［54］吳振武：《戰國文字中的“㐭（廩）”》，待刊。

（原刊常宗豪主編《古文字學論集（初編）》，香港中文大學中國文化研究所吳多泰中國語文研究中心，1983年9月。）

後記

這是我一九八四年完成的博士學位論文，也是共和國建立學位制度後最早產生的博士學位論文之一，今承人民美術出版社厚意，願以答辯時的原稿影印出版，這在我是很感意外和高興的。爲何在二十多年後我還同意將這樣一部並不成熟的舊作交付出版，需要説明幾句。

按照我原來的打算，是想畢業後作進一步修改後再交付出版的，那時中華書局也有出版此作的意願，編輯劉宗漢先生還曾交待過修改注意事項。不料畢業後即忙於其他工作——做集體研究項目、教書、行政——加上我自己的研究興趣似乎也在轉移，於是一拖二十六年過去，始終未能有充裕的時間來静心修改。即按我目前的狀況來看，修改工作也幾乎不可能提到日程上來了。而最近二十多年來，戰國文字研究的進步卻是驚人的，以今天的認識水平來看，這部屬戰國文字研究範疇内的舊作，問題當然很多，我自己後來發表的一些相關論文也對原來的一些看法有所修正。因此，如果現在再來作修改，不但改不勝改，而且即使能改成，也勢必面目全非。所幸的是，二十多年來，除了常有朋友關心外，屢見學界同行引用這部拙作，其中有些看法還被一些工具書所采納。有友人見告，遠在臺灣的古文字圈内，這部拙作也常被學人輾轉複印，甚至還有複印店用以牟利。因此我想，將這部舊作作爲學術史資料按原貌出版，大概還是有些意義的。

論文完成時，導師于思泊先生已在三個月前謝世。當年冒著零下三十度嚴寒前來參加我和兩位師兄論文答辯的有李學勤（任主席）、胡厚宣、張政烺、孫常叙、陳連慶、姚孝遂、陳世輝、林澐諸先生。徐中舒、陳邦懷、孫常叙、朱德熙、裘錫圭、陳世輝、張亞初等先生則寫過非常中肯的書面評議意見。後來裘錫圭先生還曾惠示他另紙寫出的長篇審讀意見。這些都是令我終生受益並永遠感念的。

文末所附《〈古璽彙编〉釋文訂補及分類修訂》一文，曾提交一九八三年香港中文大學主辦的第一屆國際中國古文字學研討會，並被收入常宗豪先生主編的會議論文集《古文字學論集（初編）》。該文集當年僅印六百册，香港以外的讀者似乎不容易看到。封面上非常典雅的題簽即出自常先生之手，遺憾的是常先生也已在今年六月謝世了。

責任編輯張嘯東先生和他的同事們爲本書的出版盡心盡責，是我要在這裏特别致謝的。

吴振武

二〇一〇年八月十五日於長春

读者须知

本书已接入版权链正版图书查证溯源交易平台，“一本一码、一码一证”。扫描上方二维码，您将可以：

1. 查验此书是否为正版图书，完成图书记名，领取正版图书证书。

2. 领取吉林人民出版社赠送的购书券，可用于在版权链书城购买吉林人民出版社其他书籍。

3. 领取数字会员卡，成为吉林人民出版社读者俱乐部会员。

4. 加入本书读者社群，有机会和本书作者、责任编辑进行交流。还有机会受邀参加本社举办的读书活动，以书会友。

5. 享受吉林人民出版社赠予的其他权益（通过读者俱乐部进行公示）。